シリーズ大乗仏教 10

大乗仏教のアジア

Series Mahāyāna Buddhism

監修 高崎直道

編者 桂 紹隆・斎藤 明・下田正弘・末木文美士

春秋社

はしがき

『シリーズ大乗仏教』もいよいよ最終巻となる（配本順では異なるが）。このシリーズは全一〇巻であるが、おおよそ四つのグループに分けることができる。まず、第一―三巻は、総論的な巻であり、大乗仏教とはそもそも何であり、どのように起こったものか、また、その実践はどのようなものかというような、全体にわたる基本的な問題を論じた。次に、第四、五巻は主要な初期の大乗経典の思想とその展開を検討した。さらに、第六―九巻は、大乗仏教の主要な学派の思想・哲学を取り上げた。そのうえで、最後に本巻が来るという構成になっている。

このシリーズは、インド大乗仏教を中心としながら、チベットや東アジアにおけるその展開形態をも追う内容になっている。その方法は、文献解読を中心として、思想を解明するということが中心であり、日本の仏教学のもっとも正統的な方法に従い、その最新の成果を、一部海外の動向をも含めながら紹介することが主眼とされている。本シリーズの前身とも言える『講座大乗仏教』全一〇巻（春秋社、一九八一―八五）と較べると、その間の三〇年間のこの分野の研究の進展の大きさが知られるであろう。

ただ、仏教研究がこのような文献的な思想解明だけで尽くされるかというと疑問であり、とりわけ文献中心では仏教のタテマエしか捉えられず、現実に活動してきた実態は理解できないのではないか、という批判が近年強くなっている。仏教は単に理念に留まらず、現実の歴史の中で動いてきたものであり、また現に活動している。その関連する領域は、思想だけでなく、文化の諸分野にも広く及んでいる。それらを総合的に解明する必要があるというのである。

このような批判は適切なものがあり、実際、考古学、歴史学、美術史、文学史など様々な分野から仏教へのアプローチがなされている。とりわけ諸地域の仏教の現状を調査解明する文化人類学の成果は大きなものがある。そのような諸分野の成果を広く網羅したシリーズに、『新アジア仏教史』全一五巻（佼成出版社、二〇一〇―一一）があり、私自身も編集に関与している。

『シリーズ大乗仏教』は、このような学際的な研究動向を認めつつも、それによって問題や方法が拡散されることを恐れ、あくまでも文献に基づく思想解明という従来からの仏教学の方法論を、仏教研究の中核に置こうとする。その点、一見保守的に見えるかもしれないが、研究の多様化がともすれば中核なき拡散に向かい、焦点がぼけてしまうのに対して、もう一度中核的な仏教研究の方法を再確認し、その意義を明らかにすることはきわめて重要である。今日、人文学の危機が言われるのは、一つにはすぐに結果の出る応用面に走り、基礎がおろそかにされがちなことに由来する。その点で、本シリーズの成果は、今後とも仏教研究の基礎となるものと確信する。

とはいえ、ただ既存の領域に閉じこもることは研究の停滞を招く。積極的に周辺分野との交流を持つことは不可欠である。このような観点から、第一〇巻は、大乗仏教と他思想の交流、文献以外の方法論の可能性、文学や美術との関係など、大乗仏教の問題を、より広い視野から見る新しい研究を集めた。それは単に大乗仏教の周辺という消極的な意味合いのものではなく、むしろ周辺的な視座を持つことは、大乗仏教自体の見方が大きく変わってくるような、重要な意味を持っている。

この点でまず注目されるのは、G・ショペンの仕事である。ショペンは文献的な仏教研究から出発した研究者であるが、いち早くその不十分さを指摘し、考古学資料を縦横に使いながら、インド仏教の実態を解明して、学界に大きな衝撃を与えた。今回巻頭に翻訳収録したのは、ショペンの著作でも、その点をもっとも端的に論じた重要な論文である。そこでは、考古学資料を用いるという方法論とともに、その成果として浮かび上がってきた仏教像が、文献から出てくるものとまったく異なる点でも、注目される。すなわち、死せるブッダが生き続けている場であるストゥーパを中心に、その周囲に匿名の人物の遺骨・遺灰を納めた多数の小ストゥーパが密集しているというのである。ショペンはいみじくもそれを高野山の場合と比較しているが、大雑把な言い方をすれば、葬式仏教的な要素がインド以来、現実の仏教の場で強く働いていたことが知られる。従来しばしば、インドの本来の仏教は生者のためによりよい生き方を教えるもので、死者のためのものではないと主張され、日本の葬式仏教を否定するような言説がなされてきたが、それはまったく実態にそぐわないことが、明白に示されたのである。このことは、仏教のあり方を根底から問い直す成果として注目される。

本巻に収めた他の論文もきわめて刺激的で、新鮮である。大乗仏教がヒンドゥー教と関係深いことは従来から言われてきたものの、その具体相は必ずしも十分に解明されていない。永ノ尾論文は、儀礼という面に着目して、ヒンドゥーのバリとプージャーがどのように仏教にとりこまれているかを明らかにする。従来の仏教研究が合理化された思想を中心としていたのに対して、非合理的で価値がないと考えられていた儀礼が、近年注目されている。儀礼こそ、合理性で解決されない聖なるものと関わる道である。

続く種村論文、田中論文は、密教に関するものである。密教が大乗に含まれるか否か、議論の分かれるところであるが、少なくとも通常の大乗と異なる発想を持つことは確かである。種村論文は、永ノ尾論文に引き続いて、儀礼的要素を強く持つ密教のタントラをヒンドゥーのシヴァ派文献と比較する。これもまた、きわめて新しく開拓されつつある領域である。密教は、単に言語的な表現だけではなく、それでは捉えきれない世界を曼荼羅という形で表現する。それはもはや文献学には収まらず、美術史の領域に大きく越境する。田中論文は、インドにおける曼荼羅の展開をきわめて簡潔かつ明快に論述している。

仏教とイスラームと言うと、もっとも遠く離れているように見え、インドでも中央アジアでも、イスラームが仏教を暴力的に滅ぼしたかのように思われがちである。しかし、最近の緻密な研究は、逆に仏教とイスラームの共通性を指摘し、仏教からイスラームへの改宗を通して、平和的に移行したという見方が強くなっている。保坂論文はこの点を文献に即して明確にしている。

以上の諸論文がインドにおける大乗仏教の多面性や他思想との交流を明らかにするのに対して、落合論文と板倉論文は中国に定位して論ずる。落合論文は、仏教の中国化を端的に表す疑経の世界を実例に即して示してくれる。『毘羅三昧経』の途方もない壮大な物語世界は、常識的な仏教観を吹き飛ばすものがある。板倉論文は、南宋・馬遠の「禅宗祖師図」を中心とした中国仏教絵画の展開であるが、同時にそこに仏教と宮廷の関係という、いわば政治と宗教の問題が絡むところが重要である。仏教は、それぞれの地域の王権と密接に関係しながら展開してきたが、思想を中心とすると、その面がともすれば忘れられがちである。王権との関係は、それだけで独立した論文を要する問題である。

文学という面に関しては、石井論文が担当する。ここでは、『維摩経』という一つのテクストを、経典そのものから始めて、中国・日本での受容とその影響へと進み、現代の川端康成や岡本かの子にまで及ぶ。『維摩経』は東アジアで愛好された経典であるが、石井論文の該博な論述を読むと、仏教と文学の関係が決して単純なものではなく、複雑に絡み合っていることが分かる。

日本に関しては、彌永論文がきわめて刺激的である。従来、不純で荒唐無稽と考えられてきた中世神話が、じつは豊かな創造性を持って発展してきたものであることが、近年の研究で分かってきた。彌永論文は、そのような研究を踏まえつつ、さらにもう一方のウィングをインドのヒンドゥー教に広げ、密教から平田篤胤までの雄大な思想史を描き出している。

最後の末木論文は、本シリーズの最後として、もう一度、「大乗仏教」という問題設定そのものを取り上げ、それが近代日本の特殊状況の中で生まれたものであり、はたしてそのまま通用させてよいのか、改めて問いかける。

以上のように、本巻は、九巻までのいわば「正統的」な大乗仏教像を、その周辺から問い直し、揺るがそうという意欲的な論文に溢れている。「大乗仏教のアジア」というタイトルからすれば、もう少し他の地域、例えばチベット、ブータン、朝鮮韓国、モンゴル、ベトナムなどについても視野を広げるべきであったかもしれないが、かえって話題が拡散することを怖れて、今回は見送った。本巻に収めた論文だけでも、仏教研究の新しく魅力に満ちた領域がいかに今開かれつつあるか、その一端をうかがうことができるであろう。

二〇一三年　九月

末木文美士

シリーズ大乗仏教　第十巻

大乗仏教のアジア

◎目　次

第五章　イスラームと大乗仏教――仏教とイスラームの連続と非連続……129【保坂俊司】

シリーズ大乗仏教　第十巻

大乗仏教のアジア

第一章

仏教文献学から仏教考古学へ

――インド仏教における聖者の傍らへの埋葬とブッダの現存性

グレゴリー・ショペン（桂紹隆　抄訳）

諸宗教の学問的研究が文字通り「地上」で始まっていれば、現在の宗教研究とはまったく違う諸問題に直面したであろう。もしそうであったとすれば、宗教研究はまったく異なる疑問を投げかけ、まったく異なる解答を生み出してきたはずである。一言で言えば、本質的に文献に拘束され、今もその事情が変わらない宗教史学ではなくて、「宗教考古学」になっていたであろう。後者ももちろん文献は用いるが、ある特定の場所と時間において実際に知られていたこと、読まれていたこと、あるいは、地上に痕跡を残した宗教的営為を支配し、形成したことが、示されうる文献に限られる。事実、宗教的な人々が実際に行ったことと関係する場合にのみ、文献は有意味である。このような宗教考古学は、第一義的に次の三つの研究対象に関わる。すなわち、①宗教的建造物や建築、②碑文、そして③美術史的遺品である。より一般的には、少数の教育を受けた、もっぱら男性の、明らかに特殊な専門家の小グループ（出家僧たち）が書き残した文献ではなくて、むしろ、ある特定のコミュニティのあらゆる階層の宗教的な人々が実際にしたこと、いかに生きたかに、宗教考古学は関わるのである。

以上のことは、すべて実際には起こらなかったことだから、完全にアカデミック（理論的）な話である。しかし、これが「美しい」ところだが、宗教史学もまた完全にアカデミック（学問的）なものであるから、アカデミックな意味での宗教考古学は今後起こりうる。事実、本論考において、筆者はその方向へ一歩踏み出すつもりである。以下、「文献上」ではなくて「地上の」インド仏教を考察する。しかし、最初の試みであるから、その成果は多かれ少なかれ暫定的なものである。筆者が提示する根拠（データ）は、今後補足されうるし、また補足されるべきである。研究方法もさらに洗練される必要がある。結論や解釈は修正され、おそらく部分的に否定されるかもしれない。しかし、そのプロセスは、かならずや興味深い議論になるはずである。そして、いったんそのような議論が始まれば、宗教考古学は仏教研究の、そして、望むらくは、一般に宗教の学問的研究の避けがたい一部となるであろう。

一　仏教研究を地上で始める

インド仏教研究を地上で始めるなら、最初に遭遇する最も注目に値するものは、仏教聖地である。他の多くの聖地と同様に、仏教聖地は、初期仏教の伝統がその「とりわけ特別な死者」（ブッダ）をどのように処置し、それに対してどのように振る舞ったかということと直接関係している。

アショーカ王の二つの碑文から、紀元前三世紀に彼が知っていた仏教は、すでに二つの地理的に特定される聖地を造りあげていたことが分かる。これらの聖地は、おそらく二つともアショーカ王以前に遡り、そのうち一つはより確実にそうであると言える。二つの聖地は、我々にはそれぞれ異なる種類に属すように見えるが、アショーカ王自身は両者に対してまったく同じ仕方で振る舞っている。両方の碑文において、アショーカ王は、自分がしたことを記述する際に、まったく同じ表現を用いている。すなわち、「プリヤダルシン王が自らやって来て、（ここで）礼拝した」と。問題の場所は、釈迦牟尼仏の誕生地であるルンビニーと、コーナカマナ過去仏の舎利を納める巨大なストゥーパとである。後者に関しては、アショーカ王が「自らやって来る」数年前にそのストゥーパの大きさを二倍にさせていることが注意される。前者に関しては、その場所に建造物を建てさせたことを記している。

プリヤダルシン王が自らやって来て、礼拝し、言った。「ここで釈迦牟尼仏が誕生した」と。王は石壁を築かせ、石柱を建てさせた。「ここで世尊が誕生した」と言って、ルンビニー村を減税し、八分の一とした。[1]

しかし、「ここで世尊が誕生した」という言明は、ほとんど明確にアショーカ王のものではなくて、聖地を訪れた際に、誰でも述べる古い儀礼的な決まり文句である。引用文であることを示す不変化詞 ti（梵語 iti）の存在によって、それが何らかのテキストからの引用、もしくはその言い換えであることはほぼ確実である。もっとも、このことはこれまで必ずしもよく理解されてこなかったと思う。この引用、もしくは言い換えの故に、アショーカ王が、『大般涅槃経』の様々なヴァージョンに少しずつ違った形で存在する、ある短いテキストを知っていた可能性はきわめて高い。実際に年代を特定できる最初のインドのヴァージョン（＝梵語テキスト）は、アショーカ王碑文に見られる表現に最も近く、ブッダに次のように語らせている。

比丘たちよ、私が死んだ後、チャイティヤへ巡礼するものたち、チャイティヤを礼拝するものたちが〔これらの場所へ〕やってくるであろう。彼らはこのように語るであろう。「ここで世尊が誕生した」「ここで世尊が無上正等覚に達した」などと。

（Waldschmidt 41.7-41.8.）[2]

『大般涅槃経』のテキストとアショーカ王碑文との間には、偶然と言うにはあまりにもよく似た文脈や表現がある。
もしアショーカ王が、現在まで伝わっている『大般涅槃経』のテキストとよく似たものを実際に知っていたと仮定するなら、さらに多くのことを想定することができる。アショーカ王が自分のしたことを述べるために、引用したり、言い換えたりすることは、そのようなテキストの非常に古いヴァージョンが彼以前に存在したことを示唆している。まず、アショーカ王の行動が、はたして動機の点でユニーク、かつ非常に個人的なものであったか否かという疑問が生じる。もし先行するテキストが存在するなら、彼の行動はユニークでも個人的でもないことになる。単に「信心深い善男子」に定められていることをしたにすぎないことになるだろう。現存する『大般涅槃経』の梵語テキストは次のように言う。

比丘たちよ、これら四つの土地は、信心深い善男子・善女人が生涯の間に訪れるべき場所である。

(Waldschmidt, 41.5)

面白いことに、『大般涅槃経』のパーリ語テキストは、さらに強調して、次のように言う。

アーナンダよ、これら四つの土地は、信心深い善男子がダルシャンをなすべき、そしてしっかり体験すべき場所である。(3)

いずれの場合も、梵語でもパーリ語でも命令形と一体化し、しばしばその代わりに用いられる未来受動分詞が登場している。両ヴァージョンは、ともに信者はこれらの場所と直接接触しなければならないことを明確にしている。複数の英訳では抜けてしまっているが、パーリ語の『大般涅槃経』の最後の部分が、「ダルシャン」（見ること）という重要な概念によってマークされていることは、注目に値する。ダルシャンとは、「現に生きて存在するもの」との直接、かつ親密な接触である。実際、ボード・ガヤーが人々のダルシャンを行う場所であるという考えは、非常に長い間続いたに違いない。おそらく一五世紀頃まで下るデーヴァナーガリーで書かれた碑文に、再び言及されるからである。(4)

また、一般に広まっている誤解を考えると、これらの指令が誰に向かってなされているかという点も注目に値する。「善男子」（kulaputra 良家の子）という語は、「アーリヤ」（ārya）という語がある特定の民族グループの一員を意味しなかったように、ある特定の社会的・経済的階層に属する家族の実際の息子を意味したわけではない。「善男子」とは、在家者と同じくらいしばしば出家者にも用いられた単なる敬称にすぎない。梵語テキストでは指令が比丘たちに向けられており、パーリ語テキストではある特定の比丘（アーナンダ）に向けられていることに注意すべきである。梵語テキストは、同じパラグラフの数行あとで、「信心深い善男子」を二つの別の敬称で置き換えている。すなわち、「チャイティヤ巡礼者」と「チャイティヤ礼拝者」とである。そして、アマラーヴァティーの初期の碑文から、少なくとも二番目の敬称は僧団における敬称であったことが分かる。パーリ語テキストは、さらにもっと特定の称号で言い換えている。「信心深い善男子」の代わりに、同じパッセージの中で、後に「信心深い比丘、比丘尼、在家の男子、在家の女子たち」と言う。実際、ボード・ガヤーの初期の碑文はすべて、この聖地における僧団の関与が顕著であったことを裏付けている。現存する紀元前一世紀頃の欄循の大部分は、一人の比丘尼による寄進のようである。寄進者の身分が明記されている、クシャーン朝とグプタ朝の碑文はすべて、比丘による寄進を記録している。遠くはスリランカからやって来た比丘の寄進も記録されている。

再び、実際に年代が特定できる最古の梵文『大般涅槃経』と似た古いヴァージョンのテキストを、アショーカ王が知っていたと想定できるなら、初期仏教徒の聖地の概念について、少なくともあと二つ重要なことを指摘できる。そのヴァージョンは「比丘たちよ、私が死んだ後に、聖跡に巡礼する者たちは、……来て、次のように語るであろう。……」とブッダに語らせた後、さらに次のように語らせる。

> その間に、私の目の前で信心をもって死ぬ人々、さらにまだ結果を生んでいない業が残っている人々はすべて、天界へ赴く。
>
> (Waldschmidt, 41.9 & 14)

まず、このテキスト（梵文『大般涅槃経』）を編纂した比丘が、ブッダのかつて訪れたことが知られている場所には、般涅槃の後も、ある意味でブッダは「現存している」と考えていたことは、明瞭である。このテキストを別の仕方で読むのは難しいと思う。次に、このテキストを編纂した比丘が、ブッダが現存する所で信心深い信者が死ねば、出家者であれ、在家者であれ、天界に生まれることが保証されていることを事実として受け入れていたことも明瞭である。パーリ語『大般涅槃経』は、表現がいくぶん異なるものの、本質的内容を追認している。

> アーナンダよ、実にチェーティヤ訪問を行うものたちは誰でも、深い信心をもって死ぬなら、彼らはみ

な肉体が滅び、死んだ後に、天界に再生するであろう(5)。

これらの考えはいずれも、仏教聖地の考古学的記録に明らかに見いだされる、奇妙だが一貫したパターンと関係があるのではないかと疑わざるをえない。

二　ある考古学的パターン

インド仏教の考古学的記録によると、ブッダが過去に訪れたことが明らかな地点は、他の供託物（信者の舎利容器など）を引き寄せる明瞭かつ顕著な傾向が見られる。ボード・ガヤーの遺跡は、非常に荒らされているが、そのいい例である。かつてブッダと接触があった地点である遺跡の中央を取り囲むように、様々な大きさの幾百千の小ストゥーパが雑然と集まっている。しかも、私たちが見ているのは、その最下層にすぎない。カニンガムによると、この層の上に、少なくとも、

四層にわたって、モニュメントが存在した。……（中略）……後代のモニュメントの基壇の中に、しばしば初期の年代の石刻が発見された。敷地が〔隣接する川の〕沈泥で覆われるにつれて、中庭のレベルは徐々に高くなった。そして、後代のストゥーパはより古いストゥーパの上に、時代ごとに順次に層をなして建てられた。……（中略）……次々と建てられたモニュメントの数があまりにも多く、石や土の

堆積があまりにも速かったので、中庭のレベルは大塔の床のレベルより二〇フィートほど高くなっていた。(6)

しかしながら、このようなパターンが見いだされるのは、ブッダがかつて滞在したことが記録されている地点に限らず、ブッダの遺骨（relics）を納めるストゥーパの周辺でもまったく同じである。後者の場合、遺骨の存在は、ブッダの肉体とかつて直接接触した地点とまったく同じ効果を持っていたのである。ブッダの遺骨の存在は、ストゥーパの周辺に、大量の小さなストゥーパを引き寄せて、ますます混乱した状態にしてしまった。タキシラのダルマラージカー・ストゥーパが初期の良い事例である。マーシャル自身が認めるように、メイン・ストゥーパがマウリヤ期のものであると実証する証拠は現存していないが、ずっと後代である可能性も低い。紀元前二世紀頃のものとは言えそうである。このメイン・ストゥーパは、建造から一世紀以内に、それに群がるように建てられた小さなストゥーパにぎっしり囲まれるようになった。いくつかの小さなストゥーパの年代は、そこから見つかったコインによって紀元前一世紀に特定することができる。同様の状況は、ダルマラージカーより後代だが、保存状態が特に良く、次々と建てられた幾層もの建造物の下に埋まっていない、ジャウリアーン遺跡で見られる。ここにはよく設計された長方形の台座の上にメイン・ストゥーパがあるが、その周りには少なくとも二一基の異なるサイズの小さなストゥーパが乱立している。それらは不規則に配置されているから、明らかに本来の計画の一部でなかったはずである。また、それぞれ違った時代に、スペースが許せば、どこにでも付設されたことは明らかである。スペースがなくなったときには、下の層にまで溢れ出たようで、そこにはさらに五基のストゥーパが見られる。同様に、パキスタン、シンド州（州都カラチ）のミールプール・ハース遺跡は、保存状態も悪く、いい報告もなされていないが、そこでは、上層にあるメイン・ストゥーパの周りに「より小さなストゥーパが林立していた」が、ボード・ガヤーと同じように、それらのストゥーパはより以前の小さなストゥーパの層の上に直接建てられたものである。クーセンスは、少なくともメイン・ストゥーパは紀元後四〇〇年より後ではありえず、それより以前かもしれないと考えている(7)。

このような小さなストゥーパの群は、それがもはや現に見られない遺跡にも、かつては存在したようである。たとえば、サーンチーのメイン・ストゥーパは、今日では、それを取り囲む整地された平らな地面に、他を圧するようにまっすぐ屹立している。しかしながら、いつもこのようであったというわけではない。マーシャルは言う。「往時は、もっと有名な仏教聖地のすべてと同様に、大塔（メイン・ストゥーパ）は、大地の表面に林立する異なるサイズの多数のストゥーパに囲まれていた。これらのストゥーパの大部分は、一八八一年から一八八三年にかけて行われた発掘作業中に一掃されたと思われる。当時、大塔の外側の欄循から約六〇フィートにわたって、周辺が整地されたからである(8)」。ごくわずかの小さなストゥーパが破壊を免れたのであった。

三　そのような考古学的パターンと埋葬との関連

これらのストゥーパは、便宜的に「奉納塔」（votive stūpa）と見なされてきた。そして、その存在を説明するために、多くの想像豊かなシナリオが作られてきた。しかし、多くの説明は純粋にありえないものである。これらのストゥーパはいかなる意味でも「奉納」と関わるものではない。というのは、これらは何らかの「もの」を内蔵しており、内蔵されているものは特別興味を引くものだからである。マーシャルが記述したダルマラージカー・ストゥーパの周囲に乱立している最初期の小さなストゥーパは、すべて、「遺物」(relic)、すなわち、匿名の人物の遺骨や遺灰を内蔵している。これらの遺骨や遺灰が釈迦牟尼のものではないことは、以下の事実から推理される。まず、釈迦牟尼の遺骨が納められている場合、「これは釈迦牟尼のものである」という何らかの銘文が付されていることが確認できる。さらに、釈迦牟尼の遺骨はすでにメイン・ストゥーパの中に存在しているのである。同様に、ジャウリアーン遺跡では、ほとんどの小さなストゥーパは基壇のみが残存している。それでもなお、少なくとも三基は匿名の人物の埋葬品、もしくは、かつてそのような埋葬品を納めていた小室を内蔵していた。ミールプール・ハースでは、「すべての上層部の小さなストゥーパは、すでに開けられていたが、骨片が入った骨壺を納めていたから、葬儀を連想させる。これらのストゥーパの下の層には、より初期の小さなストゥーパがいくつか発見されたが、そのうち二つは土製であり、その中の一つには骨が納められていた」[9]。サーンチーでさえ、わずかに残存している「奉納塔」の少なくとも一つは、匿名の人物の埋葬品が納められていた。

ボード・ガヤーにおける状況は、もう少し複雑であるが、同じくらい興味深いものである。カニンガムは、ボード・ガヤーで非常に多数発見された「奉納塔」に関して、次のように言う。「背が高い中世のストゥーパの頂上の小尖塔(ピナクル)は、常に多かれ少なかれ壊れてしまっている。そして、より古い構築的な(structural)ストゥーパの固い半球体でさえ、ほとんど外れている」[10]。すなわち、これらのストゥーパのほとんどすべては、「小尖塔」つまり精巧な尖塔飾（フィニアル）を持たない。カニンガムはこの「損失」を古いストゥーパの上に新しい構築物（ストゥーパ）を造ったためであると考えているが、今では彼の説明が正しくないかもしれないと指摘できる証拠がある。

オリッサのラトナギリ遺跡の発掘により、非常によく似た「奉納塔」が、数の点でボード・ガヤーを凌がないにせよ、同数くらい発見されている。ここでは、かなりの数のこれらのストゥーパが持ち運び可能であることは、ボード・ガヤーの場合よりもっと明瞭である。すなわち、それらはどこか他から持って来られて、メイン・ストゥーパの近くに置かれたのである。しかし、ここでは、写真から判断すると、それらのストゥーパの大部分は小尖塔（ピナクル）を一度も持ったことがないように見える。大部分は、頂上に受け口（ソケット）があって、そこに様々な形の栓子（プラグ）が挿入されていたように見える。事実、両遺跡から発見されたこれらのいわゆる「奉納塔」（ストゥーパ）の大多数は、義浄が『南海寄帰内法伝』で、「クラ」（kula）と呼んだものに、少なくとも形の点では対応するように思われる。「クラ」は非常に特別の用途を持っていた。義浄は言う。「彼ら（インド仏教の出家者たち）は、時々死者のために、そのシャリーラ（舎利、すなわち遺骨）を納めるストゥーパのようなものを作る。それは「クラ」と呼ばれ、小さなストゥーパのようであるが、上部に天蓋（クーポラ）を持たない」[(11)]。少なくともラトナギリの、構築的ではない一体構造の（monolithic）「奉納塔」のいくつかが、形だけでなく機能の点でも、義浄の言う「クラ」と対応することは、疑問の余地がない。ラトナギリの一体構造の（monolithic）小ストゥーパについて、ミトラは言う。「それらは、その中心部に何らかのテキストが書かれているか否かにかかわらず、たいてい『奉納塔』の性格を持っているが、少数の場合、葬儀と関わる特徴は明白である。というのは、石の蓋によってふさがれた受け口

（ソケット）の中、もしくは骨壺に、黒く焦げた骨が納められていたからである」[22]。葬儀と関わるのは、これらの場合だけではないかもしれない。これらのストゥーパの頂上にある受け口（ソケット）は、ある種の尖塔飾（フィニアル）を挿入するためのものとこれまで考えられてきたが、おそらく遺灰や遺骨のためのものであり、実際にそれらを納めていたとするなら、非常に多数のこれらのストゥーパは葬儀に関わったことが確証されるのである。しかし、ミトラが言ったことには、まだもっと興味深いことがある。

四　書き記された陀羅尼と埋葬との関連

ミトラは、いくつかのこれらのストゥーパの中心部に「書き記されたテキスト」が存在することに言及している。そして、同じことは、ボード・ガヤー、ナーランダー、パハールプルなどでも知られている。これらのテキストの大多数は、すくなくとも後代のストゥーパでは、陀羅尼（ダーラニー）である。ほとんど無視されているが、これらのテキストはその時々に作られたものではなく、特定のグループのテキストから抜粋された特定の陀羅尼であることが、近年明らかにされている。そして、その一群のテキストは、これらの陀羅尼がなぜストゥーパに収納されたか、その理由をはっきり明らかにしている。これらのテキスト群は研究され始めたばかりであるが、予備的調査からだけでも、すべて死の問題、地獄等の悪趣への再生を避けるための方法の獲得、もしくは、すでにそのような境涯に生まれた者の解放をもっぱら扱っていることが明らかである。事実、悪趣からの解放は、ストゥーパに陀羅尼を入れる主要な理由の一つである。ここで『無垢浄光大陀羅尼経』（大正一〇二四）のチベット語訳から典型的な一例を引用しよう。

さらに、もし誰かが、〔亡くなった〕他者の名前で、この陀羅尼を書写し、ストゥーパに納めて、熱心にそれを拝むなら、亡くなった者は、〔それによって〕悪趣から解放され、天界に生まれるであろう。事実、兜率天に再生し、ブッダの威神力により〔二度と再び〕悪趣に陥ることはないだろう。

(Peking 7, 190-1-4)

しかし、これらの陀羅尼は、他の様々な仕方でも、仏教の葬送慣行と関わりがある。典型的な一例が『一切業障清浄陀羅尼』に見られる。

もしひとが、土、胡麻、白芥子、あるいは水に向って〔この陀羅尼を〕唱えながら、それ（土など）を遺体の上に散りばめるなら、あるいは、〔遺体を〕洗ったのち、それを火葬するか、ストゥーパの中に遺体を安置し、この陀羅尼を書いて、それを遺体の頭にくっつけて、保存するなら、死者は、すでに悪趣に再生していても、〔そこから〕解放され、七日後には疑いなく幸せな天界へ再生するだろう。そうでなければ、自分自身の誓願の力によって〔そこに〕再生するだろう。

(Peking 11, 190-1-4)

最後に、同種の書き記された陀羅尼を用いる、もっと複雑だが、同様の葬送儀礼が、一九八三年にスコルプスキーによって梵語テキストが出版された『一切悪趣清浄タントラ』の中に見いだされることは、指摘する価値がある。それは完全に発達した「タントラ」（密教経典）であるが、物語としても、教義的にも、今問題としているテキスト群と明らかに関連している[13]。

ラトナギリなどで見つかった陀羅尼が葬儀と関連することは、その陀羅尼が抜き出された元のテキストから推定されるだけでなく、匿名の人物の骨や灰の埋葬品が発見されるのとまったく同じ考古学的コンテキストでいつも発見されるという事実によっても推定されるのである。このことは、再びラトナギリで明白である。「クラ」によく似た、一体構造の（monolithic）小ストゥーパに加えて、かなりの数の構築的な（structural）小ストゥーパがラトナギリのメイン・ストゥーパの周囲に密集していた。そして、本来の埋葬品である匿名の人物の遺骨が荒らされずに、今でも収納されていたのは、後者の方が数が多かった。ミトラは、後者に属する第三、第四、第二三、第二四、第二五、第一一五ストゥーパの中に遺骨が見つかったことを特に言及している。しかし、次のように付言する。「もっと多くの舎利塔（sārīrika-stūpa、すなわち、遺骨や遺灰を内蔵するストゥーパ）が存在したと信じられる十分な理由がある。というのは、メイン・ストゥーパの領域に、舎利容器の有無にかかわらず、多くの遺骨が散乱していたからである。それらの遺骨は、おそらく、構築的（structural）ストゥーパから押し出されたものに違いない。そのようなストゥーパの多くは、構成部分が押しつぶされて、基壇あるいは土台の最下層だけになってしまっているからである[14]」。ラトナギリで見つかった八つの陀羅尼はすべて、匿名の人物の遺骨とまったく同様に、構築的ストゥーパの中央部で見つかっている。

五　考古学的パターン要約

かくして、仏教聖地の考古学的記録は、我々が検討した実際の証拠の最初のものから、少なくとも一つの、奇妙ではあるが、一貫したパターンを提示している。重要なことは、このパターンが、最も古くて、荒らされていない遺跡において、最もはっきりと見られることである。紀元前二世紀のものである、タキシラのダルマラージカー遺跡がいい例である。一方、別の非常に古い遺跡、サーンチーやバールフトでは、同じ考古学的パターンが、種々の原因により取り返しのつかないほど変更されたり、事実上破壊されたりするまで持続したことを示す明らかな証拠がある。たとえば、ジャウリアーンやミールプール・ハースでは、紀元後四～五世紀までこのパターンが存続したし、ラトナギリでは、一〇～一二世紀でもまだ完全に無秩序な状態で、このパターンが隆盛していたと見られる。大きな中央構造物（メイン・ストゥーパ）は、以下のどちらかの目印である。すなわち、かつてブッダの肉体と直接接触した地点であること、あるいは、より通常は、ブッダの肉体（遺骨）の一部が存在することのいずれかである。この構造物の周辺には、無秩序な状態で、多数の、より小さな構造物（ストゥーパ）が密集している。後者にはしばしば、この遺骨を納める墓と関連がある、匿名の人物の遺骨、あるいは、遺灰が納められている。これらの小ストゥーパが異なる時代に付加されたことは、それらが本来の、秩序だった明快なプランの一部ではないということから明らかである。事実、しばしばすでに存在した秩序だった聖地プランに、これらの小ストゥーパの存在は違反していると思われる。これらの小ストゥーパの配置を決定した唯一の関心は、できるだけ中央構造物（メイン・ストゥーパ）の近くに設置したいという願望であったようである。以上のことは、逆にこれらの遺骨を納める墓がすべて、どこか別の場所から意図的にここへ、それぞれ異なる時に持ってこられたことを示唆している。事実、かなりの数の小ストゥーパは持ち運び可能であった。これが、我々が概略を知る所であり、知りたいことは、もちろん、それが何を意味するかである。

六　いくつかの考古学的にパラレルな現象

極めて類似した考古学的形態がインド以外にいくつか見られることは、注意する価値があるだろう。そのいくつかはパラレルな考古学的形態を生み出した観念体系が分かっているので、インド仏教においてそのような考古学的形態が何を意味したかを示唆してくれるであろう。

アリエスは、我々にとって興味深い大量の考古学的文献を次のように簡単に要約する。

聖者の墓の上に、バシリカ（聖堂）が建てられた。……キリスト教徒たちは、この建造物の近くに埋葬されることを求めた。アフリカやスペインのローマ時代の都市を発掘すると、後代の都市の発展によって覆い隠されている異様な光景が明らかになる。すなわち、聖者の廟の近く、特に後陣（アプス）の壁の周りに、何層もの高さに、無秩序に次々と積み上げられた石棺の山である。(15)

再び、アリエスによれば、これは「ティパサ、ヒッポ、カルタゴで見られる。その光景は、アムプリアスにおいて、カタロニアにおいて、同じくらい顕著である。……〔そして〕……同じ状況は、ゴール地方のローマ都市に見いだされる。しかし、それはもはや眼には見えない。次々と生じた歴史の堆積物の下に復元されなければならない[16]」。

「バシリカ」「石棺」などの専門用語を別にすれば、アリエスのアフリカ、スペイン、フランスのローマ都市の考古学的記録の記述は、ボード・ガヤー、タキシラ、そして他の南アジアの遺跡で見られたものの記述としても十分通用するであろう。我々の興味を引く、もう一つの聖地は、たった一つのある重要な点で、以上二つのグループの遺跡と異なっている。すなわち、波状的につぎつぎともたらされる遺体／遺骨を納める墓は、次々と上に積み重ねられる代わりに、水平の層をなして、広大な領域に広がっている点である。その結果「日本最大の墓地」と呼ばれるものを作り出している。これは高野山上の墓地のことである。ここでは、弘法大師の墓の周りに、無数の墓や墓標が幾エイカーにもわたって乱立している。弘法大師とは、八〜九世紀の僧侶であり、多くのことを成し遂げたが、とりわけ真言宗の開祖である。カサルは、次のように記している。「多くの墓は、……実に大きい。……しかし、すべての墓が遺体、もしくは遺灰を納めているわけではない。遺骨、あるいは髪の毛や歯でさえも埋葬すれば、十分である。重要なことは、その人物を象徴するものが、偉大な師の近くに埋葬されることである。……[17]」

興味深いことに、アフリカやスペインのローマ都市、および高野山において、中心構造物の周りに遺体／遺骨を納める墓が密集、もしくは群集しているという形態を生み出したものとして、二つの基本的なアイディアが考えられる。おそらく最初の方が、それに適用可能な言葉が確立されているから、容易に記述できる。このアイディアは本質的に「終末論的」であると言える。キリスト教の場合は、死者の復活の教義と関わりがあり、高野山の場合は、未来仏である弥勒の下生と関わりがある。キリスト教の場合は、ガーリーの次のような発言によって説明できる。「初期のキリスト教徒は、復活に関するキリストの約束を文字通り信じていたので、最後の日に殉教者たちの肉体は再びその所有者によって取り上げられ、復活することを期待していた。……キリスト教徒は、殉教者たちの死体の近くにいるほうが有利であり、聖者の墓の近くに埋葬された死体は、最後の審判の日に聖者とともに昇天すると信じていた」[18]。同じようなアイディアは明らかに弘法大師の墓と結びついていた。もっとも、そのようなアイディアを記述した学者たちの表現の正確さについては異論があるかもしれない。例えば、ロイドは次のように言う。「真言宗の信者は弥勒を堅く信じている。……弘法大師の身体は、決して滅びることはなく、弥勒の下生を高野山の墓の中で今も待っているのである。真言宗の信者は、弥勒がこの世に現れる時に復活する弘法大師のそばにいるようにと願って、しばしば、火葬した死者の遺骨を高野山へ送る[19]」。

終末論的アイディアは、いずれの場合も明瞭であるが、おそらく最も重要なものではない。第二のアイディアも、やはりどちらにも見られるが、聖者の墓や廟は現に生きている聖者の存在を納めているという考えである。ハケダを引用すれば、「空海は死んだのではなくて、単に永遠の三昧に入っただけであり、すべての苦しむ人々の救済者として高野山に生きている」と考えられたのである[20]。ここには、遠い未来に起こる終末論的出来事への関心はまったくない。事実、生きている聖なる存在の近くに埋葬されることは、ただちに結果をもたらすと考えられている。そこに遺骨や遺髪が埋められた個人が阿弥陀仏の浄土である極楽に再生することを保証するものである。第二のアイディアに分類されるキリスト教的な考えは、仏教よりもずっと豊富に記録されている。ウィルソンは言う。「聖者は、どこか遠い天国に住んでいるどころか、自分の廟の中に存在し続けていると一般に信じられていた。ドライエは、聖メナスのカルトの信者にとって、聖メナスは、アレクサンドリアの近くのマリュウト湖にある『彼のバシリカの中に、眼には見えないけれど、存在していた』と書いている[21]」。ここでも、終末論的考えはまったく見られないし、違ったアイディアが働いている。アリエスは、エコラの聖者たちの傍らに自分の息子の遺体を埋葬させた聖パウリヌスを最初に引用する。パウリヌスは書いている。「我々は彼（死んだ息子）をコムプルトゥムの町に送った。彼が殉教者たちと共に一つの墓に横たわり、火のように燃える我々の魂を純化する徳を、聖者たちの血から引き出すことができるように」と。そこで、アリエス自身次のような意見を付け加える。「聖者とは、タルタロスの生き物たちから守ってくれるだけでなく、自分と関係のある死者にわずかでも徳を分け与え、死後に、彼の罪を贖ってくれるものであることが、ここでも分かる[22]」。

七　ブッダの遺骨は「現に生きている」という仏教的観念

かくして、以上述べたようなアイディアが、カルタゴや高野山に見いだされる本質的によく似た考古学的形態を作り出したことが分かる。同様の考えがボード・ガヤーやタキシラでも同じ形態を作り出したと想定することは十分可能であろう。しかし、インドにおいては、第一の終末論的なアイディアは働いていなかったようである。聖者が接触した大地の一点という遺物にせよ、実際の遺骨にせよ、遺物の存在と終末論的出来事とを結びつけるいかなる証拠も存在しない。実際、インドに終末論的考えがあるとすれば、まったく異なる形をとるであろう。このことは、ボード・ガヤーとタキシラにみられる形態が、カルタゴや高野山の形態を作り出したのとよく似たアイディアによって作り出されたと仮定すると、そこで関わるのはおそらく第二のアイディアであることを示唆している。しかし、それが正しいとすれば、インド仏教初期にブッダの遺物は実際に生きていると考えられていた証拠を、少なくともいくつか見いだすことが期待されるだろう。その証拠は実際いくつか存在する。

最初に提示できる証拠は、我々が最初に取り上げた古いテキストであり、『大般涅槃経』の様々なヴァージョンの中に保存されている。梵本の編纂者は、ブッダは亡くなっているが、ブッダがかつて訪ねたことが知られている場所には、何らかの形でブッダが実際に存在していると考えていたようである。亡くなった聖者のそのような存在の近くに死ぬことは、特定の肯定的な結果をもたらすことを、つまりキリスト教の聖者の近く、あるいは弘法大師の近くに埋葬されるのと同様に天国に生まれることになることを、梵本の編纂者は明確に示唆している。言い換えると、ボード・ガヤーにおける死とカルタゴや高野山における「聖者の傍らへの埋葬」とは、まったく同じ昇天という結果をもたらすのである。もっともそれぞれの場合に天国はそれぞれ違った使命を与えられているが。事実、この『大般涅槃経』の主概念は、ほんのわずか拡張すれば、いくつかのインド仏教遺跡の考古学的記録に見られる事実の説明となるであろう。ブッダの近くに「死ぬこと」から、そこへ「死者をあずけること（deposition）」へ拡張するだけで十分である。

しかし、厳密に言えば、『大般涅槃経』は、ブッダの身体がかつて接触したことがある、地理的に定まった地点にのみ言及している。つまり、ボード・ガヤー、サールナートなどである。テキストは、ブッダがこれらの場所に現存すると言う。しかし、考古学的なパターンは、これらの遺跡だけでなく、ブッダの遺骨がある場所においても、「聖者の傍らへの埋葬」が行われたことを示唆している。この考古学的証拠は、もし我々の解釈が間違っていなければ、これらの場所においてもブッダは現存し、生きていると考えられていたことを想像させる。これが正しいことを示唆する証拠が、さらにいくつかある。

アショーカ王以降、最古のインド銘文の一つは、シンコートから出土した遺骨箱（キャスケット）の壊れた蓋に書かれたものである。そこには、紀元前二世紀のギリシャ系インド王メナンドロスの治世に、釈迦牟尼仏の遺骨を納めたことが簡潔に記されている。マジュンダル、コノー、シルカル、ラモットは、みんな蓋の縁に次のように書かれている点で同意している。

……カールティカ月の一四日〔に〕、生命を備えた釈迦牟尼世尊の遺骨が納められた。[23]

同様の文言が、蓋の内側にも見られる。

〔これは〕生命を備えた釈迦牟尼世尊の遺骨。

これが意味するところは、すでにコノーやラモットが、それぞれ「遺骨は現に生きているものと見なされていた」、「具体的遺骨……これは〈生気を持つ〉生きた存在である」と述べている。しかし、おそらく彼らの特定の論点と密接な関係があると思わなかったからであろう、これが歴史的なブッダの遺骨に対する実際の日付が入った最初の言及であることと、「生きた存在」としての遺骨という概念の実際に確認できる最初の事例であることとに、二人とも気づいていない。

別の初期の資料は、釈迦牟尼の遺骨が単なる「生命」あるいは「生気」以上のものを備えていたことを示唆する。それらの遺骨は、まさに生きているブッダを定義づける諸特徴が「吹き込まれており」、「充満しており」、「しみ込んでおり」、「遍満しており」、「満ちている」。同趣旨の文言は、様々な資料に見いだされる。セーナヴァルマの碑文が好例である。この碑文は、紀元後一世紀初頭のものであり、「これまでに知られているカロシュティー碑文のうち最も長いもの」であり、難しいものである。しかしながら、我々に関係のある部分は明瞭である。セーナヴァルマは部分的に次のように言う。

戒に満たされ、定・慧・解脱・(解脱)知見に満たされた、これらの遺骨を私は納める。[24]

ここに挙げられている能力や特性のリストは、パーリの伝統が「五成就」(sampadā)(漢訳「五分法身」に相当)と呼ぶものを意図しているようである。通常、生きている人だけがそのような「成就」に満たされるのは言うまでもない。さらに別の紀元後二五年か二六年のカロシュティー碑文は、釈迦牟尼の遺骨についてよく似た表現をしている。この場合、遺骨は「戒に満たされ、定に満たされ、慧に満たされている」と言われる。[25] すなわち、遺骨自身は、生きているブッダを定義づけた諸特性を保持しており、その特性に満たされており、しみ込まれている。

これら二つの碑文に見られる同一語彙のうちのいくつかは、馬鳴（アシュヴァゴーシャ）の『ブッダ・チャリタ』（仏所行讃）にも見いだされる。事実、これら二つの碑文と馬鳴はほとんど同時代であった可能性がある。ジョンストンは「紀元前五〇年から紀元後一〇〇年の間、多分、紀元後一世紀前半に」馬鳴の年代をおいている。しかし、我々にとって馬鳴が重要である理由は、彼の年代だけではない。これらの碑文はいずれも在家者の寄進を記録したものである。もっとも寄進者たち、もしくは彼らのために碑文を書いた者たちが、一般に承認されている仏教教義にある程度通じていることは明瞭である。他方、馬鳴は間違いなく出家者であり、非常に博識、博学の僧であった。それゆえに、彼が持っていた遺骨の概念は重要である。それは、仏教教義に精通した僧の持っていた概念だからである。例えば、我々が関心を持つ文脈で、馬鳴は次のように言う。釈迦牟尼の遺骨は、「劫末における梵天（神々の主、ブラフマー）界（dhātu）」のように、宇宙最後の大火災によっても破壊されないし、「ヴィシュヌの神鳥ガルダによっても持ち去られることはない」し、「冷たいけれど、我々の心に火をつける」と。一方、馬鳴は、碑文に見られるように、それほど凝っていない表現も用いている。それらの遺骨は、「功徳に満ちており」、「慈悲が吹き込まれている」と言う。(26)

他にも証拠があるが、少なくともその一つは敵対的な証拠である。『八千頌般若経』は漢訳された最初期の大乗仏典の一つであり、そのいくつかのヴァージョンは、我々の銘文や馬鳴とおそらくほぼ同時代である。『金光明経』、『ブッダバラーダーナ経』（仏力生神変化現説示経）、『法華経』など後代の多くの仏典と同様に、『八千頌般若経』は、遺骨の価値を全面的に否定しないにせよ、その価値を減じようとする議論に専念している箇所がある。事実同経は、少なくとも三つの章の大部分をそのような議論に当てている。そこで二度にわたって、遺骨を崇拝する十分な理由があることを渋々認めており、その際、我々の二つの銘文や馬鳴の

『ブッダ・チャリタ』に見られるものとほとんど同じ語彙を用いている。その理由は、極めて明瞭に次のように述べられている。

如来の遺骨は崇拝される。なぜならそこには智慧の完成がしみ込んでいるからである。[27]

ブッダの遺骨に特別の性質が「しみ込んでおり」、「遍満しており」、「満ちている」と言う表現が見られる最後の事例は、『ミリンダ・パンハ』(ミリンダ王の問い)の第四編である。ドゥミエヴィルが示したように、紀元後五世紀よりそれほど古くない時期にスリランカで、同編が『ミリンダ・パンハ』に付加されたことはほぼ明らかである。したがって、かつてフスマンが指摘したように、セーナヴァルマの碑文と五〇〇年ほど離れているにもかかわらず、『ミリンダ・パンハ』が、ほとんど逐語的にパラレルな表現を含んでいることは注目に値する。ここでもまた、遺骨には「戒・定・慧・解脱・解脱知見がしみ込んでいる」と記されている。[28]

以上の引用例は、それぞれ明らかに異なる種類の資料からのものであるが、いずれもブッダの遺骨を特徴づける際に、同じ過去分詞 paribhāvita を用いている。その過去分詞は、別の所でも用いられており、その特徴的な用法は注目に値する。パーリ聖典において最もよく見られる用法の一つは、鶏の卵と関係している。しばしば出くわす譬喩の中で、卵は雌鳥によって「抱かれ」、「暖められ」、「遍満される、あるいは、満たされる」(paribhāvita)。まさにこのことが卵を「生かす」のである。事実、譬喩の主旨は、これが適切に行われなければ、雛たちは生きていないということである。[29] これ以外の場合、この語は、生きている人々に適用されるのがより普通である。とりわけ興味深い用例は、ギルギット出土の『一切如来の威神力により衆生を観察し仏国土を示現する荘厳の経』に二度見られる。ここでは、否定形の「身体が遍満されていない、すなわち、生命を与えられていない」(aparibhāvitakāya)という表現が、「ほとんど生気を持たない」(alpāyuṣka)という表現とペアで二度出てくる。[30]『マハーヴァストゥ』(セナール校訂本、Vol. i, p. 153.12)では、菩薩たちが、馬鳴の場合の遺骨のように、「完全に善がしみ込んでいる」と言われる。同様に、『ミリンダ・パンハ』(トレンクナー校訂本、p. 361.23)では、苦行を実践するものたちが、我々の二つの碑文の場合の遺骨のように、「麗しく、卓越した、無比の清浄なる香りの戒がしみ込んでいる」と言われる。『法華経』(ケルン＝南条校訂本、p. 3.1)では、再び馬鳴の場合の遺骨のように、菩薩は「心と身体に慈悲がしみ込んでいる」と言われる。これらや、その他の典拠により、paribhāvitaという語は、「生命に満ちた、あるいは満たされている」、「生命が与えられている」、「強化されている、あるいは、強められている」、「生命が充満している」「生命が吹き込まれている」ことを意味し、まさにブッダの遺骨がそのようなものであるとみなされていることは明らかである。

八 「法的人格」としてのストゥーパ

サーンチーの第一塔(ストゥーパ)の塔門にある三つ一組の呪いの碑文もまた注目に値する。これら三つの碑文は、どれもたいへんよく似ていて、少なくとも紀元前一世紀に遡るものであるが、その大意は西の塔門にある碑文からの以下の引用によって明らかである。

このカーカナーヴァ（サーンチーのストゥーパの古称）から石細工を取り除く者、あるいは取り除かせる者、あるいは別の「師の家」に移させる者は、五無間業の罪を犯した者と〔同じ恐ろしい〕境涯に赴くであろう。(31)

ここで注目すべき点が二つある。まず、サーンチーのストゥーパ、すなわちブッダの遺骨保管所は、暗黙のうちに「師〔すなわち、ブッダ〕の家」（ācariya-kula）に分類されているようである。かつて、ビューラーは、この「師の家」という表現が、神殿（temple）を表すインドのごく普通の表現「神の家」（devakula）とパラレルな表現であると提案している。もしそうなら、「神の家」は文字通り、そこに神が住んでいる所、神が現に力強く存在する所と理解されていたが、「師の家」がそれと異なっていたことはありえないだろう。注目すべき第二の点は、後代の文献からのみ知られる重要なアイディアがすでに紀元前一世紀のサーンチーで機能していたことを、これらの碑文が示唆している点である。「ストゥーパの建立と信仰（カルト）」を扱う様々な僧団規則（vinaya 律）のたいへん有益な研究の中で、バローは「完全な人格のように、ストゥーパは所有権を保持している。……そして、この権利は保護されなければならない」と注意している。彼は続けて、例えば次のように言う。

「説一切有部は、ストゥーパの無尽蔵の財物について語るが、それは譲渡することができないものである。ストゥーパにお供えとして寄進された財物は、他の目的のために用いることはできない。四方サンガの財物、実質的な食物、分与される財物と一緒にしてはならない」[32]。

律蔵テキストから、ストゥーパに所属する資産は、果物をつけ、花が咲く木々や池を備えた庭園のような不動産を含んでいたことも明らかである。

バローは特に言及しないが、ストゥーパの持つ「所有権」は律蔵以外の資料でも言及され、詳しく説明されている。これらの資料は、二つの理由で重要である。すなわち、まず、律蔵よりずっと後代のものであり、したがって、このようなアイディアが長く続いたことを示唆しているからである。第二に、これらの資料のうち、少なくともいくつかは、再び敵対的な証人と見なされるからである。というのも、それらは大乗経典であり、たとえ遺骨やストゥーパの価値を明白に減ずることはしなくても、それらの価値に関して、せいぜい曖昧な態度しかとらないからである。大乗文献におけるストゥーパの「所有権」への言及の数も印象的である。エジャートンは『仏教混淆梵語辞典』の staupika（ストゥーパの資産）の項目で、『シクシャー・サムッチャヤ』（学処集成）から二つ、『菩薩地』から二つ、『護国尊者所問経』と『華厳経』とからそれぞれ一つ、この語の用例を引用している。しかしながら、『シクシャー・サムッチャヤ』には少なくともあと四つ、『ウパーリ・パリッチャー』（優波離所問経）にも二つの用例を見つけることができる。

ストゥーパが固有の所有権を持つというアイディアがいかに強いかは、『シクシャー・サムッチャヤ』（ベンドール校訂本、p. 56.9）に引用される『宝聚経』の長い一文から明らかである。その主旨は以下の通りである。地方サンガの基金は、もし余分があり、満場一致の同意があれば、四方サンガの赤字を埋め合わせるために使用することができる。（通常、そのような基金は厳密に分離して管理されなければならない。）ストゥーパに属する基金は、たとえ余分があっても、地方サンガへにせよ、四方サンガへにせよ、決して譲渡されてはならない。事実、それに続いて、テキストは「ストゥーパに寄進された衣（もしくは布）は、風と太陽と雨によって、ストゥーパの上で朽ち果てるに任せなければならない」、そして、そのような衣はお金と交換することはできないし、ストゥーパに所属するものには決して商業的値段を付けることはできない、とまで言っている。これに対して与えられる理由は興味深い。「ストゥーパに所属するものは何であれ、たとえ寄進されたものが端切れに過ぎなかったとしても、……神々を含む世界にとって、それ自身が聖なるもの（チャイティヤ）である」。すなわち、ストゥーパに寄進されたものは、それ自体が聖なるもの（チャイティヤ）となるのである。しかしながら、仏教では、聖なるものとなるにはただ一つの方法しかない。すなわち、それは聖なる「ひと」（ブッダ）によって所有されるか、使用されるかしなければならない。事実、右の引用文の漢訳は、staupika「ストゥーパに所属するもの」を「ブッダに所属するもの」を意味する漢字で翻訳している。(33)

これらの大乗のテキストのうちのいくつかは、サーンチーの塔門の碑文とまったく同様に、ストゥーパに所属する資産を取ることを「五無間業」と結びつけるか、それと同一視している。たとえば、『虚空蔵経』や『ウパーリ・パリプリッチャー』である。何はともあれ、このことは、そのような行為が極めて重大な性質のものであることを示唆している。これら五つの業は、インド仏教の伝統で知られる最も重大な罪だからである。しかしながら、ストゥーパに所属する資産の窃盗もしくは破壊を五無間業と結びつけることは、おそらく単に事の重大性を示唆するため以上の意味があるだろう。五無間業とは、母の命を奪うこと、父の命を奪うこと、阿羅漢の命を奪うこと、サンガを分裂させること（破僧）、ブッダを傷つける、すなわち身体的危害を加えることである。そうすると、五つのうち四つは、現に生きている高位の人物に極めて重大な危害を加えることである。この種の行為とストゥーパに対してなされた危害が明白に結びつけられるということは、ストゥーパが「生きている高位の人物」に分類されていたことを再び示唆する。もしそうでなかったとすると、ストゥーパに対する危害が極めて重大なことと見なされた理由が理解しがたい。

ストゥーパが「完全な人格のように」個人に属する資産を保有する権利を持っていたこと、そして、実際に資産を保有していたこと、また、この権利を取り巻く諸々のアイディアが古くて、頑強なものであることに気づくとき、我々は世界の他の所で注目された、よく似た現象と再び対峙しているのである。「中世中期における聖遺物の窃盗」を議論する際に、ガーリーは繰り返し主張する。「非常に基本的な意味で、中世中期の人々は、聖遺物を生きているものと見なしていた。……遺物は実際に、人々の間で生き続けている聖者そのものであった」と。この考えを確立するために彼が用いる一群の証拠は、仏教のストゥーパに関して我々が見たものと部分的に正確に対応している。彼によると、「聖遺物は法的権利さえも持っていた。それは聖遺物に特定してなされた寄進やお供えを受け取り、教会や僧院を所有していた。教会や僧院は、法律的には、地下室に横たわる聖者たちの資産であった[34]」。

九　ブッダの遺骨と生きているブッダとの機能的等置

もし仏教のストゥーパやそこに納められている遺骨が法的人格であったとするなら、すなわち、もしそれらが生きている人々が持つ権利を保有し、それを行使していたなら、そして、それらに加えられた危害が生きている高位の人物に加えられる危害と同一視されていたなら、最後の同一視の逆もまた成立するはずである。すなわち、ストゥーパや遺骨に対してなされた危害ではなくて尊敬や礼拝は、生きている人物に対してなされた尊敬や礼拝と同一視されるはずである。そして事実その通りであった。このような同一視の一例は、ギルギット出土の『根本説一切有部律』に残されている一見したところ非常に古いテキストに見いだされる。このテキストは、巨大なストゥーパが展開する以前に、遺骨が単に特定の場所の地中に埋葬されていた時期を反映しているようである。

このテキストによると、ブッダはアーナンダ（阿難）とともに、トーイカーと呼ばれる土地に行く。そこに着くと、一人のバラモンが畑を耕していた。このバラモンは、ブッダを見て、心中で考えた。「もし私が尊者ガウタマに近づいて、敬礼すれば、私の仕事は被害を被る。しかし、もし私が世尊に近づかず、敬礼もしないならば、私の功徳が減じられる。仕事の損失と功徳の損失の両方を避けるためには、私はどうすればよいのか」と。彼は賢いバラモンだったので、その場に留まって、遠くからガウタマに敬礼することにした。しかし、テキストが辛辣に指摘する所によると、バラモンは家畜を追う突き棒を手にしていた。もちろん、ガウタマはこの「方便」（テキストは upāya と呼んでいる）にあまりいい印象を持たなかった。そして、阿難に次のように言った。

阿難よ、このバラモンは間違っている。もしも彼がこの場所に近づいて来て、ここで敬礼していたなら、この場所には正等覚者、迦葉仏の完全な遺骨のあつまりが現に存在すると自ずから分かったであろう。もしも彼が近づいて来て、私に敬礼していたなら、実に彼は二人の正等覚者に敬礼していたことになる。どうしてか。なぜなら、アーナンダよ、この場所には正等覚者、迦葉仏の完全な遺骨のあつまりが現に存在するからである。(35)

ここに含意されていることは、生きているブッダと過去仏の遺骨のあつまりの間にまったく違いがないということである。いずれも礼拝の対象として等しく存在し、まったく同じ功徳を積む機会を提供するのである。この点を読者が見失うのを恐れて、経典編纂者は、少し違った表現でそれを明白にするために、一連の詩頌を付け加える。

生きている〔ブッダ〕をいつも礼拝した人と、般涅槃に入った〔ブッダ〕をいつも礼拝した人は、等しく信心に満ちていて、両者の間にはいかなる功徳の違いもない。

(Waldschmidt, 78.8)

そのようなアイディアが一般的であり、長続きしたことは、この同じ詩頌、もしくはそれに近い異文が多くのテキストに見いだされることによって示唆される。すなわち、ワールドシュミットが梵文『大般涅槃ダ経』の「特別テキスト」（Sondertext）と呼ぶもの、ギルギットで写本が発見された『チャイティヤ・プラクシナ・ガーター』（チャイティヤ右繞偈頌）、トルキスタンから写本が将来され、リューダースが出版した『寄進定型句』（Schenkungsformular）、そしてホータン本の『右繞経』である。この詩頌のさらに別のヴァージョンが、博識の僧、馬鳴の作品の中に伝えられている。

賢者たちはブッダの諸徳性を知るべきである。そして、聖者（ブッダ）の在世時に、崇拝しても、ブッダが般涅槃に入った後、その遺骨に礼拝しても、同じ信心をもつなら、その果報は同じである。(36)

これらのテキストがすべて、ブッダの実際の存在とその遺骨とに対して、個人が「等しい信心を持つこと」を強調していることに気づいてほしい。すなわち、ひとは生きているブッダに対するのと同じ心構えでその遺骨に接するべきであり、信者にとって、両者は同じものと理解され、同じ機能を持ち、同じ果報を可能とするものである。

このようなアイディアの最も明瞭な表現の一つが、五世紀にマハーナーマ比丘によって著されたスリランカ仏教の編年史『マハー・ヴァンサ』（大史）に見られることに注意しておく。関係するパッセージは、スリランカを仏教へ改宗させた功績が帰せられるマヒンダ比丘と当時スリランカを治めていたデーヴァーナムピヤ・ティッサ王との間で紀元前三世紀に行われた対話の記録と考えられている。マヒンダは、『ディーパ・ヴァンサ』（島史）によるとスリランカを去る間際に、次のように王に訴える。「王様よ、長い間、私たちは師である完全なるブッダにお会いしていません。師なしで、私たちは暮らしてきました。ここには私たちが礼拝すべきものが何もありません」。これに王は反応する。「しかし、尊者よ、完全なるブッダは涅槃に入られたとあなたは言ったではありませんか」。マヒンダ比丘は答える。「遺骨が見られている〔あるいは、現に存在する〕とき、ブッダは見られている〔あるいは、現に存在している〕のです」。彼の答えは、我々のこれまでの議論を見事に凝縮している。もちろん、王はストゥーパを建てることを約束し、マヒンダは遺骨を手に入れるために、インドに飛んで帰るよう、別の僧に命じるのであった(37)。

一〇　遺骨に与えられた公的価値

ここまでに見いだしたことを要約する前に、最後に別の証拠に簡単に触れておこう。遺骨が生きている存在と考えられていたことはすでに十分明らかにしたと考えるが、そのさらなる証拠を提供するためではなくて、よい言葉が見つからないので、「遺骨に与えられた共同体の、あるいは、公的な価値」と我々が呼ぶものに対する初期の証拠を示すためである。その証拠とは、後に「仏舎利争奪戦争」と呼ばれる古い伝承である。現存する最古の仏教美術の中に、サーンチーでも、バールフトでも、アマラーヴァティーやガンダーラでも、このエピソードの図像がすでに存在する。もっとも物語の詳細は後代の文献から知られるだけである。ブッダを荼毘に付した後、クシナーラーのマッラ族は「公会堂に安置された世尊の遺骨を格子状の槍の柵と矢の壁で包囲した」。しかし、異なる国家を代表する他の七つのグループも、遺骨の分配を求め、戦いの準備をしてやって来る。彼らは最初マッラ族から断られるが、興味深いことに、一人のバラモンの仲介によって一触即発の危機は避けられたのであった。バラモンは、忍耐を説いた師（kṣāntivāda）の遺骨をめぐって戦争するのは正しくないと指摘したのであった[38]。

この古い伝承が、その詳細はどうであれ、当時の政治的イディオムを用いて、遺骨に与えられた特別な価値を力強く表現していることに注意しておきたい。バローは次のように注意している。

この伝承が歴史上の出来事を述べているのか、あるいは単なる伝説にすぎないのかは、ここではあまり重要ではない。我々の説明にとって本質的なことは、……その心が仏伝中に反映されている信者たちが、このエピソードを事実として信じ、彼らの先祖が信心の故に世尊の遺骨をめぐって武器を手にして争ったことをまったくありうると見なしていたことである。これは、この物語の最初のヴァージョンが作られた時に、そのような過度の熱意が正常で、教訓的であるとさえ信者たちが考えていたことを証明するものである[39]。

些細な一点を除けば、バローの意見は極めて適切なものである。すなわち、「この物語の最初のヴァージョン」が在家者によって書かれたと彼が主張しないかぎり適切である。この物語は、何らかの仮定的で一般化された「信者たち」について何も教えてくれないのである。しかし、その物語が証明しうるし、証明していることは、それを創った「仏伝作者」が、ほぼ確実に僧であろうが、そのような話を「正常で、教訓的であるとさえ考えていたこと」である。もちろん、これは目下の主題とはまったく異なる事柄であるが。

一一　結論

いくつかの異種のデータをこれまで提示した。まず、仏教聖地において繰り返し出会う、具体的な遺物の特徴的な形態を示す考古学的データがある。この形態は、中央に、ブッダの身体がかつて直接接触した地点であることを示す、もしくはブッダの身体の一部を現に納めている構造物（ストゥーパ）を置く。この中央構造の周りは、無秩序に増大していった多数の小さな構造物（ストゥーパ）で溢れている。そのうちのかなりのものは、名前の知られない死者の遺物（遺骨や遺灰）、もしくは埋葬行為と関係する他のものを内蔵している。これらの死者の遺物は、異なる時期に意図的に持ち込まれ、ここに置かれたものである。それは聖地の本来の、また秩序だったプランの一部を形成していない。

加えて、ブッダが直接身体的な接触を持ったと知られる特定の地点に、ブッダは実際に現存していると考えられていたことを示唆する古いテキスト伝承が存在する。また、ブッダの遺骨が「生命」や「生気」を持っており、生きているブッダを定義づけ、生命を吹き込む諸特徴がそれにはしみ込んでいると考えられていたことを証明する多くの碑銘や文献が存在する。それらは、ブッダの遺骨、もしくは、それを納めるストゥーパが、個人的資産を所有する権利を持ち、それを行使していた法的人格であったこと、そして、ストゥーパは高位の人物に分類されると認識されていたことを示している。また、これらの文献のうちのいくつかは、少なくともその一つは極めて古いものだが、遺骨の存在は実際のブッダの存在とまったく同じであると考えられていたこと、両者は宗教的に同じであり、両者に対して同じ振る舞いをすることが要求されていたことを確証するのである。

次に、このことは、ブッダが実際に訪れた所と仏舎利を納めている所という二種類の仏教聖地における中心構造物（メイン・ストゥーパ）が、ブッダの現に生きている存在を内蔵し、その存在が認識されていることを意味する。そして、このようなブッダの存在がさらなる死者の遺物とそれを納める副次的構造物（ストゥーパ、いわゆる「奉納塔」）を引き寄せたのであった。

同じ古いテキスト伝承の別の部分は、ブッダの現存する所で死ねば天界に再生すると考えられていたことを証明する。加えて、スペインやアフリカのローマ時代の都市や高野山に、概念的にも、埋葬行為の点でも、類似点が見いだされるのである。

インドの仏教徒たちも、西方ラテン世界で「聖者の傍らへの埋葬」（depositio ad sanctos）と呼ばれたものと似たものを実行し、信仰していたのである。一方、いくつかの経典が否定し、いくつかの論書が明確に述べることとと無関係に、ブッダは仏教徒コミュニティの中心に、現に生きているものとして、存在し続けていると信じられていたのである。

＊ Burial *Ad Sanctos* and the Physical Presence of the Buddha in Early Indian Buddhism: A Study in the Archaeology of Religions (Originally published in *Religion* 17 (1987): 193-225), *Bones, Stones, and Buddhist Monks*, University of Hawaii Press, 1997, pp. 114-147　の抄訳。
以下、本稿と関連するショペン氏の論文を挙げる。
“The Phrase ‘*sa pṛthivīpradeśaś caityabhūto bhavet*’ in the *Vajracchedikā*: Notes on the Cult oh the Book in Mahāyāna,” *Indo-*

Iranian Journal 17 (1975)
"The Five Leaves of the *Buddhabalādhānaprātihāryavikurvāṇanirdeśasūtra* Found at Gilgit," *Journal of Indian Philosophy*, 5 (1978)
"The Text on the 'Dhāraṇī Stones from Abhayagiriya': A Minor Contribution to the Study of Mahāyāna Literature in Ceylon," *Journal of International Association of Buddhist Studies*, 5 (1982)
"Hīnayāna Texts in 14th Century Persian Chronicle: Notes on Some of Rashid al'Din's Sources," *Central Asiatic Journal* 26 (1982)
"The Bodhigarbhālaṅkāralakṣa and Vimaloṣṇīṣa Dhāraṇīs in Indian Inscriptions: Two Sources for the Practice of Buddhism in Medieval India," *Wiener Zeitschrift für die Kunde Südasiens*, 29 (1985)
"*stūpa* and *tīrtha*: Tibetan Mortuary Practices and an Unrecognized Form of Burial Ad Sanctos at Buddhist Sites in India," *The Buddhist Forum*, Vol. III (1991-93)
"Doing Business for the Lord: Lending on Interest and Written Loan Contract in the *Mūlasarvāstivādavinaya*," *Journal of American Oriental Society*, 114 (1994)
"Two Problems in the History of Indian Buddhism," *Bones, Stones, and Buddhist Monks*, Chapter. II (1997)
"An Old Inscription from Amarāvatī," *Bones, Stones, and Buddhist Monks*, Chapter. IX (1997)

原著者注（レファレンス以外は省略）

（一）J. Bloch, *Les Inscriptions d'Asoka* (Paris: 1950). No. 157 Rummindei (Paderia).
（二）E. Waldschmidt, *Das Mahāparinirvāṇa-sūtra*, Teil I, II, III, (Berlin: 1950, 1951, 1951)。以下、Waldschmidt の段

落番号によりテキストを引用する。

（3） *Mahāparinibbānasuttanta*, Dīgha-Nikāya, II, p. 141, 1-2. Ed. by Rhys Davids & Carpenter, Pali Text Society, London, 1947 (1995).

（4） A. Cunningham, *Mahābodhi or the Great Buddhist Temple under the Bodhi Tree at Buddha-Gaya* (London: 1892), pp. 82-83; B. M. Barua, "Old Buddhist Shrines at Bodh-Gaya," *Indian Historical Quaterly* 6 (1930), pp. 30-31.

（5） *Mahāparinibbānasuttanta*, Dīgha-Nikāya, II, p. 141, 9-11.

（6） A. Cunningham, *Mahābodhi*, pp. 48-49.

（7） H. Cousens, *The Antiquities of Sind*, Archaeological Survey of India, Vol. XLVI, Imperial Series (Calcutta: 1929), pp. 82-97; D.R. Bhandarkar, "Excavations near Mirpur Khās," *Progress Reprot of the Archaeological Survey of India, Western Circle, for the Year Ending 31st March, 1917*, 47-48; D. Mitra, *Buddhist Monuments* (Calcutta: 1971), pp. 132-133.

（8） J. Marshal, *A Guide to Sanchi* (Calcutta: 1918), pp. 87-88.

（9） D. Mitra, *Buddhist Monuments*, p. 133; Cousens, *The Antiquities of Sind*, p. 97.

（10） Cunningham, *Mahābodhi*, pp. 48-49.

（11） I-tshing, *A Record of the Buddhist Religion as Practised in India and the Malay Archipelago (A.D. 671-695)*, trans. J. Takakusu (London: 1896; repr. 1966), p. 82.

（12） D. Mitra, *Indo-Asian Culture* 9 (1960), p. 166.

（13） T. Skorupski, The Sarvadurgatipariśodhana Tantra (Delhi: 1983).

（14） D. Mitra, *Ratnagiri* (New Delhi: 1981), p. 28.

（15） P. Ariès, *Western Attitudes towards Death: From the Middle Ages to the Present* (Baltimore: 1974), pp.16-17.

（16） P. Ariès, *The Hour of Our Death* (New York: 1981), p. 34.

(17) U. A. Casal, "The Saintly Kōbō Daishi in Popular Lore (A.D. 774-835)," *Journal of Far Eastern Folklore Studies* 18 (1995), p.143.

(18) P. Geary, *Furta Sacra. Thefts of Relics in the Central Middle Ages* (Princeton: 1978), pp.33-34.

(19) A. Lloyd, "Death and Disposal of the Dead (Japanese)," *Encyclopaedia of Religion and Ethics*, vol. 4, ed. J. Hastings (Edinburgh: 1911), p.491.

(20) Y. S. Hakeda, *Kukai: Major Works* (New York: 1972), p. 60.

(21) S. Wilson, *Saints and Their Cults Studies in Religious Sociology, Folklore and History*, (Cambridge: 1983), p. 11; P. Brown, *The Cult of the Saints. Its Rise and Function in Latin Christianity* (Chicago: 1981), pp.3-4.

(22) P. Ariès, *The Hour of Our Death*, p.33.

(23) D. C. Sircar, *Select Inscriptions Bearing on Indian History and Civilization* (Calcutta: 1965), p. 105.

(24) R. Salomon, "The Inscription of Senavarman, King of Oḍi," *Indo-Iranian Journal* 29 (1989), pp. 261-293.

(25) G. Fussman, "Nouvelles inscriptions śaka (II)," *Bulletin de l'École française d'Extrême-Orient*, 73 (1984), p. 38.

(26) E. H. Johnston, "The Buddha's Mission and Last Journey; *Buddhacarita*, XV-XXVIII," *Acta Orientalia* 15 (1937), pp.77-79, 276. Peking129, no.5656, 169-4-8 ~ 169-5-3.

(27) U. Wogihara, *Abhisamayālaṃkārālokā Prajñāpāramitāvyākhyā*. fasc. 3 (Tokyo: 1934), pp. 272.16, 273.5.

(28) *Milindapañho* (Trenckner ed.), p. 98.

(29) *Majjhima*, i, pp.104, 357; *Saṃyutta*, iii, p.153; *Aṅguttara*, iv, p.125; *Vinaya*, iii, p.3.

(30) *Gilgit Manuscripts* (Delhi:1984), i, 50.19, 51.6.

(31) J. Marshall, A. Foucher, and N. G. Majumdar, *The Moniments of Sāñchī*, vol.I (Delhi: 1940), p. 342, no.404.

(32) A. Bareau, "La construction et le culte des stūpa d'après les Vinayapiṭaka," *Bulletin de l'École française d'Extrême-Orient*, 50 (1960), pp. 253, 257.

（33）Bendall and Rouse, *Śikṣā-samuccaya* (London: 1922), p. 57, n.2; cf. J. Gerner, *Les aspects économiques du bouddhisme dans la société chinoise du V au X siècle* (Paris: 1956), p. 67 and n.5.

（34）Geary, *Furta Sacra*, pp. 152-153.

（35）*Gilgit Manuscripts* (Delhi: 1984), iii 1, 73.9 (Bhaiṣajyavastu of the Vinaya of the Mūlasarvāstivādin).

（36）*Buddhacarita*, XXVIII. 69; Tibetan text, Peking, 129, 171-5-4; cf. E. H. Johonston, *Acta Orientalia* 15 (1937), p.285.

（37）*Mahāvaṃsa* (Geiger ed.) XVII. 2-3; cf. W. Geiger, *The Mahāvaṃsa or the Great Chronicle of Ceylon* (London: 1912) XVII. 2-3; H. Oldenberg, *The Dīpavaṃsa. An Ancient Buddhist Historical Record* (London: 1879; repr. New Delhi: 1982) XV 1-5.

（38）A. Bareau, *Recherches sur la biographie du buddha dans les sūtrapiṭaka et les vinayapiṭaka anciens: II. Les derniers mois, le parinirvāṇa et les funérailles*, T. II (Paris: 1971), p. 265ff.

（39）A. Bareau, "Le parinirvāṇa du buddha et la naissance de la religion bouddhique," *Bulletin de l'École française d'Extrême-Orient*, 61 (1974), p. 287.

補注　本章について宮治昭氏より左記のコメントをいただいた。

（1）六頁の「チャイティヤ」は「聖地」のことであろう。

（2）一四頁の「クラ」は「クーラ」（塚）の方がよい。

第二章

ヒンドゥー儀礼と仏教儀礼

永ノ尾信悟

一　はじめに

第三一番目の『クラーヴァカ・ジャータカ』に、以下のような興味ある文がある。菩薩はとある村に生まれ、マガ・クマーラという立派な若者になり、その村の素行の悪かった若者たちを立派なものにした。素行の悪かった若者たちから酒代や罰金を得ていた村長は、うまい汁がすえなくなり、王に讒言した。マガ・クマーラと若者たちは捕らわれ、王宮で象に押しつぶされる刑を受けることになったが、どんな象も押しつぶすことをせずに逃げてしまった。何か不思議な呪文を唱えているに違いないと考えて、王はマガ・クマーラたちに尋ねさせた。彼らには呪文があると知った王は、彼らを面前につれてこさせて呪文を言えと命じた。菩薩は答える。「王よ、われわれの呪文は、ほかならぬ以下のものです――われわれ三〇人の者たちは命を損ねません。与えられないものを取りません。間違った振る舞いをしません。嘘はつきません。お酒は飲みません。友情をはぐくみます。贈り物を与えます。道を平らかにします。ため池を掘ります。家を作らせます――これがわれわれの呪文で、護符で、力です。」(Jātaka I[200.15-25]; Chalmers[1895]: 78-79)

ここで言う呪文は、サンスクリットならマントラといわれるもので、マントラはヴェーダの時代から祭祀や儀礼の中心的な役割を果たしてきた。神々に語りかけ、さまざまな願望を表明する手段であった。しかし、このクラーヴァカ・ジャータカでは、マントラはそのようなものではなく、彼らが行うさまざまな良い行為そのものである。マントラは儀礼的な意味を完全に払しょくし、倫理的に読みかえられている。

『テーリー・ガーター』に、プンニカーというシュードラの女性のエピソードが伝えられている。「水汲み女として、私は寒いときにも、いつも水の中に入ってゆきました。女主人たちから棒で打たれる恐怖におののき、ことばで怒られる恐怖に悩んで。」(二三六)「バラモンよ、あなたはだれのことを怖がって、いつも水の中へと入ってゆくのですか? 手足が震えているのですから、あなたはひどく寒さを感じているのでしょう。」(二三七)「また、老いも若きも悪い行いをする者は、沐浴によって悪行から逃れます。」(二三九)「ではいったい、蛙も、亀も、蛇も、鰐も、他に水中に住むものも、みな天界へゆくことになるのでしょうか。」(二四一)(入山〔二〇〇七〕、九二頁)

沐浴は、ヴェーダ祭祀のなかのソーマ祭の潔斎で、祭主を祭祀にふさわしいものにする重要な儀礼行為であった。ヒンドゥー儀礼では独立した儀礼行為となり、さまざまな悪行を洗い流す効果があるとされ、重要な意味を与えられていく(Kane[1974]: 658-668)。『テーリー・ガーター』のプンニカーは、もし沐浴により悪行を洗い流せるなら、魚などもすべて悪行を洗い流し、天界にいくことになると、沐浴の愚かさを揶揄する。

仏教文献にはこのように儀礼に対する否定的な発言がいろいろあるように思える(奈良〔一九七三〕、四〇頁)。しかし、たとえば『孔雀明王経』には実に多くの呪文が伝えられている。それらの多くは陀羅尼というタイプにまとめることができる呪文であり、仏教文献には実に多くの陀羅尼が伝えられている。また、『金光明経』の第七のサラスヴァティーの章は、さまざまな薬草を用いた沐浴の重要性を説いている。以前は否定的に扱われていた呪文であれ、沐浴であれ、後の時代になると仏教のなかで重要な位置を占めるようになるのである。

この章においては、ヒンドゥー教においても仏教においても見ることができるバリ儀礼と、プージャーと呼ばれる供養儀礼に焦点をあてて、ヒンドゥー儀礼と仏教儀礼の関係について述べてみる。

二　バリ儀礼

ヴェーダ文献が伝える大規模な祭祀であれ、家庭でおこなわれるさまざまな儀礼であれ、神々にささげられる供物は、その一部が切り取られ、祭祀や儀礼に用いられる火の中に投じられることによって与えられた。しかし、儀礼用の火以外の場所に供物が置かれることによって与えられる場合もあった。このように、祭火以外の場所に食べ物が供物として神々にささげられる行為をバリ儀礼という。バリは元来、人々が支配者にささげる貢物を意味し、『リグヴェーダ』や『アタルヴァヴェーダ』以来、神々へもささげられるとされてきた（片山〔一九七四〕、八一―八二頁）。

祭火以外の場所で行われる献供の場合の列挙が、『バウダーヤナ・シュラウタスートラ』二四・八［191.6-15］にある。「火は明示されない。しかし、以下のようなことがある――賭博の場に献じる、戦車の先端に献じる、車軸の端に献じる、四辻に献じる、二本のわだちに献じる、切り株に献じる、足跡に献じる、牝のヤギに献じる、牡のヤギの右の角に献じる、バラモンの右の手に献じる、ダルバ草の束に献じる、水の中に献じる、ウドンバラ製の柱のところに献じる、アリ塚に献じる、……明示されない場合は献供の火（アーハヴァニーヤ）に献じるべし。」（Kashikar[2003]: 1543, 1545）『バウダーヤナ・シュラウタスートラ』が列挙するこれらの場合、通常の祭火への献供の場合と同じく「献じる」（juhoti）という動詞が使われていて、供物を置くという形式でない可能性がある。賭博の場に献じられる場合には金の粒が置かれ、そうすることによって「火のあるところに献じる」と解釈されている（MS 1.6.11 [104, 1-4]）。四辻の場合でも、松明で火種をもっていき、四辻に火をおこして献じる場合もある（Einoo[1988]: 282）。これらの場合はバリ儀礼とはみなせないかもしれないが、それ以外の場合には、そのような考慮が払われていないので、バリ儀礼の一種とみなすことができるかもしれない。しかし、シュラウタ祭祀においてはバリという語が用いられていない（Arbman[1922]: 70）。

家庭で行われるさまざまな儀礼を記述するグリヒヤスートラにおいては、かなりの数のバリ儀礼の例をみることができる。いくつかの例を、英語などの翻訳で確認できるものに限って紹介する。最も多くのグリヒヤスートラが伝えるものは、雨季のはじめに、蛇の害に合わないことを願って行われるサルパバリと呼ばれる儀礼で、蛇たちに、はったい粉などをバリとしてささげるものである（Oldenberg[1886]: 202, 328-329, 330; Oldenberg[1892]: 90-91, 92, 238-239, 288; Dresden[1941]: 168-169）。秋に家畜の繁栄を望んで、ルドラ神に対して行われる儀礼で、さまざまな方角にいるとされるルドラ神たちに粥や肉の残り、または血がささげられる（Oldenberg[1886]: 256-257, 352-353; Dresden[1941]: 127）。後のヒンドゥー教において、象の顔をもつ神ガネーシャと知られるようになる神の古い名前に、ヴィナーヤカというものがあり、複数のヴィナーヤカたちに、四辻に置かれた箕のなかに肉や魚をふくめたさまざまな食べ物がささげられる（Dresden[1941]: 162、井狩・渡瀬〔二〇〇二〕、六四頁）。秋のプローシュタパダ月の満月の日に行われるインドラの祭祀（Indrayajña）のなかで、マルト神群たちにアシュヴァッタの葉のうえにバリが献じられる（Oldenberg[1886]: 331, Kane[1974]: 824-825）。収穫祭で粥のだんごを屋根の上に投げ上げる（Oldenberg[1892]: 289）。さまざまな病気を治すとされる儀礼で、四辻で供物の残りを「千の目をもつ悪」に対してささげる（Caland[1900]: 97-98）。耕作開始の儀礼で、四方に住むとされる「畝の守り神」たちに、草の上に供物の残りをささげる（Oldenberg[1886]: 335）。同じく耕作開始の儀礼で、畑の東の端のところで天地両神にバリをささげる（Oldenberg[1886]: 126）。川の流れを変える儀礼で、水を司るヴァルナ神に、ヨーグルトとはったい粉を混ぜたものがバリとして与えられる（Caland[1900]: 137）。

このように、グリヒヤスートラはさまざまな場所でさまざまな神々にささげられるバリ儀礼を伝えている。それらの中には、肉などの非菜食の供物がささげられる場合もあることがわかる。

パーリ語の文献を中心とした仏教文献に記述されるバリ儀礼に関しては、片山一良氏と奈良康明氏により克明な研究がなされている（片山〔一九七四〕〔一九七五〕、奈良〔一九七五〕）。両氏ともにジャータカなどに記述されるバリ儀礼を一覧表にまとめている（片山〔一九七四〕、八七―八九頁、奈良〔一九七五〕、一二四―一二六頁）。実際のテキストを見て確認することができたジャータカの例をいくつか紹介する。夜叉として知られる鬼神の一種であるヤクシャに動物や魚の肉や酒が与えられる（Jātaka 113 [I, 425, 11-13]; Jātaka 347 [III, 135, 27-146, 1; 146, 2-5]; Jātaka 459 [IV 115, 19-21]）。ナーガと呼ばれる蛇の神々に、ミルクやミルク粥、肉や酒がささげられる（Jātaka 146 [I, 498, 1-3]）。いかなる神であるかはわからないが、山の神に無病を祈る場合もある（Jātaka 193 [II, 117, 20-23]）。それ以外の例はさまざまな木の神にたいしてバリがささげられ、最も多い例はインド菩提樹に住む神である（Jātaka 19 [I, 169, 2-8 など]; Jātaka 353 [III, 159, 25-160, 4]; Jātaka 509 [IV, 474.8-9, 13]; Jātaka 537 [V, 472, 19-23; 27-28; 475, 11-121 など]）。

第五〇番目のジャータカでは、人々は息子や娘、名声や富を得るために、インド菩提樹に住む神にヤギやヒツジ、ニワトリやブタの肉や花や塗香をささげる。その当時ベナレスの王であった菩薩は、人々に動物を生け贄にすることを禁じ、みずからは花や塗香で樹神を敬った（I, 259, 15-17; 22-25; 26-28; 260, 1; 8-18）。菩薩自身が行った花や塗香による礼拝は、プージャーと呼ばれ、日本でも供養として知られるものである。三〇七番目のジャータカでは、幸せを得るためにパラーシャと呼ばれる木の神に、花輪、塗香、香煙、燈明がささげられ（III, 23, 14-22）、一〇九番目のジャータカでは、花輪や塗香、膏薬やさまざまな種類の食べ物がエーランダという木の神に（I, 423, 7-13）、四六五番目のジャータカでは、沙羅の木の神に塗香、花輪、燈明がささげられている（IV, 153, 21-154, 3）。最後の四つの例はバリ儀礼と同じく木の神にたいして行われるが、これらはジャータカにあらわれるプージャーの例である。

三　プージャー

現代のインドのヒンドゥー教の寺院などでは、神像にさまざまなものがささげられて礼拝が行われる。また、年中儀礼として行われる神々の礼拝でも、新たに作られた神像にたいして同様な礼拝が行われる。後者の場合、まず新たに安置された神像に神を招き、座るための座や足を洗う水、賓客を敬うための水、それに塗香、花、香煙、燈明、食べ物の一式がささげられ、そのあと口をすすぐ水や衣服などが与えられ、最後に帰っていただく一連の儀礼行為が行われる。以前、このプージャーという礼拝の形成について論文を発表したことがある（Einoo[1996]）。そこで、以下のようなことを考えた。プージャーには二つの起源が想定される。古代インドのアーリヤ文化に古くから伝承されていた賓客接待の儀礼と、新たに導入された要素とである。座るための座や足を洗う水、賓客のための水や、口をすすぐ水といった要素は賓客接待儀礼に由来するものであり、塗香、花、香煙、燈明、食べ物の一連のものが新たに導入された要素である。この新しい礼拝方法であるプージャーは、家庭儀礼を記述するグリヒヤスートラにおいて散発的に記述されていたが、グリヒヤスートラへの補遺文献という一群の文献において本格的に記述されるようになり、形式が整備されて、現代のような形になっていったという考えを表明した。現代の慣習では、新しい要素であると考えた塗香、花、香煙、燈明、食べ物の一式は「五つのもてなし」(pañca-upacāra) と呼ばれて、プージャーの核を形成するとされるので (Kane[1974b]:730)、当時の私もそのように考えてしまっていた。

グリヒヤスートラの初期の例の一つを紹介する。雨期が終わり、ヴェーダの学習の学期の終了の儀礼において、それぞれの学生が自分の祖先三代の礼拝を行う。「個々に名前を唱えて、塗香、花、香煙、燈明により、『だれだれに敬礼を、だれだれに敬礼を』と。食べ物によって、『だれだれにスヴァーハー、だれだれにスヴァーハー』と。果物入りの水により、『だれだれを私は満足させる、だれだれを私は満足させる』と。」(ボーダーヤナ・グリヒヤスートラ 3.9.8-9) 以前、プージャーの形成について考えたとき、塗香、花、香煙、燈明の一連のものと、食べ物が別々に扱われていることに十分注意を払わなかった。現代にまで伝わっている形式でのプージャーにおいて、「五つのもてなし」の最後の食べ物を表すサンスクリット語は naivedya である。それに対して、この例では、食べ物は一番普通の anna という語が用いられている。この違いは十分に考慮されなければならない。冒頭でバリ儀礼について述べたように、バリは食べ物を神々にささげる儀礼であり、その場合、食べ物は anna と総称されるものである。

四　バリとプージャーの関係

「五つのもてなし」を構成する塗香、花、香煙、燈明と最後の食べ物の差異を明確にするために、バリとプージャーについて少し詳しく考えてみる。グリヒヤスートラやそれへの補遺文献において、儀礼の名称としてプージャーがつくものはないようである。『ボーダーヤナ・グリヒヤシェーシャスートラ』の三巻にはドゥルガー・カルパ、ウパシュルティ・カルパ、シュリー・カルパなどカルパで終わる名称の儀礼が伝えられている。バリという語を名前の最後に持ついくつかの儀礼は、いくつかのグリヒヤスートラやそれへの補遺文献に記述されている。それらをアルファベット順に並べて、簡単に特徴を述べて、分析をしてみる。

一　Ādityabali BodhGŚS 2.5.1-10：この儀礼名称は校訂者が目次の中でのみ言及――家庭儀礼の基本的なやり方に従う、いわゆるプージャー儀礼である。別に食べ物を与える行為としてのバリへの言及はない。

二　Bhūtabali ĀgnGS 2.5.11：雨乞い儀礼――護摩儀礼が中心、バリを伴う。

三　Dhūrtabali BodhGŚS 4.2：ヒンドゥー神話で、スカンダ／カールッティケーヤとして知られるようになる神の礼拝――家庭儀礼の基本的なやり方に従うプージャー儀礼。

四　Mṛtabali ĀgnGS 3.11.1, BodhGŚS 4.3：祖霊崇拝――塗香、花、香煙、燈明と食べ物のバリ、一年後の死者崇拝の導入儀礼。

五　Nāgabali ĀśvGPŚ 3.16 [173, 17-24]：蛇にかまれて死んだ者のための蛇の礼拝――塗香、花、香煙、燈明と食べ物のバリ。

六　Nārāyaṇabali ĀgnGS 3.11.4, VaikhGS 10.9-10, BodhGŚS 3.20, HirGŚS 1.3.12, ĀśvGPŚ 3.15：不慮の事故で死んだ者の葬送儀礼――ヴィシュヌ神の八つの名称とその他の神々に対する塗香、花、香煙、燈明と食べ物のバリ。

七　Vāyasabali ĀgnGS 2.4.8, BodhGŚS 3.23.1-11：鳥たちの礼拝――塗香、花、香煙、燈明を与えた後、ミルク粥またはヨーグルト粥を「告げる」(nivedayati)。

八　Viṣṇubali BodhGS 1.10.13-17, BodhGS 1.11.1-14, ĀgnGS 2.5.7, VaikhGS 3.13, HirGŚS 1.3.15：家庭儀礼の基本的なやり方に従うプージャー儀礼（この例についてはこの後詳しく説明する）。

九　Yakṣibali BodhGS 3.11.1-5：リグヴェーダ 1.159.3-4 の二つの詩節を唱えて行う、二つの女性の人形の礼拝

これらの例のうち、第九番目の例は非常に簡単な記述で、なぜバリという名称をもつのかわからない。第二、第四から第六、そして第七の例は、上に紹介したヴェーダの学習の学期の終了の儀礼の場合と同じく、食べ物をバリとしてささげる要素を伝えている。第一と第三の例は家庭儀礼の基本的なやり方に従うプージャー儀礼であり、バリへの言及をしていない。第八の例は、各文献により、食べ物の供物の扱いが微妙に異なるので、それを少し詳しく見ていく。

一　BodhGS 1.10.14：ヴィシュヌに貢物を運ぶ（viṣṇave balim upaharati）。

二　ĀgnGS 2.5.7 [86, 1-2]：粗糖入りのミルク粥でバターがまぜられたもの。そこでその食べ物を貢物として運ぶ（guḍapāyasaṃ ghṛtamiśram athānnasya balim upaharati）。

三　BodhGS 1.11.11 = HirGŚS 1.3.15 [35, 1-2]：そこで粗糖入りのミルク粥でバターがまぜられたものを食べ物として告げる（atha guḍapāyasaṃ ghṛtamiśram annaṃ nivedayati）。

四　VaikhGS 3.13 [45, 3-4]：ミルク粥でバターのまぜられたものを供物として神に告げる（pāyasam ājyasaṃyuktaṃ havir devaṃ nivedya）。

ここに示した四つの例のうち、第一の例では「ヴィシュヌに貢物を運ぶ」という、バリ儀礼の原義に当たる表現が用いられていて、その表現は第二の例にも引き継がれている。しかし、第三の例では、バリ儀礼の原義に対応する「貢物を運ぶ」という表現に対して、「食べ物を告げる」（nivedayati）という表現が登場し、第四の例でも、同じ動詞の動作の継続を表す形が用いられている。この「告げる」という意味の動詞の形 **nivedayati** から、後に、プージャーの礼拝の中核的な要素とみなされる「五つのもてなし」の最後の食べ物の供物を表すナイヴェーディヤ（naivedya）という語が形成されていった。ナイヴェーディヤと呼ばれる食べ物の供物は、バリという供物のささげ方に由来するものであると推測される。

以上のような資料の伝えることを以下のようにまとめることができると思う。ヴェーダ祭祀においては、神々への供物は基本的に、その一部が切り取られ儀礼の火に投じられていた。しかし、時として、儀礼の火以外の場所に供物が置かれることにより献じられる場合もあった。シュラウタ祭祀ではこれらの供物の献じかたをバリと呼ぶことはなかった。家庭で行われるさまざまな儀礼を記述するグリヒヤスートラにおいては、このように儀礼の火以外の場所に献じられるバリ儀礼の例をかなり多く見つけることができた。そして、同様の儀礼を仏教文献であるジャータカなどにも見出すことができた。つまり、儀礼の火以外の所に、食べ物となる供物を置き、神々に献じるという行為は、古代インドの文献に広く見出すことができるのである。

グリヒヤスートラ以降の文献では、さらに別な神々の礼拝の方法が見られるようになる。その場合、塗香、花、香煙、燈明など食べ物以外のものが献じられ、それとともに、食べ物もささげられる。後に、プージャーとして知られるようになる礼拝方法である。バリ儀礼は、広く知られた神まつりの方法であった。また、プージャーという名称は、神々の礼拝の総称として用いられることはなかった。そのため、バリをささげるという表現がなくても、食べ物の供物をふくむ新しい供物の一式をささげる礼拝方法は、バリを名前の最後に持ってきた儀礼名称で表現されることもあった。この初期のプージャーの例では、塗香、花、香煙、燈明の一式と、食べ物の供物は別なものとして意識されていた。しかし、その意識が薄れたのであろうか、食べ物の供物をささげる行為が、新たに「食べ物を告げる」という表現で記述され、その「告げる」という動詞から、食べ物としての供物の名称ナイヴェーディヤが形成されるようになり、後には、塗香、花、香煙、燈明とナイヴェーディヤを合わせた五つの供物を「五つのもてなし」として、プージャー儀礼の中核とみなすようになっていき、その用法が現在にまで伝えられることになった。

五　仏教の儀礼文献が伝えるバリとプージャー

孔雀明王　ジャータカに言及されたバリとプージャーについては既に紹介した。以下に、いくつかの仏教の儀礼文献にみられるバリとプージャーの例を見てみる。『孔雀明王経』の場合、その全体の設定は以下のようである。祇園精舎で出家したばかりの若い比丘スヴァーティが、風呂を沸かすときに、薪の中からでてきた蛇にかまれた。それを見たアーナンダが仏に告げると、仏は「大いなる孔雀の呪文の王」によりスヴァーティを助けるように命じた。中心的な部分では、さまざまな種類の呪文が記述されているが、経の末尾に「この大いなる孔雀の呪文の王の用法（upacāra）。」[61, 8-62, 6] として儀礼が記述されている。その大要を以下に示す。

牛の皮の大きさの儀礼の場が牛糞で塗られる。

牛糞で四角のマンダラを作る。

中央に仏陀の像を西向きに置き、その左脇に「大いなる孔雀」の絵を置く。

黄褐色の牛の牛糞の上に孔雀の羽根の目を三つ置く。

アルカの白い花、カラヴィーラとビルヴァの白い葉、そしてシリーシャの葉をささげる。

ゴマ粥、ゴマ入り水、ミルク粥、粗糖を満たしたもの（?-）(guḍapūrṇaka)、大麦粥、蜜を満たしたもの（?-）(madhupūrṇaka)、そして米の飯をバリとしてささげる。

バルサムの香煙をたきながら、ヤクシャたちの名前を唱えてマントラを唱える。そのマントラの中に「来たれ、花、香煙、塗香、バリ、燈明を受け取れ」と言う部分がある。

東の方で、ガンダルヴァたちに粗糖を満たしたもの、ミルク粥のバリを与える。

南の方で、クンバーンダたちにゴマ粥、スラー酒を満たしたもののバリを与える。

西の方で、ナーガスパルニたちにミルクを満たしたもの（?）、ミルク粥のバリを与える。

北の方で、ヤクシャたちにシンドゥ（?）を満たしたもの、ヨーグルト飯のバリを与える。


この儀礼ではバリをささげることが中心的な行為になっているが、花や葉もささげられ、香煙もたかれる。また、マントラの中で、普通のプージャーの要素である花、香煙、塗香、燈明がバリとともに言及されている。

不空羂索観音　不空羂索観音を中心とした多くの儀礼を伝える Amoghapāśakalparāja の中のマントラの成就の章（10a, 6-10b, 5）に、さまざまなマントラが伝えられている。閼伽水のマントラ、塗香のマントラ、軟膏のマントラ、すりつぶした塗香のマントラ、塗油のマントラ、香料入り水つぼのマントラ、さまざまな味のバリのマントラ、食べ物のマントラ、三種の白いバリ（ミルクとヨーグルトとギーの粥）のマントラ、果物のマントラ、花のマントラ、花の蔓のマントラ、香煙のマントラ、飾りと装身具のマントラ、合掌のマントラ、敬礼のマントラ、右繞のマントラ、武器のマントラ、鉦のマントラ、燈明のマントラといったマントラが伝えられている。これらのマントラを唱えて、不空羂索観音が礼拝されたことが想像される。プージャーの基本要素である塗香、花、香煙、燈明とならんで、複数のマントラがバリと食べ物に割り当てられ、そしてその他多くのものが用いられて礼拝が行われることがわかる。

蘇悉地経　所作タントラに属する初期密教文献である『蘇悉地経』は密教儀礼を体系的に記述するかのような文献である。その第八章から第一二章が扱う主題から、諸仏諸尊の礼拝の方法の一端を窺うことができる。第八章：花、第九章：塗香、第一〇章：香煙、第一一章：燈明、第一二章：食べ物の供物(Giebel[2001]: 111)。英訳でしかこの文献を読めないので、第一二章がバリであるのかナイヴェーディヤであるのか確定できないが、いずれにせよ、ヒンドゥー教の儀礼の伝承でいう「五つのもてなし」とうまく対応していることがわかる。

文殊菩薩　文殊菩薩を中心としたさまざまな儀礼が *Mañjuśrīmūlakalpa* に記述されている。その最後の章は *Hemasādhana* と名付けられ、実に多くの願望成就の儀礼が伝えられているが、そのなかの六七五頁の一〇行から一五行に、望むものはなんでも得られるという儀礼が記述されている。「新月の前日に一夜断食をし、小さなマンダラに牛糞を塗り、塗香、花、燈明を与えて聖なる文殊のプージャーを行い、ヤクシャたちにバリを与えて」というように、プージャーは文殊菩薩に対して行われ、バリはヤクシャたちに与えられるとある。

八千頌般若経　初期大乗経典のひとつである『八千頌般若経』の第三章では、礼拝の対象として八千頌般

若経であれ [28.29-32]、如来の遺骨であれ [28.32-29.4]、般若波羅蜜であれ [41.9-18]、全く同一のものがささげられて礼拝が行われる。ささげられるものは、花、香煙、塗香、花輪、塗油、香の粉、衣服、傘、旗、鉦、吹き流し、燈明の輪がいずれも列挙されている。この礼拝に用いられる要素には、食べ物の供物であるバリが含まれていないことが注目される。さらに、「花」から「吹き流し」までの要素は他の大乗経典においても、まったく同じ順序で登場する。Aparāmitāyuḥ Sūtra [299.2-8]、『十地経』の第一一章 [181.17-182.5] それに Meghasūtra [288.12-17] において、それぞれ一回である。

法華経　最も多くの例を見つけることができたのは『法華経』である。『法華経』の散文部分にあり、場所は岩波文庫に従って表記する。仏陀の礼拝（下、一五七頁）、法師の礼拝（中、一四七頁）、経典としての『法華経』の礼拝（中、一四三頁と一四五頁、下、五七頁、二〇三頁と二八五頁）、仏塔の礼拝（上、三一三頁と三一九頁、中、一五五頁、下、五九頁）の一一箇所に及ぶ。

『法華経』以外は部分的にしか読んでいないし、これ以外の大乗経典をまだ確かめていないので、このような例は、他の経典にもある可能性が考えられる。Amoghapāśakalparāja 5b, 1-2 では観音菩薩の礼拝に花、香煙、塗香、花輪、塗油、香の粉、衣服、布、吹き流しが用いられ、26a.5 では如来たちの礼拝で花、塗香、花輪、塗油、香の粉、衣服、傘、旗、吹き流しが列挙されていて、その違いは極めて小さく、ほぼ同一の伝承と考えられる。

これらの経典は「吹き流し」の後に、さらにいくつかのプージャーの要素を挙げるが、先にも述べたが、食べ物の供物であるバリは列挙されない。仏教文献では、ジャータカ以来、バリはヤクシャなどのいわゆる鬼神に類するものにささげられていたので、仏や如来、経典や仏塔などの礼拝の文脈で言及するのがはばかられたのであろう。いずれにせよ、大乗経典のいくつかには、かなり確定されたプージャーの要素の伝承があり、そこからは、バリは排除されていた。しかし、仏教の儀礼文献では、バリを含むプージャーの様式が確実に普及していたことも事実である。

六　ヴァイシュヴァデーヴァ儀礼

バリ儀礼に言及する場合、多くの研究者がバリ儀礼の代表例としてヴァイシュヴァデーヴァ儀礼を挙げる(片山〔一九七四〕、八三頁、奈良〔一九七五〕、一〇一頁、Gonda[1980]: 417-418)。家庭で行われるさまざまな儀礼を記述するグリヒヤスートラのすべてにおいて記述される儀礼である。毎日、夕方と午前に、調理された食事の一部分を家の火に先ずささげ、その後、家の内外の様々な場所においていろいろな神々にその食事の一部分が与えられた。その場合、多くの神々が対象となるため、ヴァイシュヴァデーヴァ、つまり「一切の神々に対するもの」という名称でよばれたのであろう。また、家の火以外の場合、「火以外の場所に食べ物の供物を置いて与える」というバリ儀礼の定義にまさに当たるために、このヴァイシュヴァデーヴァ儀礼はバリの典型とされたのであろう。

ヴェーダ祭祀の中で、ブラーフマナ文献が解釈する、毎日夕と朝に行われるアグニホートラにはヴァイシュヴァデーヴァと呼ばれる儀礼部分がある（Bodewitz[1976]: 99-109）。アグニホートラの中心的な儀礼行為である、熱したミルクを献供の火アーハヴァニーヤに献じたのち、その残りを食べ、匙からぬぐい取り、匙を熱したり、洗ったり、洗った水をこぼしたりする、いくつかの行為がさまざまな神や蛇、草、北斗七星、祖霊たちなどの諸存在にささげる行為とみなされた。シュラウタスートラが記述するヴァイシュヴァデーヴァ儀礼は、いくつかの拡大の跡を示すが、基本的に、ブラーフマナ文献が解釈するものと同じである。儀礼の行為は、アグニホートラで用いられたミルクの残りの処置であり、その行われる場所は、アーハヴァニーヤなどの儀礼の火があるところである。

このヴェーダ祭祀のアグニホートラの一部を構成するヴァイシュヴァデーヴァが、グリヒヤスートラが記述するヴァイシュヴァデーヴァのモデルであることは確かであろう。しかし、行われる場所や用いられる供物、ささげられる諸存在など多くの点で、かなり変化した儀礼であるということもできる。

かつて、家庭儀礼としてのヴァイシュヴァデーヴァを分析したときに、この儀礼は、グリヒヤスートラの儀礼体系に新たに導入された新しい儀礼であるということを考えた。その理由として、ヴァイシュヴァデーヴァが記述される個所が、グリヒヤスートラ毎に全く異なっており、固有の位置を持っていないようであり、さらには、一部の文献が伝えるところであるが、新たにこのヴァイシュヴァデーヴァを行おうとする者は、一種の導入儀礼を行わなければならなかったということを考えた（永ノ尾〔一九九三〕、二九七―二九九頁）。

家のさまざまな場所が儀礼的に祝福される場合が、ヴァイシュヴァデーヴァ以外にもある。それは、新しく家を建てるときの儀礼である。建築儀礼で話題となる家の部分は、頻度が多いものから並べると、家の中心の柱、梁、ドア、屋根、水瓶、屋根の上の尖塔、壁と地面の接点、ベッド、家の中心の場所である。これらのうちで、梁と屋根の上の尖塔はヴァイシュヴァデーヴァ儀礼において言及されない。家の上部にあるので、毎日の儀礼の場所としては不便であるためであろう。それ以外の場所はヴァイシュヴァデーヴァにおいても言及される場合があるが、ヴァイシュヴァデーヴァにおいては更なる拡大がみられる。家の火、四方八方などの方角、中空、臼と杵、粉搗き用の石具、穀物貯蔵庫、屋外、ゴミ置き場、家の角、荷車、排便所、家畜の囲い、料理鍋、箕など、人々の生活と深く係る場所や道具が儀礼の対象となっている。しかし、個々の場所や道具の名称もテキストにより異なり、また、そこで敬われる存在もいくつかの多様性をしめす。水瓶を例にして、それを表すサンスクリット語、テキストの箇所、敬われる存在者を示し、各文献による違いを次頁の表1に示す。

最も多く言及される水たち、さらにヴァルナ神、パルジャニャ神、草たち、木たちなどは、すべて何らかの方法で水と関係づけられうる存在であるが、その多様性の一端を明示できたのではないかと思われる。グリヒヤスートラとそれへの補遺文献、初期の法典文献の例を分析すると、四五の場所と、二〇六の存在者が言及されている。場所に関しても、存在者に関しても、一つの文献においてしか言及されない場合があるが、このヴァイシュヴァデーヴァの総体を頭に思い描くならば、古代のインドの人々にとって、毎日の生活にとり重要な家の内外の場所に、さまざまな神などの存在者を想定して、それらに対して礼拝を日々行っていたのである。

ある空間のさまざまの部分にさまざまな存在者を配して敬うということは密教やヒンドゥー教でよく知られているマンダラの構築とそれを用いた礼拝と基本構造は同じと考えてよいように思えるが、それは考えすぎであろうか。いずれにせよ、このマンダラに似た一つの空間と礼拝の体系をヴァイシュヴァデーヴァ儀礼

サンスクリット語	テキスト箇所	敬われる存在者
abbhriṇa	BodhGS 2.8.13-14	不動の女神、敷地を守る女神、水たち、水の神ヴァルナ
abbhriṇyā	ĀgnGS 2.6.4	水たち
kumbhadeśa	VārGS 17.7	水たち
maṇika	ŚāṅkhGS 2.14.13	雨の神パルジャニャ、水たち
	KhādGS 1.5.23	水たち、草たち、木たち
	PārGS 2.9.3	パルジャニャ、水たち、大地
udadhāna	KauśS 74.6	ダンヴァンタリ、大海、草たち、木たち、天地
	GobhGS 1.4.9	水たち
	KāṭhGS 54.7	ヴァルナ
udadhānī	BhārGS 3.13 [80.8-9]	水たち、ヴァルナ
	ĀgnGS 1.7.2 [42.2]	水瓶そのもの
	VaikhGS 3.7 [41.8-9]	水たち
udakumbha	MānGS 2.12.4	水たち
	ĀgnGS 2.6.4 [99.11-12]	ソーマ

表１

テキスト箇所	マントラの願望
ŚāṅkhGS 2.17.4	富と寿命と名声と子孫
JaimGS 1.23 [24.8-9, 11-12], VārGS 17.20, BhārGS 3.12 [79.8-9]	食べ物
JaimGS 1.23 [24.11-12]	諸神格による守護
VārGS 17.17	安寧
BodhGS 2.8.38-39, HirDhS 2.1.62, BhārGS 3.14 [82.8-12], VaikhGS 3.7 [41.14-15]	繁栄
BhārGS 3.12 [79.1-2], HirDhS 2.1.43	天界と繁栄
BhārGS 3.14 [82.12-83.2]	怖れのないこと、豊作、不慮の死からの解放
PārGS 1.12.4	幸福と子孫
ĀśvGPŚ 2.10 [160.2-6]	繁栄と怖れのないこと
Manu Smṛti 3.93	最高の境地に到達すること

表２

は現出しているのである。

ヴァイシュヴァデーヴァ儀礼はグリヒヤスートラ以降の文献に記述されていて、シュラウタ祭祀のようにブラーフマナ文献による解釈がなされていないので、その目的がわからない。また、ヴァイシュヴァデーヴァにおいて用いられるマントラの多くは、単に存在者の名前の示すものであるが、願望を明らかにするマントラも見出すことができる（前頁の表2参照）。

ヴェーダ文献の儀礼の願望としてしばしばみられる、人間の生活に即したものがほとんどである（Einoo [2009]: 29-30）。上記の文献の中で多分最も新しいと考えられる『マヌ法典』がヴァイシュヴァデーヴァ儀礼を行う効果として、解脱に対応すると思われる「最高の境地に到達すること」を挙げているのは、ヒンドゥー教の新しい思想的側面を表現していると思われる。

グリヒヤスートラで体系化されたこのヴァイシュヴァデーヴァの儀礼は、『ガウタマ・ダルマスートラ』などに始まる新しい法典文献伝統において、「五つの大きな祭祀」と呼ばれる体系の中に繰り込まれていく（Bühler[1879]: 201-207、渡瀬〔一九九一〕、九〇—九七頁）。その後、「つなぎの時の礼拝」などを中心とした「一日の義務」、または「正しい人々の行為」などと呼ばれる体系が形成され（Kane[1974]: 640-695）、日々の勤行としてのヴァイシュヴァデーヴァは多くの場合、「つなぎの時の礼拝」にとって代わられていく（永ノ尾〔一九九三〕、三一三—三二七頁）。

七　おわりに

森雅秀氏は「インド密教におけるバリ儀礼」について詳しい論考をしておられる（森［一九九四］）。森氏によると、アバヤーカラグプタの『ヴァジュラーヴァリー』は、儀礼のユニットとしてのバリ、毎日定刻に行うバリ、そして単独で行われる「ナーガ・バリ」の三種類のバリを記述しているとされる。「ナーガ・バリ」は同氏が指摘するように、冒頭の「バリ儀礼」で紹介した、グリヒヤスートラに記述される「サルパ・バリ」と密接に関連している（森［一九九四］、一八三頁）。今までの議論をもとに考えると、儀礼のユニットとしてのバリは、プージャーの一環としての食べ物の供物を与える、最も古い時代からあったとされるバリ儀礼に対応し、毎日定刻に行うバリは、グリヒヤスートラにおいて体系化されたヴァイシュヴァデーヴァ儀礼が関係しているように思われる。

ジャータカが記述するバリの中には、家畜などを殺してささげるバリの例があった。また、グリヒヤスートラのバリ儀礼の中にも、肉や血がささげられる場合もあった。一〇世紀前後ごろから、恐ろしい女神にヤギや水牛の首を切ってささげる儀礼がプラーナ文献などにおいて伝えられている。それらの儀礼は、一般的に「バリの与え」バリ・ダーナと呼ばれ、現在まで、南アジアの各地でみられる。このバリ・ダーナも、ジャータカやグリヒヤスートラの時代からの血なまぐさいバリ儀礼の伝統に属すものと言っていいようである（Kooij[1972]: 21）。

バリ儀礼はこのようにヴェーダの時代から現在まで、さまざまな形をとりながら存続し続けている、南アジア文化に深くかかわっている神まつりの一つの形式であろう。従って、そのバリ儀礼が、南アジアに展開したヴェーダ祭祀やヒンドゥー儀礼のみならず、仏教儀礼にも、さまざまな形をとり登場することは十分理解できることである。

［謝辞：仏教儀礼に関して貴重な情報を教えてくださった森雅秀氏、馬場紀寿氏、日野慧運氏に感謝します。］

略字解

ĀgnGS: Āgniveśya Gṛhyasūtra
ĀśvGPŚ: Āśvalāyanīya Gṛhyapariśiṣṭa
BhārGS: Bhāradvāja Gṛhyasūtra
BodhGS: Bodhāyana Gṛhyasūtra
BodhGŚS: Bodhāyana Gṛhyaśeṣasūtra
GobhGS: Gobhila Gṛhyasūtra
HirDhS: Hiraṇyakeśi Dharmasūtra
HirGŚS: Hiraṇyakeśi Gṛhyaśeṣasūtra
JaimGS: Jaimini Gṛhyasūtra
KāṭhGS: Kāṭhaka Gṛhyasūtra

KauśS: Kauśikasūtra
KhādGS: Khādira Gṛhyasūtra
MānGS: Mānava Gṛhyasūtra
MS: Maitrāyaṇī Saṃhitā
PārGS: Pāraskara Gṛhyasūtra
ŚāṅkhGS: Śāṅkhāyana Gṛhyasūtra
VaikhGS: Vaikhānasa Gṛhyasūtra
VārGS: Vārāha Gṛhyasūtra

参考文献

Amoghapāśakalparāja:『不空羂索神変真言経 (Amoghapāśakalparāja) 梵文写本影印版』大正大学綜合仏教研究所、一九九六年。

Aparāmitāyuḥ Sūtra: "The Aparāmitāyuḥ Sūtra, The Old Khotanese Version together with the Sanskrit Text and the Tibetan Translation, Stein MS. Ch. xlvi. 0013b, (Plates XIV-XVII), edited by Sten Konow" in A.F. Rudolf Hoernle, *Manuscript Remains of Buddhist Literature*, St. Leonards: Ad Orientem Ltd., Amsterdam: Philo Press, 1970, pp. 289-329.

Jātaka: *The Jātaka together with its Commentary being Tales of the anterior births of Gotama Buddha*, 7 vols., London: Luzac and Company, Ltd., 1962, 1963, 1964.

Mañjuśrīmūlakalpa: *The Āryamañjuśrīmūlakalpa ed. by M.T. Ganapati Sastri*, 1925, Reprint: Delhi: Sri Satguru Publications, 1989.

Meghasūtra: Cecil Bendall, "*The Megha-Sūtra,*" *Journal of the Royal Asiatic Society* 12, 1888, pp. 286-311.

『孔雀明王経』：田久保周誉校訂『梵文孔雀明王経』山喜房仏書林、一九七二年。
『八千頌般若経』：Aṣṭasāhasrikā Prajñāpāramitā, ed. by P.L. Vaidya, Darbhanga: Mithila Institute, 1960.
『法華経』：坂本幸男・岩本裕訳注『法華経』岩波書店（岩波文庫 青三〇四、一—三）。

井狩弥介・渡瀬信之〔二〇〇二〕：『ヤージュニャヴァルキヤ法典』平凡社（東洋文庫六九八）。
入山淳子〔二〇〇七〕：『テーリーガーター：仏にまみえた女たち』ＮＨＫ出版（シリーズ仏典のエッセンス）。
永ノ尾信悟〔一九九三〕：「ヒンドゥー儀礼の変容——朝の勤行を例として——」『インド＝複合文化の構造』（長野泰彦・井狩彌介編）法藏館、二五九—三一八頁。
片山一良〔一九七四〕：「バリ（Bali）儀礼——歴史とその意味（上）」『駒沢大学宗教学論集』七、七九—九一頁。
奈良康明〔一九七三〕：「パリッタ(paritta)呪の構造と機能」『宗教研究』四六—二、三九—六九頁。
奈良康明〔一九七五〕：「古代インド仏教における「仏法」と「世法」の関係について——ジャータカにおける祈願儀礼(bali-kamma)の構造と機能」『仏教における法の研究』春秋社、九七—一三四頁。
森雅秀〔一九九四〕：「インド密教におけるバリ儀礼」『高野山大学密教文化研究所紀要』八、二〇四—一七四頁。
渡瀬信之〔一九九一〕：『マヌ法典』中央公論社（中公文庫七八〇）。
Arbman, Ernst[1922]: *Rudra: Untersuchungen zum altindischen Glauben und Kultus*, Uppsala: A,-B. Akademiska Bokhandeln.
Bodewitz, H.W.[1976]: *The daily Evening and Morning Offering (Agnihotra) according to the Brāhmaṇas*, Leiden: E.J. Brill.
Bühler, Georg[1879]: *The Sacred Laws of the Aryas as taught in the schools of Āpastamba, Gautama, Vāsishtha, and Baudhāyana translated by Georg Bühler, Part I: Āpastamba and Gautama*, Reprint: Delhi: Motilal Banarsidass, 1965.
Caland, W.[1900]: *Altindisches Zauberritual: Probe einer Übersetzung der wichtigsten Theile des Kauśika Sūtra*, Reprint 1967, Wiesbaden: Dr. Martin Sändig oHG.
Chalmers, Robert[1895]: *The Jātaka or Stories of the Buddha's Former Births, Vol. I. translated by Robert Chalmers*, Cambridge:

The University Press.

Dresden, Mark Jan[1941]: *Mānavagṛhyasūtra, A Vedic Manual of Domestic Rites, Translation, Commentary and Preface, by Mark Jan Dresden*, Groningen, Batavia: J.B. Wolters, Uitgevers-Maatschappij.

Einoo, Shingo[1988]: *Die Cāturmāsya oder die altindischen Tertialopfer dargestellt nach den Vorschriften der Brāhmaṇas und der Śrautasūtras*, Tokyo: Institute for the Study of Languages and Cultures of Asia and Africa.

Einoo, Shingo[1996]: "The Formation of the Pūjā Ceremony," *Studien zur Indologie und Iranistik* 20, pp. 73-87.

Einoo, Shingo[2009]: "From Kāmas to Siddhis: Tendencies in the Development of Ritual towards Tantrism," in Shingo Einoo, ed., *Genesis and Development of Tantrism*, Institute of Oriental Culture Special Series 23, Tokyo: Institute of Oriental Culture, University of Tokyo, pp. 17-39.

Giebel, Rolf W.[2001]: *Two Esoteric Sutras: The Adamantine Pinnacle Sutra, The Susiddhikara Sutra, translated from the Chinese by Rolf W. Giebel*, Berkeley: Numata Center for Buddhist Translation and Research.

Gonda, J.[1980]:*Vedic Ritual: The non-solemn Rites*, Leiden-Köln: E.J. Brill.

Kane, P.V.[1974a]: *History of Dharmaśāstra*, Vol. II, Part I, Poona: Bhandarkar Oriental Research Institute.

Kane, P.V.[1974b]: *History of Dharmaśāstra*, Vol. II, Part II, Poona: Bhandarkar Oriental Research Institute.

Kashikar, C.G.[2003]: *The Baudhāyana Śrautasūtra critically edited and translated by C.G. Kashikar*, Vol. IV, New Delhi: Indira Gandhi National Centre for the Arts.

Kooij, K.R. van[1972]: *Worship of the Goddess according to the Kālikāpurāṇa, Part I: A Translation with an Introduction and Notes of Chapters 54-69*, Leiden: E.J. Brill.

Oldenberg, Hermann[1886]: *The Gṛihya-Sūtras: Rules of Vedic Domestic Ceremonies translated by Hermann Oldenberg, Part I: Śāṅkhāyana-Gṛihya-Sūtra, Āśvalāyana-Gṛihya-Sūtra, Pāraskara-Gṛihya-Sūtra, Khādira-Gṛihya-Sūtra*, Reprint: Delhi: Motilal Banarsidass, 1967.

Oldenberg, Hermann[1892]: *The Gṛihya-Sūtras: Rules of Vedic Domestic Ceremonies translated by Hermann Oldenberg, Part II: Gobhila, Hiraṇyakeśin, Āpastamba*, Reprint: Delhi: Motilal Banarsidass, 1967.

第三章

密教とシヴァ教

種村隆元

一　はじめに

本シリーズの主題である大乗仏教が、紀元前後に新興の仏教として登場して以来、一三世紀初頭にイスラム教による壊滅的な打撃を受けて、その後一部地域を除いてインド亜大陸から徐々に姿を消していくまで、約一二〇〇年の歴史を有している。本論文のテーマとするところの密教は、七世紀には「本格的な」経典をそなえ、インド仏教のメインストリームに登場してきているので、インド仏教における大乗仏教の歴史のうち、約半分は密教経典が作成され、註釈書、瞑想・儀礼の手引書といったさまざまな関連文献が精力的に著作された時代になる。さらに、「本格的な」密教の前段階の密教を考慮にいれるのであれば、大乗仏教の時代の半分を優に超える時間は、密教の時代でもあったわけである。

密教はタントリズムと呼ばれる、中世インドにおいて隆盛を極めた信仰・実践の一大潮流の中に位置づけることができる。このタントリズムは、自らの聖典を「タントラ」と呼び、そこに説かれている実践方法に従うことにより、解脱やさまざまな世間的ないし超自然的な目的が迅速に達成されることを約束した。そして、その実践の特徴として、マントラ（真言）・マンダラ（曼荼羅）・ムドラー（印契）の使用や、独特のヨーガや儀礼体系が挙げられる。

このタントリズムの及んだ地域は、インド亜大陸は言うに及ばず、カンボジア、タイ、インドネシアといった東南アジア地域、チベットおよびヒマラヤ地域、モンゴル、朝鮮半島、日本といった東アジア地域といった広範囲に渡っている。そのうち、仏教のタントリズム、すなわち密教が現在でも実践されている地域として日本、チベット、カトマンドゥ盆地等が挙げられる。このことと密接に関係して、今までのインド密教研究は、一般的な傾向としては、真言密教からの視点とチベット密教からの視点で行われてきたといっても過言ではないであろう。これは、両密教に関する現在に至るまでの膨大な知的遺産と、それに啓発された研究者自身の関心の問題を考えれば、ある種避けて通れない傾向であったであろう。

このような研究の状況に変化が訪れたのは、ここ二〇年ほどのことである。この変化は、仏教・シヴァ教等のタントラのインド語一次資料が多く利用できるようになったことと関連している。ネパール・ドイツ写本保存プロジェクトにより、仏教やシヴァ教、ヴィシュヌ教その他の諸宗教、あるいは文学作品に至るまで、カトマンドゥ盆地に写本の形で現存する幅広い一次文献がマイクロフィルム化された。その内、仏教写本に関して言えば、その大部分は密教系の写本であり、これまで漢訳やチベット語訳でしか触れることのできなかった文献のインド語原典、あるいは漢訳やチベット語訳がなされていなかった文献が利用可能となった。

また、シヴァ教、ヴィシュヌ教にしても、貴重なサンスクリット語原典の存在が知られるようになり、それと同時に研究に利用できることとなった。加えて、最近になりチベット自治区に現存している仏教写本に基づく貴重なテキストの校訂出版が次々となされ、また予定されている。これらの貴重な一次文献の読解を通して、いわゆるヒンドゥー教のタントリズムと密教の間の密接な関係が、具体的な証拠とともに段々と明らかになってきている。

このような状況の中、ドイツのハンブルク大学では、タントラ研究所が立ち上げられ、タントリズム全般についての一次文献に基づいた研究が推進されている。この分野において画期的な成果を提示してきている、シヴァ教をはじめとしたタントラの碩学である、オックスフォード大学のアレクシス・サンダーソンは、近年出版された三〇〇頁を超える大論文「シヴァ教の時代――中世初期におけるシヴァ教の興起と優勢」(Sanderson[2009])(1)において、インド中世初期(およそ五世紀から一三世紀)において、いかにシヴァ教が優勢的な地位に上っていったのか、また、いかに仏教を含む他の宗教が、あるものはシヴァ教の中に吸収され、またあるものはシヴァ教にならってその姿を変質させていったのかを、写本を含む一次文献、碑文、美術資料等の膨大な資料を提示した上で綿密に検討し、中世初期においてシヴァ教の優勢を可能にした、いくつかの要因を提示している。

さらに、二〇〇九年九月に京都大学において行われた第一四回国際サンスクリット学会において、シヴァ教と密教の関係に関する特別パネルが企画され、筆者も小論を発表する機会に恵まれた。このように、仏教タントラの研究において、シヴァ教をはじめとした、いわゆるヒンドゥー教のタントラとの関係を無視することができなくなってきている。

本論文では、サンダーソンの研究を軸に、彼の研究に対する批判を紹介し、また、筆者自身の研究結果を織り交ぜながら、密教とシヴァ教の具体的な関係を見ていくことにしたい。

二　密教とシヴァ教

まず始めに、インドの中世初期とは、宗教的・社会的にみて、どのような時代であったのであろうか？この時期はインドの統治者たちにより行われた宗教行事におけるシュラウタ祭の役割が衰退していった。しかし、このことはバラモン教的社会制度・秩序の衰退を意味したわけでなく、インドの統治者たちは支配地域においてそれを課したり、強化したり、拡張することに努めた。その一方で、彼らの個人的な宗教は、仏教、ジャイナ教、シヴァ教、ヴィシュヌ教、太陽神の宗教、女神の宗教の形をとることになる。このような社会的な変化が起こった時期に、支配者である王たちの欲求を満たすことにより、その立場を優勢にすることに成功したのがシヴァ教である。

サンダーソンは、シヴァ教の優勢の根底をなす理由として、シヴァ教が王族の保護者に対する魅力を増していったことを挙げ、それを可能にしたのは、シヴァ教がその儀礼レパートリーを拡大させ、社会に適合させていった結果として、中世初期を特徴づける、社会的・政治的・経済的過程の鍵となる諸要素を正当化し、それに権限を与え、促進するような儀礼総体を含むようになったことであると提案している。それと同時に、シヴァ教は、より広範の支持者が触れ、受け入れることができるように、バラモン教的社会の基層に自らを組み入れ、それによって、バラモン教的社会秩序の保護者の役にある統治者たちにとり、より魅力的なものになったのである（Sanderson[2009]: 252 以下参照）。

シヴァ教が優勢になっていく過程において、太陽神の宗教や女神の宗教はシヴァ教内に包摂され、ヴィシュヌ教も、パンチャラートラというタントラ化した形を取るようになり、仏教もシヴァ教をモデルに密教化し、その姿を大きく変えることになる。

（一）密教文献に見られるシヴァ教への依存の証拠

密教とシヴァ教の類似は初期の文献からすでに見られる。シヴァ教のシッダーンタ（第二節第三項参照）の最古の聖典である『ニシュヴァーサタットヴァサンヒター』（第三項参照）には、他のシヴァ教聖典にあまり例を見ない、原初的とも思える三つのレヴェルの成就（超自然的な力の獲得）を説いている。同じような三つのレヴェルの成就は、シヴァ教の『ブラフマヤーマラ』（第三項参照）や、『文殊師利根本儀軌経』などの仏教タントラにも見られる（Goodall and Isaacson[2007]）。

大乗仏教の密教化が、非仏教の実践を取り入れることにより達成されたことは、初期の段階からうかがえ、これを示唆するものを密教経典中に見出すことができる。中期の密教を代表する経典である『大日経』の中に、作成当時にその教説が仏説でないとの批判を受けたことを暗示する一節があり、それが仏陀による予言という形で言い表されている。

秘密主〔＝ヤクシャの王〕よ、未来において、智慧が劣り、信仰がない〔者が現れ〕、この教えを信じず、異議を唱え、大いに疑いをいだくであろう。そして、それを聞くのみで、心髄を理解せず、その実践に向き合おうとしないであろう。このような者は自身も滅してしまい、他の人々も破滅へ導くであろう。そして、「このように、これは異教徒に由来するもので、諸仏の言葉ではない」と言うであろう。(2)

『文殊師利根本儀軌経』においては、シヴァ教のうちヴァーマスロータス（第三項参照）[3]が非仏教のマントラ中、最高で最も秘密なものであることを説き、また、シヴァ教タントラとガールダタントラ（第三項参照）で説かれているマントラ行は、仏教に改宗した、これらのヴァーマスロータスの尊格のマンダラにおいて、仏教徒に適用されれば効果を発揮するとしている。さらに、シヴァ教タントラ、ガールダタントラ、ヴィシュヌ教のタントラは文殊により最初に説かれたものであると言っている。

> 三叉の戟の印とともにすべての悪鬼を滅ぼす、この〔シヴァの〕マントラは、すべての有情の利益を望んで、私〔＝文殊〕が説いたものである。〔実際には〕私が以前に説いた、この古の儀軌を、地上に住む有情たちは、「シヴァ教の〔儀軌〕」と呼ぶであろう。〔しかしながら、〕シヴァ教タントラに見られるさまざまな、すばらしくも広大な儀軌は、私により説かれたものである。[4]

右に引用した箇所は、言葉を換えれば、経典本文中において経典の説く実践が、シヴァ教やその他の異教徒起源のものであることを言外に認め、この経典に説かれている教説・実践が、非仏教のものであるという批判をかわす目的を持っており、これを支える議論として、全知者のブッダが、衆生の機根に従って、タントラ的実践を、仏教徒ならびに異教徒に説いたのであるという主張がなされたのである（Sanderson[2009]: 128-132）。

『金剛頂《こんごうちょう》経《ぎょう》（真実摂経）』といえば、『大日経』とならぶ日本の密教における根本経典だが、シヴァ教との関係では、シャークタ的シヴァ教（第三項参照）の言語、実践、図像、概念を取り入れた、最初の経典であることが注目される。このシャークタ的シヴァ教の要素として挙げられるのは、アーヴェーシャ（憑依）である。灌頂《かんじょう》と呼ばれる入門儀礼において、入門候補者に尊格が憑依し、その状態にある入門候補者がマンダラに華を投げ、自らの本尊を決めることになる（投華得仏《とうけとくぶつ》）。

アーヴェーシャはシャークタ的シヴァ教の入門儀礼に見られる顕著な特徴である。このアーヴェーシャが、名ばかりのものや、深い精神統一の状態を表したような比喩的な表現ではないことは、入門候補者が宣託者として使用されることから明らかである。また、アーヴェーシャは、成就や菩提のために実践者が自身に引き起こす状態として言及されている。他のシャークタ的要素としては、「金剛界品」の最後において、金剛界マンダラがすべて女尊に置き換えられ、これが「金剛秘密マンダラ」として示されていること、また、最高の礼拝形式として性交が取り上げられている点が挙げられる（Sanderson[2009]: 132-140）。

『金剛頂経』に引き続く発展段階において登場するのが、『秘密集会タントラ』である。この経典においては、『金剛頂経』以上にシャークタ的シヴァ教の影響が顕著になってくる。まず、『金剛頂経』においては非主流であった性的な要素が前面に出てくることになる。経典の説示場所も、伝統的な大乗経典に見られる場所（例えば王舎城）とは異なり、女神たちの女陰部、つまり時空を超越した快楽になる。そして、尊格の容貌も通常の仏・菩薩とは異なり、多面多臂の尊格が、パートナーの女尊を抱擁し性交している姿を取るようになる。また、排泄物などの不浄物の摂取を取り入れた実践も説かれるようになる。

仏教タントラの実践者が、シヴァ教の専門知識を有していたことは、『秘密集会タントラ』系の論書である『秘密成就』からうかがい知れる。著者のパドマヴァジラは、『秘密成就』の第八章において、『秘密集会タントラ』の入門者が自らをシヴァ教の苦行者と偽り、不可触民の家族の信頼を得て、彼らにシヴァ教のシッダーンタの教義を授け、『カーローッタラ』や『ニシュヴァーサ』といった、シッダーンタ（第三項参照）の聖典に規定されている儀礼手順を借用し、彼らにシヴァ教の入門儀礼を授け、報酬を受け取り、その報酬と引き換えに、ヴィドゥヤーヴラタ（女性パートナーを伴う誓戒行）に必要な女性として、その家の娘を貰い受けることを教えている。[5] このことは、これらの仏教タントラの入門者が、シヴァ教の文献と実践に精通した、シヴァ教からの改宗者であったことを示唆している（Sanderson[2009]: 141-145）。

『秘密集会タントラ』に代表される、ヨーゴーッタラタントラの次に来る新しい波が、ヨーギニータントラと呼ばれる、シャークタ的要素が徹底し、前面に出てくる経典群である。「原ヨーギニータントラ」ともいうべき『サルヴァブッダサマーヨーガダーキニージャーラサンヴァラ』（以下『サマーヨーガ』と略称）は、儀礼・礼拝のシステムとしては、ヨーガタントラに基づいているが、ヨーギニータントラの要素が導入されている。経典に説かれる尊格が、シヴァ教のヴィドゥヤーピータと呼ばれる聖典群（第三項参照）のバイラヴァや女尊の容貌等を取るようになり、カーパーリカ[6]的なものになってくる。この経典において導入されたシヴァ教の実践としては、ガナマンダラ、あるいはガナチャクラという、男性行者一人と女神の人格化とされる女性（ヨーギニー）の集団による飲食をともなう狂騒的な儀礼と、この儀礼の参加者となるヨーギニーを見分けるための、集団に属する仲間だけに通じる秘密の言葉であるチョンマーの使用がある。

さらに、経典のスタイルにも変化が現われてくる。『秘密集会タントラ』の段階では、ニダーナと呼ばれる経典冒頭部が、世尊の説法場所が「女神たちの女陰部」というショッキングなものであることを除けば、「如是我聞《にょぜがもん》（evaṃ mayā śrutam）」で始まる、伝統的な大乗経典のスタイルであったのに対して、『サマーヨーガ』においては、シヴァ教聖典のスタイル、つまり、シヴァと女神の会話のスタイルを真似たものになる。

真言の説示に関しても、特定の手続きにより、真言を「取り出す」、「真言の抽出」という「装置」が採用されることになる[7]（Sanderson[2009]: 145-156）。

ヨーギニータントラでは、ヴィドゥヤーピータのシヴァ教が、より完全な形で取り入れられるようになる。このクラスのタントラで中心的な位置を占めるものは、『ラグシャンヴァラ』、別名『ヘールカービダーナ』をはじめとしたチャクラサンヴァラ系経典群、『ヘーヴァジラ』、『カーラチャクラ』である。チャクラサンヴァラ系タントラの主尊であるチャクラサンヴァラは、明らかにシヴァの図像的特徴を有している。シャークタの宗教の特徴として女尊崇拝が行われるようになり、女尊が中心に出てくるようになる。チャクラサンヴァラのパートナーのヴァジラヴァーラーヒー、ヘーヴァジラのパートナーのナイラートムヤーなどは代表的な女尊である。女尊崇拝が流行してくると、数多くのヴァジラヴァーラーヒーのヴァリアントが登場するようになる。

その他、チャルヤーと呼ばれる入門後に遵守すべき実践やピータと呼ばれる聖地の巡礼が取り入れられる。このピータには、それぞれ固有のヨーギニーが存在するとされた。酒肉や不浄物の摂取が実践に取り入れられ、これらは主客の分裂していない、概念構想を離れた不二の智を得るための実践と位置づけられた。また、人肉の供儀や消費も行われ、これらは七回生まれ変わる手段とされた。尊格を観想し、その観想した尊格と一体となるヨーガ、すなわち生起《しょうき》次第《しだい》のほかに、タントラ的身体論に基づいたヨーガ、すなわち究竟《くぎょう》次第《しだい》も実践に取り入れられることになる（Sanderson[2009]: 156-186）。

（二）密教経典のシヴァ教聖典への文献的依存

ヨーギニータントラの段階において、仏教側によるシヴァ教聖典の剽窃が見られることになる。このようなテキストの貸借関係は、「原ヨーギニータントラ」とも言うべき『サマーヨーガ』の段階から確認できる。『サマーヨーガ』の「続々タントラ」である『サルヴァカルパサムッチャヤ』の「マントラの抽出」の一節が、シヴァ教のヴィドゥヤーピータのヴァーマスロータスに属する『ヴィーナーシカ』の一節とパラレルであることが指摘されている（Tomabechi[2007]）。

ヨーギニータントラとシヴァ教聖典のテキストの貸借の方向性は、どのようにして明らかになるのであろうか？　密教経典とシヴァ教の聖典のパラレルな箇所を検討してみると、シヴァ教側では問題となる箇所の文脈が一致しているのに比べて、仏教側では文脈がとれず、意味が不明瞭な箇所が多々見受けられる。この場合、シヴァ教側からテキストを剽窃して、文言を加え、表面的に編集した結果、全体としては意味の通らないものになってしまったと考えるのが、もっとも妥当な結論となるのである。サンダーソンはいくつかのシヴァ教聖典と密教経典のパラレルな箇所を挙げて、そのテキストの貸借の方向について論証している。ここではそのうちの一つ、シヴァ教の『ヨーギニーサンチャーラ』（『ジャヤッドラタヤーマラ』の中に取り入れられている）八・三～二八と『ラグシャンヴァラ』一・一五～四・一の間のパラレルな関係と、そこに見られる、仏教側がシヴァ教のテキストを借用し改訂した痕跡を紹介してみたい(8)。当該箇所で規定されているのは弟子の入門（仏教で言うならば「灌頂」）である。例えば『ラグシャンヴァラタントラ』三・四ｂに「プトラカ（putraka）」という語が見られるが、これはシヴァ教の専門用語で入門者のことを指しており、仏教側でこの単語がそのような意味で使用されることはない。また、サンダーソンが取り上げる他の例にも見られるように、仏教側の剽窃の結果として『ラグシャンヴァラ』に著しい韻律の乱れがある。そして、これは非常に重要な点であるが、『ラグシャンヴァラ』の灌頂の説明が極めて非仏教的、言葉を換えれば、密教の歴史を通じて標準化されてきた、瓶灌頂から般若智灌頂・第四灌頂に至る灌頂次第が全然説かれていないことである。そこでジャヤバドラやバヴァバッタといった注釈者は、かなり無理なやり方で、瓶灌頂から般若智灌頂を読み込もうとしている（Sanderson[2009]: 186-220）。

このようなサンダーソンの研究結果に対して、仏教タントラを研究する側からの批判が提示されている。まず、最初に紹介したいのが、ロナルド・デイヴィッドソン及びデイヴィッド・グレイによる、「より難しい読みが好まれるべきである（*lectio difficilior potior*）」という、テキスト批判家の有名な金言に基づく反論である（Davidson[2002]: 386, note 106 及び Gray[2007]: 8-9, note 19）。この金言は、妥当と考えられる二つの読みに出くわしたとき、その二つの相反する読みの資料の間に伝達の経路を明確に確立できる場合、偶然であれ故意であれ、他方の読みの改変の結果として説明がしにくい方を好むべきである、というものである。デイヴィッドソン及びグレイの反論は、この原則により、シヴァ教聖典と密教経典のパラレルに当てはめた場合、サンダーソンの提示するように、より文法的に正しく、より意味が明瞭であるシヴァ教聖典を剽窃した結果として、より不明瞭でより文法的に不正確な密教経典ができあがったのではなく、より不明瞭でより文法的に不正確な密教経典を改善した結果として、シヴァ教聖典ができあがったのである（あるいはその可能性が高い）と理解すべきである、というものである。

これに対しサンダーソンは、デイヴィッドソンとグレイの見解は *lectio difficilior* の適用の仕方の深刻な誤解から来ているとする。テキスト批判の規則はそれぞれのケースにおける蓋然性の考察を思考することなしに機械的に行われるべきものではなく、この規則は、文法的に欠陥のある、一貫性のない、あるいは文脈的にみておかしい読みに優先権を与えるために引き合いに出されるものではないからである。(9) 一九〜二〇世紀の西洋古典学の大家ハウスマンが述べるように、テキスト批判においては数学のような厳格な規則はなく、すべてのテキスト上の問題は、唯一無二の可能性があるものとして扱われるべきである（Housman[1980]: 325-326）。また、*lectio difficilior* についていえば、「難しい読み」は、それ自身妥当と思われる読みでなければならない。「難しい読み」と「あり得ない読み」の間には重大な違いがあるのである（West[1973]: 51）。デイヴィッドソン及びグレイの議論は、サンダーソンの提示する個別の証拠の考察に対する一般論からの反論である。この点から見ても、両者の反論は有効に機能しないものである。

次に紹介したいのが、ルエッグによる反論である。サンダーソンは一九九五年の論文「金剛乗——起源と機能」において、ヨーギニータントラの体系がシヴァ教起源であることを主張し、密教、特にヨーギニータントラの体系が非仏教を起源としていると認めるが、ヒンドゥータントラの体系と仏教タントラの体系より深いレヴェルにこの起源を置くことを好む見解、つまり、ヒンドゥータントラ、仏教タントラともに、「インドの宗教的基層」あるいは「共通の文化的資源」から生み出されているという見解を否定している。サンダーソンは、この「宗教的基層」の問題点は、この「宗教的基層」が本来的にその存在が推測されるだけで、決して知られることがなく、知られるものはつねに「シヴァ教」「ヴィシュヌ教」「仏教」といった特定のものであるとする。したがって、特定の伝統の類似性を説明する場合に、他に何かの方法で説明がつかない限り、このような「隠れた源」を類似性の説明に使うことは好ましくないとする。

これに対して、ルエッグは、サンダーソンの提示する密教聖典のシヴァ教聖典からの剽窃は、「宗教的基層」あるいは「共通の文化的資源」の存在を否定するものではないと主張する。まず、仏教がインドで起こった以上、バラモン教あるいはヒンドゥー教と共通の基盤を有することは否定できない。そして、テキストの剽窃に関して（1）なぜ共通の宗教的あるいは社会的基盤や基層なしに、仏教側がテキストの剽窃を望んだのかという疑問が提示されなければならない。（2）このような共通の基盤がなければ、自由に剽窃することは不可能である。（3）また、剽窃の結果できあがったものが意味の通らないものになったのでは仏教側に利はないので、剽窃の理由が見つからない、という三点からサンダーソン説に異を唱えている（Seyfort Ruegg[2008]: 105ff.）。

ここで筆者の意見を述べさせてもらうならば、サンダーソンは、シヴァ教や仏教などのインド諸宗教の共通の宗教的、文化的「背景」の存在を否定しているのではなく、シヴァ教やヴィシュヌ教や仏教などの特定の伝統の間の類似性を生み出す、母体ともいうべき独立した存在を想定することは、そのような方法でしか説明がつかない場合以外は、余計であるとしているのである。したがって、ルエッグの言うようなインド諸宗教の宗教的、文化的「背景」を否定することにつながるものではないと考えられる。

次に、仏教側がシヴァ教聖典を剽窃する理由が見つからないことが、仏教による剽窃を否定する理由になるであろうか？　これについて、以下の例えをもって説明したいと思う。ある場所で殺人事件があり、A氏という人物が殺されたとしよう。このA氏の殺人に関して、いくつもの確実な証拠が、B氏という人物が犯人であることを物語っているが、B氏がA氏を殺す理由が何一つとして見つからない。この場合、殺人を犯す理由が見当たらないことが、B氏の犯人であることを否定する材料になるであろうか？　事件の全容を解明するためには、動機の解明は不可欠であるが、少なくとも確実な証拠により、B氏が犯人であるという事実は判明することになる。これと同様に、仏教側がシヴァ教側の聖典を剽窃して、自分たちの聖典を作成しなければならなかった理由が明らかになっていないことが、仏教側によるシヴァ教聖典の剽窃を否定する材料にはならない。もちろん、これら二つの宗教の関係を理解するためには、この「なぜ」の解明が不可欠であることは言を俟たないが、この疑問は文献的依存関係の事実の解明とは別に解明されるべき問題であると理解されるべきである。

先ほどインド諸宗教の宗教的、文化的背景に少しだけ触れたが、仏教タントラの編集者たちが一元論的なシヴァ教のテキストを借用することを可能にした共通の思想的背景に関しては、フランチェスコ・スフェッラの優れた論考がある（Sferra[2003]）。異なる伝統の間でテキストの書き換えや適用が行われる場合には、これらの適合を行う著者たちは、自分たちの使用しているテキストが、同じ文化的環境に属しているということだけでなく、「共通の救済論的計画」において表現されるべき真理解釈や、それに関連した共通の方法として定義されるであろうものを共有していることを知っている、ということを仮定しなければならない。

しかし、救済論的な確信はそれ自身として存在するのではなく、儀礼やさまざまな瞑想のテクニックなどを含む具体的な形を通して表現される限りにおいて存在するのである。このような救済論的確信を「宗教的基層」と呼ぶのであれば、異なる伝統の背後にある基層は存在するであろう。サンダーソンの指摘する密教とシヴァ教の関係は、スフェッラが言うところの「具体的な形となって表現されたもの」の相互の関係である。ヒンドゥー教と仏教のタントラの関係の解明のためには、この「基層（あるいは、背景）」と「具体的な形となって表現されたもの」を含めた全体の解明が必要であることは言うまでもないが、この二つが混同されて扱われてはならないのである。

(三) シヴァ教聖典の分類と密教経典の分類

入門者のシヴァ教の聖典は大別すると「アティマールガ(超道)」と「マントラマールガ(真言道)」に分類される(次頁の図1参照)。後者がタントラ的なシヴァ教である。真言道は大きくシッダーンタ(またはシャイヴァシッダーンタ)と非シッダーンタに分けられる。シッダーンタは超道内部から起こってきた真言道の核となる伝統で、このシッダーンタの最古の聖典が『ニシュヴァーサタットヴァサンヒター』である。シッダーンタの聖典は、他に『スヴァヤーンブヴァスートラサングラハ』などがある。非シッダーンタはシャークタ的(シヴァの性力であるシャクティとその顕現である女神を崇拝する)傾向をもつか、あるいは純粋にシャークタ的な聖典のグループで、シヴァ神の忿怒的な顕現であるバイラヴァや女神の慰撫が説かれている。

この非シッダーンタには、以下のグループがある。(a)マントラピータ。スヴァッチャンダバイラヴァとその配偶者のアゴーレーシュヴァリーの信仰を説く。(b)ヴァーマスロータス。トゥンブルとその四姉妹ジャヤー、ヴィジャヤー、ジャヤンティーあるいはアジター、アパラージターの信仰を説く。現在まで伝わっているものは『ヴィーナーシカ』のみである。(c)ヤーマラタントラ。代表的な聖典は『ピチュマタ』(別名『ブラフマヤーマラ』)。この聖典は女神チャンダー・カーパリニーの信仰を説く。(d)トリカ。このグループの代表的な聖典は『シッダヨーゲーシュヴァリーマタ』で、パラー、パラーパラー、アパラーとい

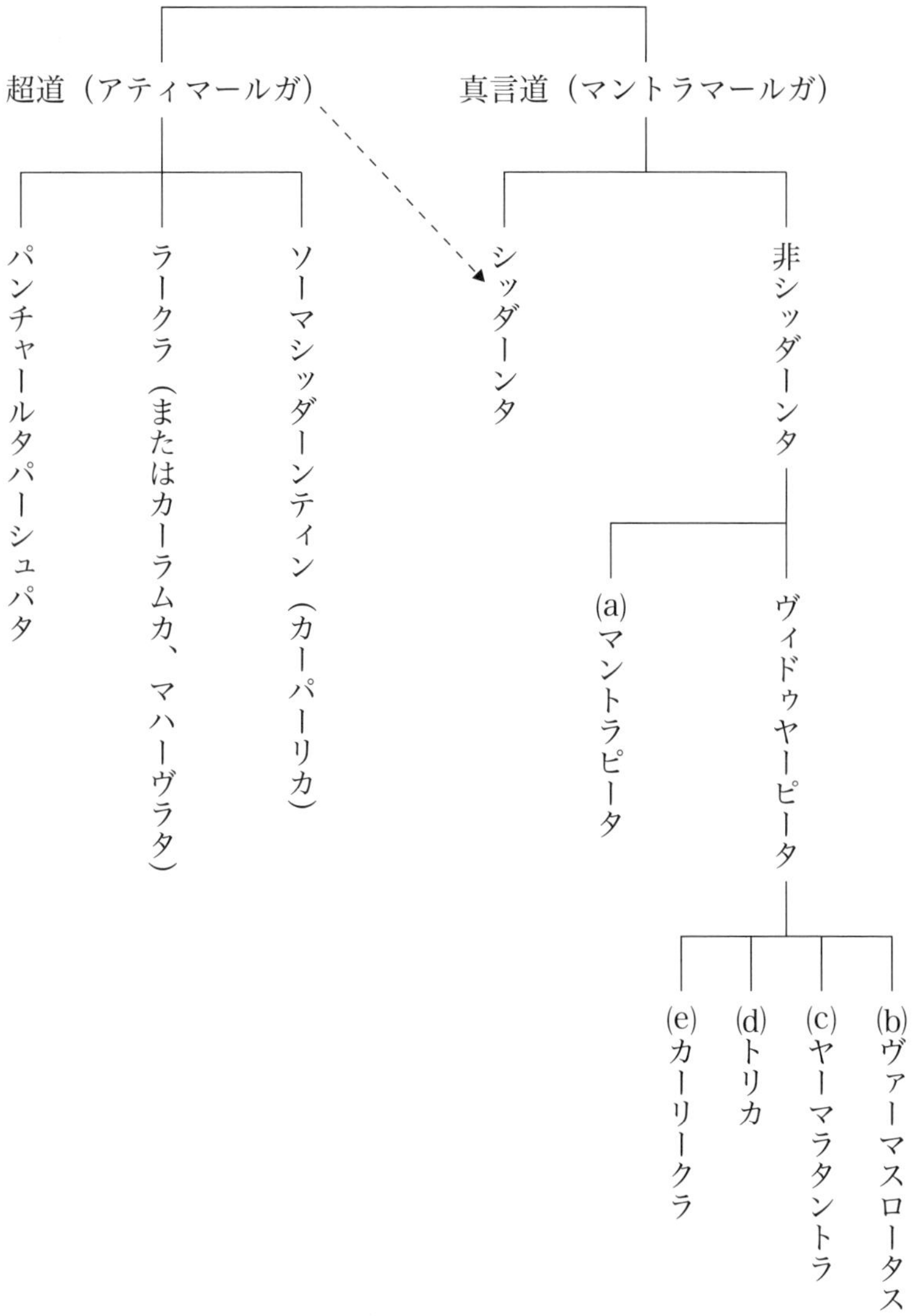

図１　シヴァ教聖典の分類

う女神の信仰を説く。カシミールのシヴァ教の大学匠アビナヴァグプタの『タントラーローカ』のベースとなっている聖典『マーリニーヴィジャヨーッタラ』もこれらの女神の信仰に関係している。(e)カーリークラ。代表的な聖典は『ジャヤッドラタヤーマラ』。カーラサンカルシニー(またはカーリー)とその秘密の化身であるさまざまな女神の信仰を説く。この(b)〜(e)がヴィドゥヤーピータとして分類されるものである。この他に後代のものになるが、女神クブジカーの信仰を説く聖典のグループ、女神トリプラスンダリーの信仰を説く聖典のグループがある。また、この他に悪魔祓いに関係しているブータタントラ、毒蛇に噛まれた際の治療に関係しているガールダタントラというグループがある。

現存するシヴァ教の註釈文献類の大部分は、一〇世紀から一一世紀の初頭にかけて、カシミールのバラモンたちにより著されたものであるが、彼らには真言道の聖典内の分類に沿って、シッダーンタと非シッダーンタのグループがあった。前者のシッダーンタが自らの聖典が最高であり、他の聖典を二次的なものとみなす一方で、後者は、シッダーンタの聖典を基礎的な権威とみなしつつも、自らの聖典をシヴァ教共同体のエリートのための最高の聖典とみなす。また、両者とも、少なくとも家庭を持っている者は、同時にそれぞれの所属するカーストのメンバーとしての地位に応じて、人生の諸段階において、バラモン教の決まりに従うべきであると考えていた。シヴァ教聖典は、ヴェーダ聖典を超えるものと考えられている一方で、バラモン教をその下部構造に組み入れ、一定の有効性を認めていた。このようなシヴァ教内部における、下位のものほど万人が実践可能で、上位のものほど実践する人間を限定する宗教的な義務に関するヒエラルキーのモデルは、シャークタ的性格を有する『シラシュチェーダ』(『ジャヤッドラタヤーマラ』の第一シャトゥカ(「六千詩節」からなる〔部〕)として取り入れられている)に明確化されており、そこでは、このモデルがインドの宗教一般に適用されている。

このモデルによると、インドの宗教は（1）一般、（2）一般の特殊、（3）特殊、（4）より特殊、に分類される。シヴァ教が含まれるのは（3）と（4）である。（1）は二大叙事詩、プラーナ文献といったすべてのカーストに適用可能な文献で、（2）は再生族にのみ許される天啓聖典と伝承聖典である。（3）には、シヴァ教のシッダーンタ、ヴィシュヌ教のパンチャラートラ派、シヴァ教の「超道」等、そして、仏教やその他の非正統派の宗教が分類される。これは、正統派に関してはバラモン教の権威となる聖典が課す一般的な義務に加えて、非正統派の場合はそれらの義務に反して、特別の誓約を守る必要があるからである。（4）には、シヴァ教の「真言道」のうち非シッダーンタ系の諸聖典、仏教の場合は金剛乗（密教）が分類される。これは、実践者を限定する聖典の説く誓約を保持している人のみが実践することを許可されるからである。さらに、シヴァ教聖典のうちでより実践が限定されるレベルにあるものは、非シッダーンタ系の聖典のうち、マントラピータに属する聖典とヴィドゥヤーピータに属する聖典である（Sanderson[2007]: 231-235）。

このようなシヴァ教聖典と類似のヒエラルキーは密教聖典にも見られる（次頁の図2参照）。まず、密教経典と伝統的な大乗経典の関係であるが、密教は自らを大乗としながらも、金剛乗と名のり、伝統的な大乗（波羅蜜乗）に一定の効力を認めつつも一線を画している。密教経典自身の分類においては、インドに見られる分類法で最も一般的なのは、クリヤータントラ（所作タントラ）、チャルヤータントラ（行タントラ）、ヨーガタントラ、ヨーゴーッタラタントラ（「ヨーガタントラのカテゴリーの内上位のもの」）、ヨーガニルッタラタントラ（「ヨーガタントラの内最上位のもの」、別名ヨーギニータントラ）という五分法、あるいはヨーゴーッタラをヨーガタントラに含める四分法である。これらの分類においては、クリヤータントラからヨー

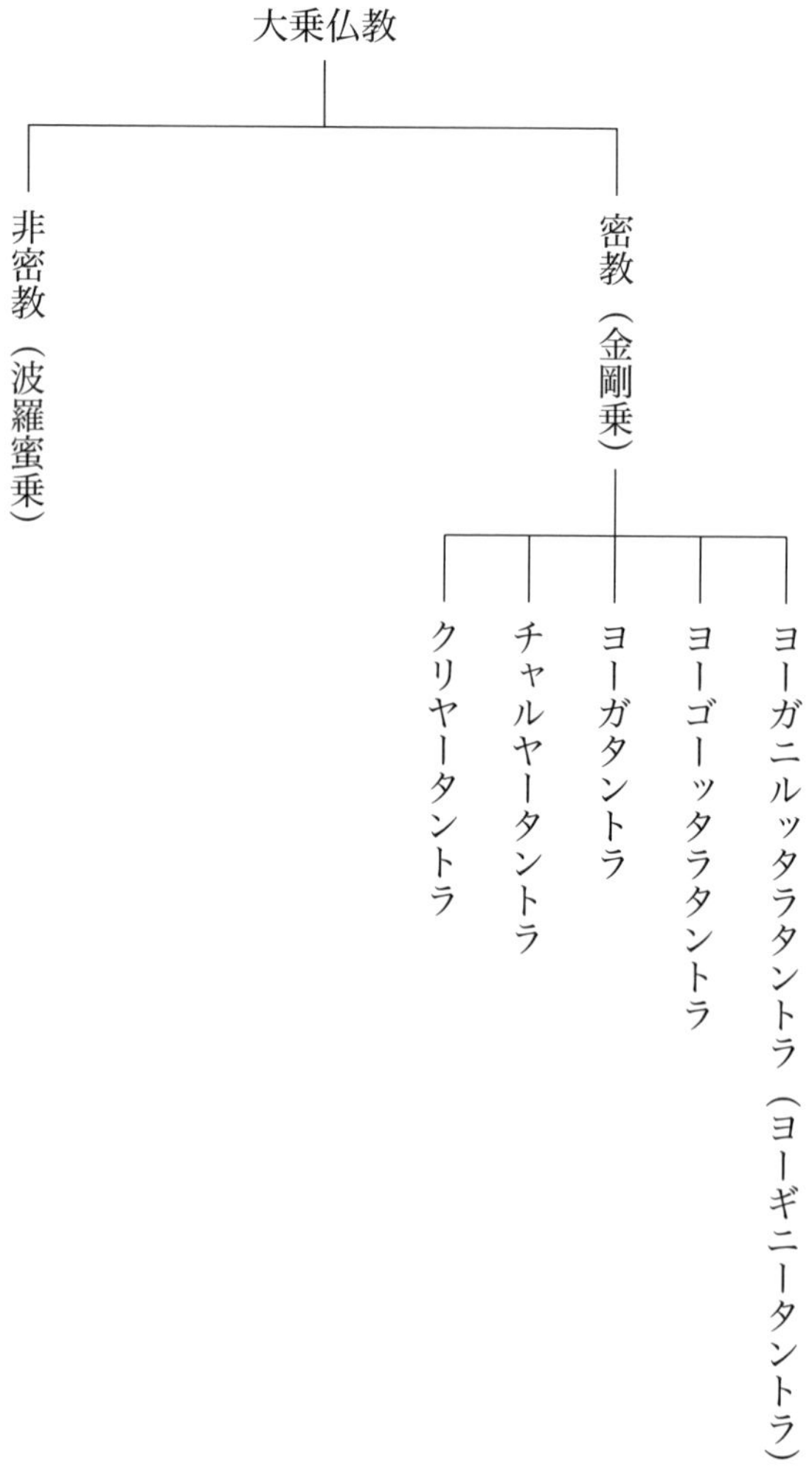
大乗仏教
非密教（波羅蜜乗）
密教（金剛乗）
クリヤータントラ
チャルヤータントラ
ヨーガタントラ
ヨーゴーッタラタントラ
ヨーガニルッタラタントラ（ヨーギニータントラ）

図２　密教経典の分類

ガニルッタラタントラに上るに従って「特殊性」が高まる。高位のタントラに規定されているヨーガ・礼拝・供養・誓戒等の実践を行うためには、下位のタントラに規定されている入門儀礼に加えて、より特殊な入門儀礼が必要とされる。上位のタントラは下位のタントラに一定の効力を認めつつも、それを限定的なものとしているのである。

『金剛頂経』を主要経典とするヨーガタントラは、後続する『秘密集会タントラ』以降の経典の体系の枠組みを提供し、それら後続の経典は、その名称から読み取れるように、ヨーガタントラの枠組みの中で、特殊なものであることを主張した。それ故、『秘密集会タントラ』以降の聖典は、『金剛頂経』等のヨーガタントラを、一定の限られた効力を有する一般的なタントラと見なしていた。例えば、アールヤデーヴァ（中観派の学匠とは別人）作『チャルヤーメーラーパカプラディーパ』は、『金剛頂経』の体系に基づいた実践に有効性を認めながらも、『秘密集会タントラ』に基づいた実践をそれより優れたものとしている。また、『サンヴァローダヤタントラ』は、第二一章において自らの規定する、入門後に遵守すべき苦行的実践を、「一般のヨーガタントラ」には説かれていないとし、自らが「特殊なヨーガタントラ」であることを言外に示している。

それでは、仏教は前述のシヴァ教の『シラシュチェーダ』に見られるような、「一般」に相当するカテゴリーを想定し、それに有効性を認めていたのであろうか？　それを検討するために、最後に密教と公共の儀礼について見ていきたい。

三　密教と公共の儀礼

冒頭で述べたとおり、密教を含むタントリズムは、マントラやマンダラを使用するヨーガや瞑想や儀礼的手段により、解脱や諸々の世間的な目的、あるいは超自然的な能力といったものを迅速に獲得できることを説いた。タントラに説かれている実践を行うためには、そのタントラが規定するところの入門儀礼（シヴァ教の場合はディークシャー、密教の場合は灌頂）が必要であり、その内容は秘儀的なものである。タントラの持つこの秘儀性と、性的ヨーガや不浄物の摂取といった世間的な倫理観を逸脱する要素を含み、象徴性を多分に含んだ複雑な実践体系は、一般人には簡単に理解できないものである。しかしながら、タントリズムの特質というものがそれだけのものであれば、それは、インドの中世において民衆レヴェルまで受け入れられた理由にはならないであろう。タントリズムがインドにおいて大いに受用された理由の一つとして、その儀礼的な枠組みを公共の場における支援者に対する儀礼に適用し、その領域に進出していったことを挙げることができよう。

(一)　公共の儀礼と『金剛頂経』の儀礼体系

前章で述べた密教経典のヒエラルキー的な構造は、単に理論的な側面だけに留まっていたわけではない。クラダッタ著作の『所作集註』はアバヤーカラグプタの『ヴァジラーヴァリー』と並ぶ後期インド密教における諸儀礼のマニュアルであり、シヴァ教におけるプラティシュタータントラと呼ばれる、寺院建築や尊像奉納儀礼などの公共の儀礼を説く聖典や、パッダティと呼ばれる儀礼マニュアルに比せられるものである。

この『所作集註』には、その儀礼の基盤になっている体系に、大別して以下の四種類のものが採用されている。（1）非仏教的なもの。あるいは宗派的色彩を持たないもの。（2）『金剛頂経』所説の金剛界マンダラの体系に基づくもの。（3）『金剛頂経』以外のタントラ、すなわち高位のタントラに説かれる実践体系も適用可能なもの。（4）金剛界マンダラの体系と高位のタントラの体系が組み合わさったもの。このうち、（2）の金剛界マンダラの体系は、『所作集註』に採用されている体系のうち根幹をなすもので、作者自身もそれを言明している。

もし〔儀礼の司祭を務める〕阿闍梨に金剛界に対する強い確信がないとしても、自らの本尊に対する強い確信があれば、〔寺院建立のために獲得された〕土地の浄化から、〔尊像等の〕奉納儀礼に至るまでのすべての儀礼の執行に障害はない[10]。

ここで著者は金剛界マンダラの体系に普遍性を与え、いかなる阿闍梨もその体系を基盤にした諸儀礼の司祭を務めることを可能にしている。『所作集註』が想定している儀礼は、スポンサーの要望により行われる公共的な範囲における儀礼である。このことから、少なくとも『所作集註』を見る限りにおいては、金剛界マンダラの体系が公共的儀礼の基礎になっていたことが推測される。

（二）バラモン教的宗教社会制度の受用

そのような公共的な儀礼の執行手順で注目したいのは、（1）の非仏教的要素である。この要素が最も顕著に見られるのが、土地の選定に関する部分である。ここでは、シヴァ教の文献、ヴィシュヌ教の文献、建築書、ヴァラーハミヒラ著の『ブリハットサンヒター』といった占星術書に、同様の規定、あるいは類似の規定が見られる。そして、この土地選定の規定にはカースト身分制度を前提としているものもある。

個別には、〔寺院の敷地にふさわしい吉祥な〕土地が、〔施主の所属する〕カーストに応じて獲得されるべきである。具体的には、白色で、凝乳・牛乳・ギーなど〔の乳製品〕の香りがし、甘い味のする〔土地は、〕バラモンに適している。赤色で、マッリカーの花、赤蓮華、青蓮華、チャンパカの花、ナーガケーサラの花の香りがし、渋い味のする〔土地〕は、クシャトリヤ〔に適している〕。黄色で、酒や発情期の象のこめかみから出る液の匂いがし、酸味のする〔土地〕は、ヴァイシュヤ〔に適している〕。黒色で、匂いがなく、刺激のある味あるいは苦い味のする〔土地〕は、シュードラ〔に適している〕[11]。

同様の記述は、ダルパナーチャールヤ（あるいはジャガッダルパナ）著作の『阿闍梨所作集』や、パドマシュリーミトラ著作の『マンダラ儀軌』にも説かれている。

仏教側の文献においては、『シラシュチェーダ』のように、聖典のヒエラルキーを異教の聖典にまで拡張させている記述は、筆者の知る限りでは存在しない。もっとも、仏教は建前としてはバラモン教的な宗教社会制度を前提としていないので、『シラシュチェーダ』に説かれているような、「一般」や「一般の特殊」に相当するようなカテゴリーを設定することは、理論的に無理があったのかもしれない。しかし、実際には、寺院やあるいはマンダラの土地を選定する場合、その選定に関する記述はバラモン教的な宗教社会制度を前提としており、その規定はシヴァ教・ヴィシュヌ教等の文献に説かれるものとパラレルであり、しかも宗派色のないものである。それ故、実質的には『シラシュチェーダ』の説くところの「一般」や「一般の特殊」のカテゴリーに相当する部分を自らの文献の中に取り込んで有効性を認めているのである。[12] そして、このような規定に沿って獲得した土地を小区画に分割し、そこに金剛界マンダラの諸尊を観想する。また、金剛界マンダラの諸尊を象徴する水瓶を用意し、土地上のマンダラに並べる。つまり、儀礼の構造として「一般」の上に「特殊」が乗ったものになっている。

(三)シヴァ教とのパラレル

『所作集註』に見られるこのような儀礼構造は、シヴァ教の公共儀礼の構造と類似したものである。シヴァ教において、この公共儀礼の分野に関わっていたのはシッダーンタであり、先に見たように、このグループは非シッダーンタによって、基礎的であるが、秘儀的でない低級のシヴァ教の教えと見なされていた。これは、『金剛頂経』を主要経典とするヨーガタントラが、より高次のヨーゴーッタラタントラやヨーギニータントラに、基礎的であるが低級な教えであると見なされていたことに対応する。

このような公共儀礼に関する聖典の構造の他にも、この分野においてもシヴァ教と密教には共通な要素がある。まず、シヴァ教の儀礼においては、王族が重要なスポンサーであったが、『所作集註』の中にも、このことをうかがわせる箇所がある。また、儀礼の構成あるいは様式がお互いに類似している。例えば、先に述べたように、『所作集註』では、寺院用の土地上のマンダラに金剛界マンダラの諸尊を象徴する水瓶を並べる儀礼を説いているが、その際に、『般若経』などの大乗経典を唱えるべきことを説いている。一方、シヴァ教の儀礼マニュアル『ソーマシャンブパッダティ』はシヴァリンガの奉納の準備儀礼において、四つの方角において四ヴェーダを唱えるべきことを説いている。[13] 密教にとって大乗経典は正統的であるが限られた有効性しか持たないのと同様に、シヴァ教にとってヴェーダ聖典は正統的であるが限られた有効性しかもたないものである。

このような類似の要素のほかに、『所作集註』とシヴァ教のプラティシュタータントラの間には、相互にパラレルなテキストが見出される。『所作集註』では寺院の建設予定地に紐を張り区画分けを行うが、その際張ってある紐が切れたり、その紐を動物が飛び越えたりすると、そこに動物の骨などの異物が見つかると説かれている。その小セクションは「前兆の説示」と呼ばれており、シヴァ教のプラティシュタータントラやパッダティの「異物の除去」という章に相当するものである。[14]

類似の規定は、ヴァラーハミヒラの『ブリハットサンヒター』等にも見られる。このことから、密教・シヴァ教ともに、これら共通の資料から独自に自らの規定を作成したと考えることができるかもしれない。しかしながら、密教・シヴァ教文献ともに、『ブリハットサンヒター』等より詳細な規定を説くこと、先に述べた密教・シヴァ教間に見られる聖典の序列や儀礼構造や様式の類似を考慮に入れるならば、この二つの宗教が独自に公共儀礼の体系を発展させたと考えるより、一方が他方をモデルにしたと考える方が不自然ではないと思われる。

四　結語

以上見てきたように、近年の一次資料に基づく研究により、密教とシヴァ教はさまざまな点で類似していることが明らかになってきた。この両者の類似している点は、さまざまなレヴェルに及んでおり、それは儀礼のような具体的な形をとったものであり、あるいは瞑想の方法であったり、あるいは思想的・教理的な側面であったり、あるいは聖典のテキストであったり、あるいは聖典の階層的序列であったりする。両者を含めた中世初期の宗教の状況を考察するためには、今後、文献的資料、碑文資料、美術資料、考古学的資料等々あらゆる証拠を検討することにより考察されなければならない。そのような研究はまだ始まったばかりなのである。

参考文献

Davidson, Ronald M. [2002]: *Indian Esoteric Buddhism: A Social History of the Tantric Movement.* New York: Columbia

University Press.

Goodall, Dominic and Isaacson, Harunaga. [2007]: "Workshop on the Niśvāsatattvasaṃhitā: The Earliest Surviving Śaiva Tantra?" *Newsletter of the NGMCP*, No.3, pp.4-6.

Gray, David B. [2007]: *The Cakrasamvara Tantra* (*The Discourse of Śrī Heruka*) (*Śrīherukābhidhāna*)*: A Study and Annotated Translation*. New York: The American Institute of Buddhist Studies at Columbia University. Treasury of the Buddhist Sciences Series.

Housman, A.E. [1989(1922)]: "The Application of Thought to Textual Criticism." In: A.E. Housman. *Collected Poems and Selected Prose*, Penguin Books, pp.325-339.（再版。初出 *Proceedings of the Classical Association* 18, 1922.）

Sanderson, Alexis. [1994]: "Vajrayāna: Origin and Function." In: *Buddhism into the Year 2000: International Conference Proceedings*. Bangkok / Los Angeles: Dhammakaya Foundation, pp.87-102.

——. [2007]: "The Śaiva Exegesis of Kashmir." In: Goodall, Dominic and Padoux, André (eds.) *Mélanges tantriques à la mémoire d'Hélène Brunner. Tantric Studies in Memory of Hélène Brunner*. Pondicherry: Institut français de Pondichéry, École française d'Extrême-orient, pp.231-442.

——. [2009]: "The Śaiva Age: The Rise and Dominance of Śaivism During the Early Medieval Period." In: Einoo, Shingo (ed.) *Genesis and Development of Tantrism.* Tokyo: Institute of Oriental Culture, University of Tokyo, pp.41-349.（本書は『タントラの形成と展開』というタイトルで山喜房仏書林からも出版されている。）

Seyfort Ruegg, David. [2008]: *The Symbiosis of Buddhism with Brahmanism/Hinduism in South Asia and of Buddhism with 'Local Cults' in Tibet and the Himalayan Region*. Wien: Verlag der Österreichischen Akademie der Wissenschaften. Österreichischen Akademie der Wissenschaften, Philosophisch-historische Klasse, Sitzungsberichte, 774.Band.

Sferra, Francesco. [2003]: "Some Considerations on the Relationship between Hindu and Buddhist Tantras." In: Verardi, Giovanni and Vita, Silvio (eds.) *Buddhist Asia 1: Papers from the First Conference of Buddhist Studies Held in Naples in*

May 2001. Kyoto: Italian School of East Asian Studies, pp.57-84.
Szántó, Péter-Dániel. [2008]: "Review. *The Cakrasaṃvaratantra* (*The Discourse of Śrī Heruka*): *A Study and Annotated Translation*. Translated by David B. Gray. New York: American Institute of Buddhist Studies (Colombia University Press), 2007." *Tantric Studies* 1, pp.215-219.
Tanemura, Ryugen. [2004]: *Kuladatta's Kriyāsaṃgrahapañjikā: A Critical Edition and Annotated Translation of Selected Sections*. Groningen: Egbert Forsten. Groningen Oriental Studies 19.
Tomabechi, Toru. [2007]: "The Extraction of Mantra (mantroddhāra) in the Sarvabuddhasamāyogatantra." In: B. Kellner, H. Krasser, H. Lasic, M.T. Much, and H. Tauscher (eds.) *Pramāṇakīrtiḥ: Papers Dedicated to Ernst Steinkellner on the Occasion of His 70th Birthday*, Part 2. Wien: Arbeitskreis für tibetische und buddhistische Studien, Universität Wien, pp.903-923. Wiener Studien zur Tibetologie und Buddhismuskunde 70.2.
West, Martin L. [1973]: *Textual Criticism and Editorial Technique: Applicable to Greek and Latin Texts*. Stuttgart: B.N. Teubner.

（1）当論文の拡大改訂版がGroningen Oriental Studiesから出版されることが予告されている。
（2）『大日経』「息障品」。チベット語訳：デルゲ版（東北四九四番）f.177r1-3、北京版（大谷一二六番）f.141r4-5。漢訳：大正一八巻一三頁下一三～一五。
（3）シヴァ教聖典と密教経典の分類に関しては、二―（三）「シヴァ教聖典の分類と密教経典の分類」を参照。
（4）『文殊師利根本儀軌経』二・三二～三四ｂ（第一巻三四頁）。当該箇所のサンスクリット語原文はSanderson[2009]: 130, note 304参照。『文殊師利根本儀軌経』の書誌情報は同論文参考文献表参照。
（5）『秘密成就』八・八ｃ～一六ｂ。当該箇所のサンスクリット語原文についてはSanderson[2009]: 144, note 333を参照。『秘密成就』の書誌情報については同論文参考文献表を参照。
（6）火葬場の人骨から作られた道具や装身具を持ったり身にまとったりしているシヴァ教修行者。二―（三）「シヴァ教聖典の分類と密教経典の分類」を参照。
(7)「真言の抽出」とは真言の記憶を助けるために真言を特定の方法で詩節の形に「暗号化」し、入門者がその詩節を「解読」することにより正しい真言が得られるしくみである。この暗号化には(1)a字、i字など直接アルファベットを使用する方法、(2)字母表やダイアグラムを使用して特定のアルファベットを得る方法、(3)アルファベットを特定の尊格や教理概念などに割り当てる方法、と大きく分けて三つの方法がある。
(8)当該箇所のテキストと分析はSanderson[2009]: 203-212を参照。
(9)この点はすでにピーター・サントによっても指摘されている。Szántó[2008]: 218参照。
(10)サンスクリット語テキストはTanemura[2004]: 135参照。また同一三三頁も参照。
(11)サンスクリット語テキストはTanemura[2004]: 125参照。また同一二八頁参照。同様の規定は『ブリハットサンヒター』の他にも、例えば、建築書の『マヤマタ(*Mayamata*)』やシヴァ教の儀礼手引書『ソーマシャンブパッダティ』等にも見られる。
(12)『カーラチャクラタントラ』の註釈書『ヴィマラプラバー』は、カーストにもとづく土地の分類は世俗的な慣習によるものであると述べている。Tanemura[2004]: 218-219, Note 16参照。
(13)サンスクリット語テキストはTanemura[2004]: 136-137参照。同一三五頁も併せて参照。
(14)『所作集註』の当該セクションのサンスクリット語テキストはTanemura [2004]: 148-155を参照。また二四五〜二五〇頁も参照。

第四章

曼荼羅とは何か

田中公明

一　はじめに

二〇〇八年三月に春秋社編集部より、『シリーズ大乗仏教』の最終巻に「マンダラ論」というタイトルで書いてもらいたいとの依頼を受けた。しかし筆者は、前年に東京大学に提出した学位論文『インドにおける曼荼羅の成立と発展』で、文学博士の学位を頂戴したばかりであった。同論文は、筆者の従来の研究の集大成ともいうべき大作で、およそ曼荼羅に関しては、考えられるかぎりのトピックを、すべて扱ったつもりである。

そして筆者の博士論文は、審査で指摘された諸点を踏まえて加筆修正され、『インドにおける曼荼羅の成立と発展』（春秋社、二〇一〇年）として刊行された。今回もまた同じ内容の「マンダラ論」を書けば、二重投稿になるおそれがあった。

そこで編者の了解を頂き、筆者の学位論文の中から、そのエッセンスのみをまとめ、「曼荼羅とは何か」と題する一般向けの概説を寄稿することにした。したがって本稿では、詳しい論証を省き、結論のみを述べた記述が多くなるが、概説としての性格上やむを得ないことと、ご諒解いただきたい。なお本稿で取り上げた問題は、すべて学位論文で詳細に論じているので、内容に疑問を持たれた諸氏は、『インドにおける曼荼羅の成立と発展』を参照されたい。

二　曼荼羅の定義

それではまず、本稿のテーマである曼荼羅の定義について、簡単に述べることにしよう。

一口に曼荼羅といっても、日本仏教に伝えられる曼荼羅と、チベット・ネパール系の曼荼羅では、その形状や諸尊の配置に大きな違いがある。したがってすべての作例に当てはまる曼荼羅の定義を定めることは、非常に難しい。しかしここでは、「仏教で信仰される尊格を一定のパターンに配置することで、仏教の世界観を表したもの」と定義することにしたい。

すなわち仏説法図や極楽浄土図のように、ブッダを中心に多数の尊格を描いていても、それらが鳥瞰的に描写されるのみで、特定のパターンをもっていない場合は、曼荼羅と見なすことはできない。なお日本では、浄土系や垂迹系の曼荼羅の中に、風景を鳥瞰的に描写し、一定のパターンをもたないものが見られるが、本稿では、これら日本成立の曼荼羅は考察の対象外としている。

また曼荼羅に描かれる尊格や、諸尊の集会する楼閣の各部分に、一定の教理概念が割り当てられ、全体として仏教の世界観を表現していることも、曼荼羅の重要な特徴である。このような幾何学的パターンをもつ曼荼羅は、一日にして成ったものではない。また、そこに盛りこまれた象徴体系は、インドにおける仏教思想と美術の展開とともに、しだいに形成されてきた。

一例を挙げると、バーミヤン石窟には、弥勒菩薩を中尊として、無数の坐仏を同心円状に配した天井画が存在した（現在はタリバンにより破壊）。これらは幾何学的パターンをもつ曼荼羅の先駆者といえるが、周囲に配される坐仏には図像的個性がなく、尊名を特定することができない。これでは、それぞれの尊格がどのような意味をもっているかを、推測することはできない。このように特定の幾何学的パターンをもっているだけで、それを後の密教と同じ意味で「曼荼羅」と呼ぶことには無理がある。

これから本稿で見るように、尊格と教理概念に一対一の対応関係が設定されるのは、『理趣経』『金剛頂経』系の曼荼羅の成立以後である。したがってこの定義も、初期の曼荼羅にまで、厳密に適用することはできないのである。

三　曼荼羅の誕生

仏教は、開祖であるブッダの時代から数えると、ほぼ二五〇〇年の歴史を有している。仏教美術も紀元前二世紀から現存作品が確認できるが、当初から仏像を礼拝対象としていたわけではなかった。最初期の仏教彫刻を見ると、仏弟子や在家信徒などは人間の姿で表しているが、ブッダの存在は菩提樹、法輪、足跡などのシンボルで表現され、人間の姿では描かれていない。これを仏像不表現、あるいは仏像不出現という。そして仏像不表現の伝統を破って、ガンダーラやマトゥラーで最初に仏像が制作されるようになってからも、ダルマを象徴する法輪や、涅槃に入ったブッダの象徴である仏塔は、仏教のシンボルとして用いられ続けた。そしてこのような伝統から、曼荼羅に集約される密教の象徴体系が発展してゆくのである。

ガンダーラでは、初期から礼拝像の形式として三尊形式が行われた、有名なカニシカ王の舎利容器では、ブッダの坐像の左右に梵天・帝釈天が侍立している。これはブッダが天界に昇って説法をしたあと、梵天・帝釈天を左右に従えて、地上に降りたという「三道宝階降下」の伝説に基づき、インドの神々を崇拝するバラモン教に対する、仏教の優位を示すと解釈できる。

また左右に二体の菩薩を伴った如来像も、しばしば見られる。銘文がなく、尊名を確定できない作品が多いが、一般には釈迦・弥勒・観音の三尊と考えられている。

いっぽうマトゥラーでは、ブッダの左右に蓮華を持った菩薩と護法神金剛手《こんごうしゅ》を伴った三尊像が制作された。これは後に西インドやオリッサで流行する釈迦・観音・金剛手の三尊の先駆的作例として注目に値する。そしてこの三尊形式は、仏部・蓮華部・金剛部の三部へと発展してゆくことになる。

そしてこのような三尊形式から、やがて曼荼羅の原初形態である叙景曼荼羅が成立する。インドでは三世紀頃から、パタ（幀《とう》）と呼ばれる軸装の礼拝用仏画が造られるようになった。残念ながらインドでは一三世紀に、イスラムの侵入を受けて仏教が衰亡したので、パタの作例は一点も遺されていない。しかし六〜七世紀に成立した初期密教経典には、パタの制作規定が散見される。代表的なものとしては『宝楼閣経』『文殊師利根本儀軌経』『文殊師利法宝蔵陀羅尼経』『大方広曼殊室利経』（『観自在授記経』ともいう）などを挙げることができる。

これらのパタは、仏三尊像を中心に、仏菩薩や護法尊を左右対称に配することが多い。そして、その中心をなす三尊を楼閣の中に描くことにより、原始的な叙景曼荼羅が現れたと考えられる。しかし仏の説法の情景を鳥瞰的に描いた叙景曼荼羅には、後の曼荼羅を特徴づける幾何学的パターンは見られない。

さらに前述の『宝楼閣経』では、「画像品《がぞうぼん》」に礼拝用のパタ、「建立曼荼羅品《こんりゅうまんだらぼん》」には同じ尊格を壇上の曼茶羅に描く場合の規定が説かれ、両者の将来における分化を暗示している。そして軸装のパタは、垂直に掛けて礼拝するため、すべての尊格が足を下に向けて描かれるのに対し、土壇の上に描く曼荼羅では、本尊を中心に諸尊を放射状に配置するようになった。この場合、諸尊の集会する楼閣を鳥瞰的に描くことが困難となり、やがて四方に門を開く楼閣を展開して示した方形の外郭構造が現れたと考えられる。

日本では、曼荼羅が軸装仏画として伝えられたため、諸尊はみな足を下に向けて描かれている。これに対して放射状の配置は、日本で土壇曼荼羅の代用品として用いられた敷《しき》曼荼羅にのみ見られる。いっぽう現在も砂曼荼羅の制作が盛んなチベットでは、軸装仏画（タンカ）の曼荼羅にも放射状の配置が用いられるようになった。しかしラダックや西チベットの古作から、かつてはチベットでも、壁画では、すべての尊格が足を下に向ける配置が行われたことが確認できる。

なおギルギットからは、『宝楼閣経』のサンスクリット語断片が発見されており、書体から六世紀頃の写本と推定されている。したがってすでに六世紀には、叙景曼荼羅が成立していたことが確認できる。

いっぽう初期密教経典の『文殊師利根本儀軌経』では、諸尊が同一方向を向く叙景曼荼羅のような内院に、ヒンドゥーの神々を配した三重の外院《げいん》が巡らされ、幾何学的な多重構造をもつ曼荼羅への一歩が踏み出されたのである。

四　三部の成立

このように初期の叙景曼荼羅は、三尊形式を中心とした鳥瞰的な配置に留まっており、未だ幾何学的なパターンをもっていなかった。また中心となる三尊も、請雨経《しょううぎょう》曼荼羅では釈迦・観音・金剛手であるが、宝楼閣曼荼羅では釈迦・金剛手・宝金剛、菩提場曼荼羅では釈迦・文殊・金剛手というように、一定していなかった。しかし後の曼荼羅では、このうち釈迦・観音・金剛手の三尊から発展した三部立てが一般的になる。これは観音が、衆生を救済する慈悲の菩薩として広く信仰を集めたのに対し、ブッダのボディーガードから発展した金剛手は、仏敵を調伏《ちょうぶく》するという対照的な性格をもっていたことによると思われる。

そして初期の三部立ての曼荼羅では、画面上部（東）に釈迦如来を中心とする仏部、左（北）に観音から発展した蓮華部、右（南）に金剛手とその一族郎党からなる金剛部の尊格を配するようになる。いっぽう画面下部（西）には、ヒンドゥーの神々や彼らを調伏する忿怒尊が描かれるようになった。これはおそらく、礼拝用のパタでも、画面の下部には仏教を守護するヒンドゥーの神々を描いていたからと思われる。

そして初期の曼荼羅にも、やがて三部構成の内院の外に方形の外院を配した多重構造のものが出現する。その中でも『蘇悉地耶《すきや》経』には、後の胎蔵曼荼羅にも影響を与えた比較的規模の大きい曼荼羅が説かれている。

この曼荼羅では、中央の蓮台上に主尊（任意の一尊）を描き、内院の向かって左（北）には蓮華部、右（南）には金剛部の尊格群を配する。いっぽう東面には釈迦如来を中心に仏頂尊や仏の徳性を尊格化した如来衆徳荘厳尊など、仏部の諸尊が配される。またその外側の外院東面には文殊菩薩とその眷属が描かれ、南

図１　胎蔵曼荼羅の成立

1.文殊師利根本儀軌経の曼荼羅(内院主要尊)

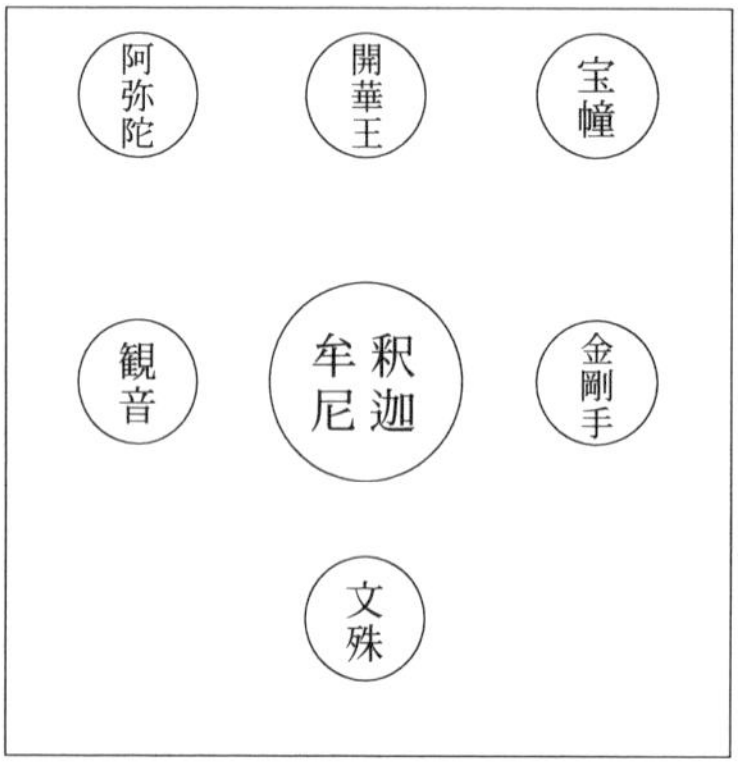

2.蕤呬耶経の曼荼羅(主要尊)

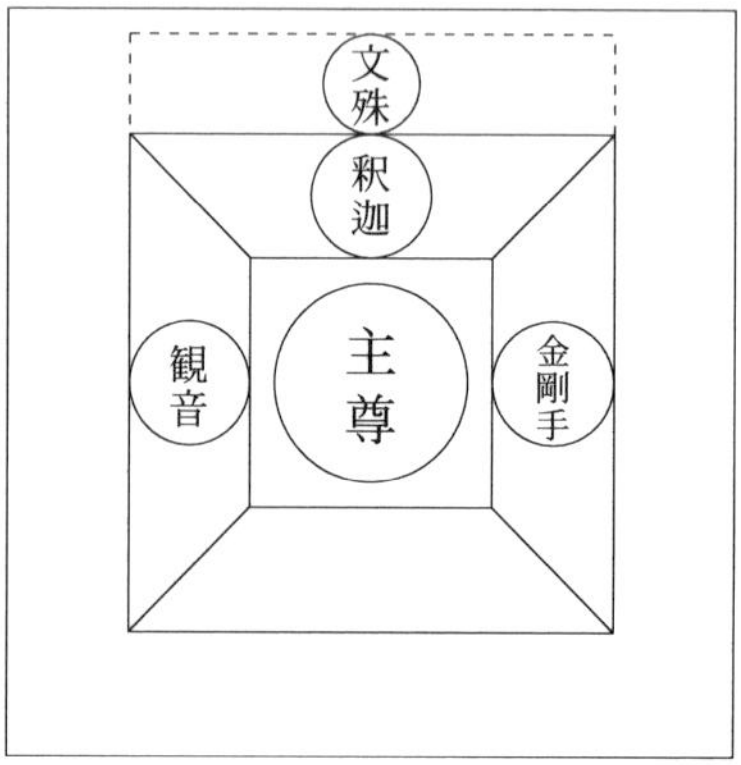

3.チベットの胎蔵曼荼羅(主要尊)

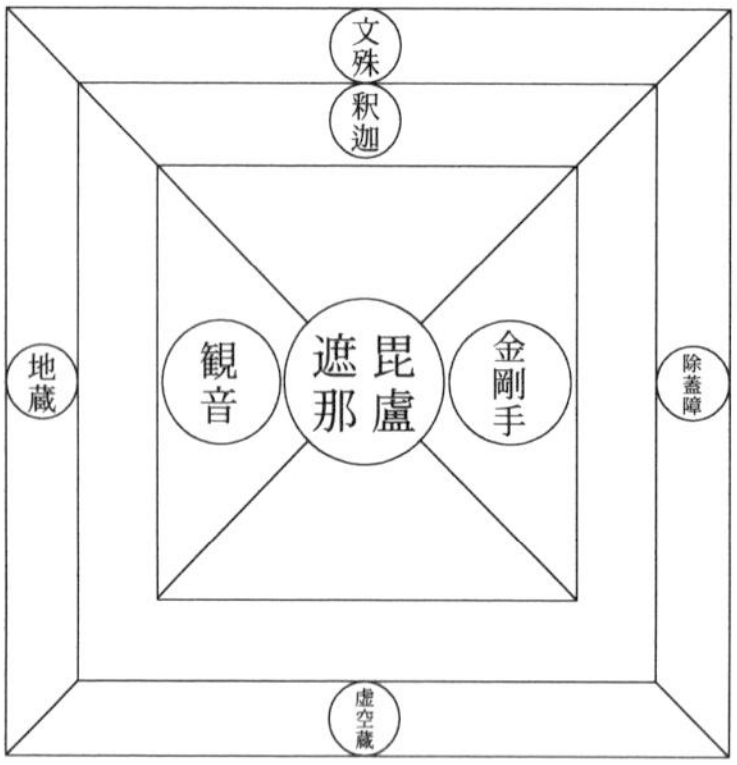

4.現図胎蔵界曼荼羅(主要尊)

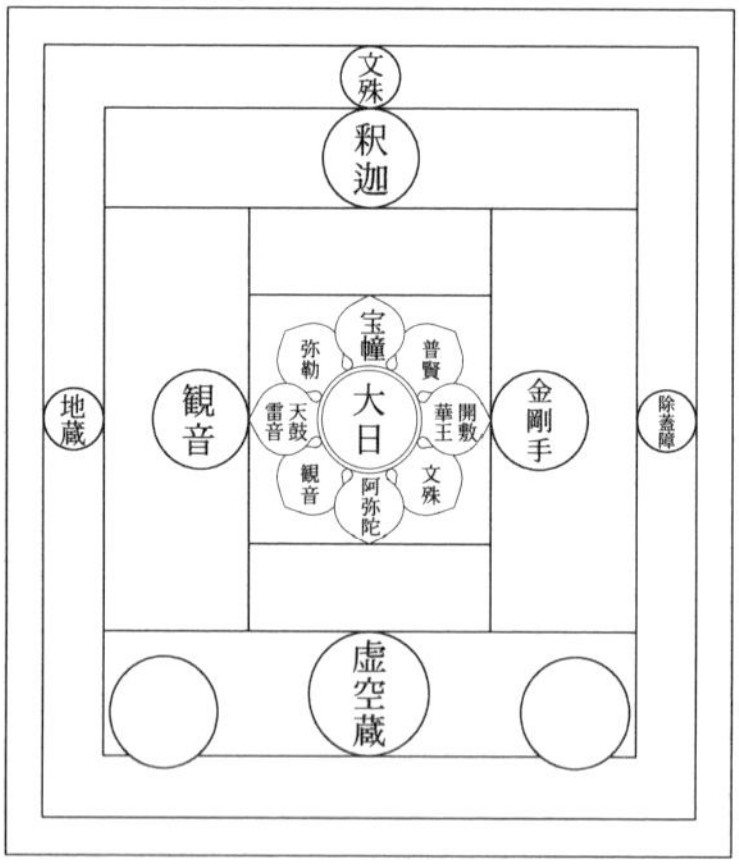

西北の三面には仏教を守護するインドの神々が配されている（図1の2参照）。

その構造を見ると、内院は仏・蓮華・金剛の三部立てで、中央の軸線上には主尊・釈迦・文殊を一列に配することがわかる。これは仏・蓮華・金剛の三部が、釈迦・観音・金剛手の三尊から発展し、初期密教では文殊が仏部を代表する菩薩とされたことを念頭に入れれば理解できる。

五　五仏の成立

このように曼荼羅には種々の尊格が描かれるが、その根幹をなすのは、曼荼羅の中央と四方に描かれる五仏である。

五仏は、初期密教系のものを除く、胎蔵系、金剛界系、後期密教系の曼荼羅のすべてに登場する。また五仏を描かない曼荼羅でも、曼荼羅の中央と四方に描かれる尊格が、五仏に対応するとされている。そしてこの五仏は、大乗仏教から密教への発展が比較的よく跡づけられるという点でも、重要である。

そこで本節では、曼荼羅の根幹をなす五仏が、どのような過程を経て成立したのかを概観してみよう。

日本に伝えられる両界曼荼羅の主尊となる大日如来は、初期大乗仏典の一つ『華厳経』に説かれる毘盧遮那仏に起源を有している。同経は、ブッダガヤの菩提樹のもとで悟りを開き、ダルマと一体となったブッダを、光り輝く仏「ヴァイローチャナ」（毘盧遮那）と表現した。

『華厳経』でも初期に成立した部分では、ヴァイローチャナは釈迦牟尼の異名で、別の尊格とは考えられていなかったが、成立の遅れる部分では、過去・現在・未来の三世、東西南北に四つの中間方位と上下を加えた十方の諸仏を統合する、宇宙的な仏とされるようになった。

そしてここから密教の大毘盧遮那（マハーヴァイローチャナ）、すなわち大日如来が展開したのである。なお日本密教では、両界曼荼羅の主尊を法身大日如来とするが、インド・チベット仏教では、報身あるいは現等覚身《げんとうがくしん》（ブッダガヤで覚りを開いた瞬間の仏）の毘盧遮那仏とする。インド仏教では、法身大毘盧遮那はあくまでも抽象的理法であり、物質的身体をもつ尊格の姿をとることはないと考えたのである。

これに対して主尊の四方に配される四仏は、大乗仏典に説かれる他の世界の仏、いわゆる他土仏《たどぶつ》から発展したことが裏づけられる。

他土仏信仰は、大乗仏教の発展とともに盛んになり、大乗仏典には、比較的初期に成立したものの中にも、多くの他土仏が説かれている。しかし初期大乗仏典に説かれる他土仏の名はテキストによって異なり、当時から広く信仰を集めていた東方妙喜世界の阿閦《あしゅく》如来と西方極楽世界の阿弥陀如来を除いては、ほとんど一致を見ない。

その中で、初期大乗経典の一つ『阿弥陀経』の「六方段」に、東方阿閦・西方無量寿（阿弥陀）だけでなく、西方宝相・北方最勝音という他土仏の名が現れるのは、注目に値する（図2左上参照）。

さらに後期大乗仏典に分類され、グプタ朝時代に成立したと考えられる『金光明経』には、東方阿閦・南方宝相（宝幢）・西方無量寿（阿弥陀）・北方微妙声《みみょうしょう》（鼓音）の四仏が説かれている（図2中央）。このうち南方宝相（ラトナケートゥ）は、『阿弥陀経』六方段の西方仏と同名であり、北方微妙声（ドゥンドゥビスヴァラ）は、『阿弥陀経』六方段の北方仏、最勝音（ドゥンドゥビスヴァラ・ニルゴーシャ）に相当する。

このように『阿弥陀経』に説かれる他土仏の組み合わせが『金光明経』にまで継承されたのは、この経典が浄土信仰の根本聖典として篤い信仰を集めたことと、短篇であるため読誦しやすく、広く人口に膾炙したためではないかと思われる。

そして胎蔵と金剛界曼荼羅に描かれる五仏は、『華厳経』に説かれる毘盧遮那仏と『金光明経』の四仏が組み合わされたものと考えられる。

このうち『大日経』に説かれる胎蔵五仏は、東方宝幢（ラトナケートゥ）・南方開敷華王《かいふけおう》・西方阿弥陀・北方鼓音（ドゥンドゥビスヴァラ）あるいは無動（阿閦の異訳）となり、南方に開敷華王が割り込み、『金光明経』で南方に配された宝相（宝幢）が東方に移っている。なお開敷華王如来は、前述の『文殊師利根本儀軌経』に、文殊菩薩の本国である東北方開華世界の他土仏として登場する。さらに同経所説の曼荼羅には、宝幢（ラトナケートゥ）如来と阿弥陀如来も描かれている（図1の1参照）。

『文殊師利根本儀軌経』には、開敷華王・阿弥陀・宝幢の教理的位置づけについての説明はない。しかし曼荼羅では、開敷華王が中央軸線上、阿弥陀が観音をはじめとする蓮華部の上部、宝幢が金剛手をはじめとする金剛部の上部に配されており、これら三尊が仏・蓮華・金剛の三部に関連づけられていた可能性は高い。そして『大日経』において、胎蔵五仏の北方仏の尊名が一定しないのは、『文殊師利根本儀軌経』に説かれない阿閦と鼓音のうち、どちらを北方仏として残すかについて、異説が存在したからではないかと思われる。

胎蔵曼荼羅は中台八葉に五仏を描くが、曼荼羅自体は三部から構成されている。したがって『大日経』は、金光明四仏と『文殊師利根本儀軌経』の三尊仏を折衷し、開敷華王が割り込んだ体系を採用したと推定できる。

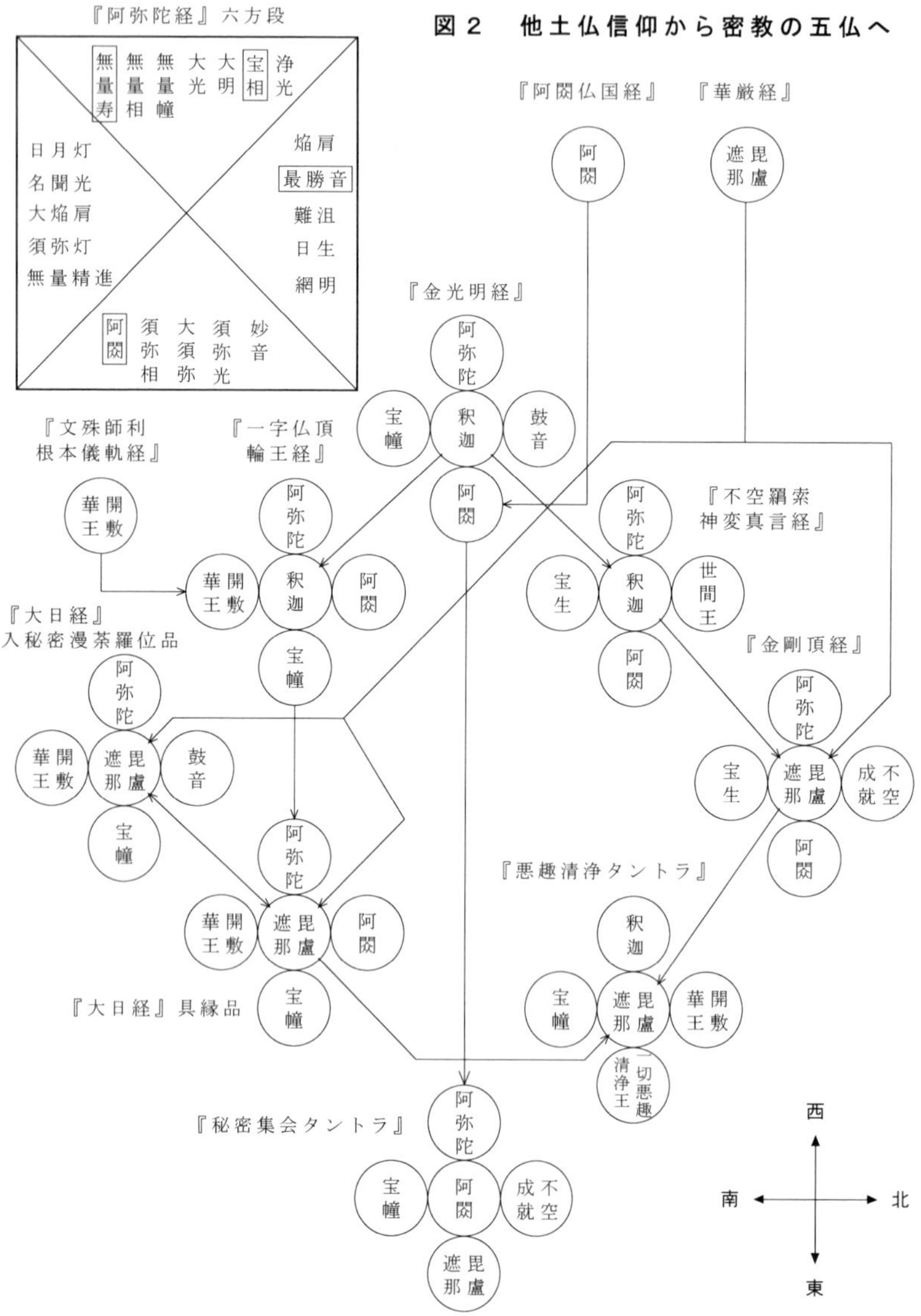

図２　他土仏信仰から密教の五仏へ

これに対して金剛界曼荼羅の四仏は、東方阿閦・南方宝生《ほうしょう》・西方阿弥陀・北方不空成就《ふくうじょうじゅ》となる。東方の阿閦と西方の阿弥陀が、初期大乗以来の伝統的方位に配され、南方の宝幢（ラトナケートゥ）は宝生（ラトナサンバヴァ）と名を変えたが、開敷華王が割り込んだ胎蔵四仏に比して、『金光明経』の方位配当に、より忠実であるといえる。後述のように、金剛界曼荼羅は五部立てで、五仏は五部の部主となるから、三部立ての『文殊師利根本儀軌経』から開敷華王を取り入れる必要がなかったのであろう。

このように胎蔵と金剛界の四仏は、『金光明経』の四方四仏から、それぞれ別の過程を経て成立したと推定される。そして『華厳経』の毘盧遮那仏と金剛界系の四仏を組み合わせた密教五仏は、後期密教に至るまで、曼荼羅の根幹をなす尊格群として広く行われることになった（図2参照）。

六　曼荼羅に描かれる菩薩群

曼荼羅において五仏と並んで重要な位置を占めるのが、多数の菩薩である。とくに七世紀から八世紀にかけては、八大菩薩と呼ばれる尊格群が流行し、曼荼羅の発展にも大きな影響を与えたことが知られている。

この八大菩薩にも種々の組み合わせがあるが、曼荼羅にしばしば描かれたのは、①観音②弥勒③虚空蔵《こくぞう》④普賢⑤金剛手⑥文殊⑦除蓋障《じょがいしょう》⑧地蔵という組み合わせで、頼富本宏教授によって「標準型の八大菩薩」と名付けられた。

これらの中で、弥勒、観音はガンダーラ彫刻の時代から作例が確認され、文殊、普賢の二菩薩も、初期大乗仏典にしばしば登場する。これに対して金剛手は、ガンダーラ彫刻では護法神に過ぎず、菩薩に昇格するのは中後期の大乗仏典からである。また除蓋障は、最古の陀羅尼経典とされる『微密持経《みみつじきょう》』（三世紀前半）に、「去蓋菩薩」として登場するのが初出と思われる。さらに虚空蔵、地蔵の二尊は、初期の大乗仏典には登場せず、後期の大乗仏典にはじめて現れた菩薩である。

これに対して『理趣経』には、①金剛手②観自在（観音）③虚空蔵④金剛拳⑤文殊⑥纔発心転法輪《さいほっしんてんぼうりん》⑦虚空庫⑧摧一切魔《さいいっさいま》の八尊の菩薩が説かれ、「『理趣経』系の八大菩薩」と呼ばれている。

なお標準型の八大菩薩は、『大日経』との関係が深く、胎蔵曼荼羅の成立にも影響を与えたことが指摘されている。これに対して『理趣経』系の八大菩薩は、『金剛頂経』との関係が深く、金剛界曼荼羅の十六大菩薩は、『理趣経』系の八大菩薩を増広したものと思われる。

しかしインドで確実な作例が発見されているのは標準型の八大菩薩のみで、後期密教の曼荼羅に登場するのも標準型の八大菩薩である。後期密教は広義の金剛界系の発展形態であるが、菩薩に関しては、胎蔵系と関係が深い標準型を採用している点は注目に値する。

これらの菩薩たちは、文殊・観音・金剛手が仏部・蓮華部・金剛部の三部主尊とされたように、教理の上でも重要な地位を与えられている。しかし、曼荼羅に描かれるのは八大菩薩ばかりではない。そしてそれらの中には、八大菩薩とは異なり、教理的にはさして重要でない菩薩も含まれている。

胎蔵曼荼羅の第三重を構成する文殊部・除蓋障部・地蔵部・虚空蔵部の眷属や、金剛界曼荼羅をはじめとする金剛界系の曼荼羅の外院に列する賢劫《げんごう》十六尊は、密教教理の上で重要な位置を占めているとはいいがたい。

なお筆者の研究により、これら外院に列する菩薩たちには、大乗や初中期の密教経典で、仏の説法を聴聞する対告衆《たいごうしゅう》として名が挙げられた者が多いことがわかった。対告衆を曼荼羅の外院に配したのは、曼荼羅が歴史的に、ブッダの説法を描いた仏説法図から叙景曼荼羅へと発展してきたことを反映するものといえよう。

七　胎蔵曼荼羅の成立

そして初期密教から発展してきた三部立ての曼荼羅は、やがて『大日経』所説の胎蔵曼荼羅へと発展する。なおこの曼荼羅は、界を付けずに「胎蔵」と呼ぶのが正しい。そこで本稿では、日本で両界曼荼羅の一つとして制作されたもののみを「胎蔵界」と呼ぶことにする。

胎蔵曼荼羅では、従来の釈迦如来に代わって、毘盧遮那仏（胎蔵大日）が主尊となり、内院の上部（東）に仏部、向かって左（北）に蓮華部、右（南）に金剛部の尊格を配する。そして第二重の東面中央には、毘盧遮那に主尊の座を明け渡した釈迦如来を描き、南西北の三面には、釈迦牟尼の教化を受けたヒンドゥーの神々を配する。そのさらに外側の第三重には、仏部を代表する菩薩とされた文殊を中心に、ブッダの教説を聴聞する対告衆の菩薩たちを集めた第三重が巡らされた（図1の3参照）。

胎蔵曼荼羅を構成する各部や尊格には、種々の教理的意味づけがなされている。このうちどこまでが、『大日経』成立当初から存在したかは慎重に検討しなければならないが、構成要素に一定の教理概念を当てはめ、全体として仏教の世界観を表現するという曼荼羅の特性は、胎蔵曼荼羅において、はじめて明確になったといえよう。

このように胎蔵曼荼羅は、初期密教から発展してきた三部立ての曼荼羅の最終的到達点という位置を占めている。しかし仏部・蓮華部・金剛部を、画面上部と左右に配する三部立ての曼荼羅は、基本的に左右対称とはなるが、画面下部にはヒンドゥーの神々や、彼らを調伏する忿怒尊を描いていたので、上下左右完全対称の画面を構成するのは困難であった。

我々が現在、真言・天台の寺院で目にする現図胎蔵界曼荼羅は、上下左右ほぼ対称の画面をもっている(図1の4参照)。しかしこのような均整のとれた現図曼荼羅は、中国において弘法大師空海の師である恵果が、『大日経』所説の曼荼羅に、大幅な増補改訂を施して作り上げたものに他ならない。上下左右完全対称の幾何学的パターンをもった曼荼羅は、金剛界曼荼羅の登場を待たねばならなかったのである。

八　金剛界曼荼羅の成立

このように初期密教から発展してきた三部立ての曼荼羅は、『大日経』の胎蔵曼荼羅において一応の完成を見る。これに対して七世紀末に成立した金剛界曼荼羅は、従来にない画期的なシステムをもっていた。そしてインドでは九世紀以後、胎蔵系の曼荼羅はしだいに廃れ、金剛界系とその発展形態である後期密教の曼荼羅が有力となるのである。

金剛界曼荼羅の大きな特徴は、胎蔵曼荼羅が三部立てであるのに対し、五部から構成されるということである。

このような五部は突然成立したものではなく、その先駆けとして、『理趣経』とその曼荼羅があったことが明らかになっている。『理趣経』の曼荼羅は、経典所説の教理命題を尊格化するという画期的な特徴をもっていた。これによって経典に説かれる教理と、その表現である曼荼羅が、従来になく緊密に結びつくことになった。そして『理趣経』の初段以外の各段は、四あるいは五の教理命題から構成されていたため、尊格化された教理命題を主尊の四方に配することで、上下左右完全対称の小規模な曼荼羅を、容易に構成することができた。

しかし『理趣経』の発展形態である『理趣広経』でも、その部族構成は、仏部・蓮華部・金剛部の三部に宝（摩尼《まに》）部を加えた四部が基本で、羯磨《かつま》部を加えた五部立ての曼荼羅の完成は金剛界曼荼羅を待たねばならなかった。なお摩尼部とは、初期密教においてクヴェーラ（毘沙門天）やジャンバラ（宝蔵神）など、財宝を司る夜叉神のグループを指していた。この摩尼部は、仏菩薩を部主とする仏部・蓮華部・金剛部の出世間の三部に対して、世間の部族として一段低く見られていた。ところが『理趣経』では、摩尼部の部主に大乗の菩薩である虚空蔵菩薩を迎え、宝（摩尼）部を仏・蓮・金の三部に並ぶ、第四の部族としたのである。

これに対して『金剛頂経』所説の金剛界曼荼羅は、如来（仏）・金剛・宝・蓮華（法）・羯磨の五部の諸尊を中央と東南西北に均等に配することにより、上下左右完全対称の曼荼羅を作り上げた。そして金剛界曼荼羅の五部は、相互に包摂しあうことにより二十五部・百部・無量部へと展開する。この壮大な相互包摂のシステムを、密教では「互相渉入《ごそうしょうにゅう》」と呼んだ。

五つの月輪《がちりん》を中央と四方に描き、その中にさらに五つの小月輪を配する金剛界曼荼羅のパターンは、この互相渉入を図形的に表現したものに他ならない。

そして五部の互相渉入により、『金剛頂経』は、これまでの密教で厖大な数に達していた尊格・印・真言陀羅尼・三昧耶形などを、体系的に分類整理することに成功したのである。

なお五つの大月輪の中に五つの小月輪を配する互相渉入型のパターンは、金剛界直系の曼荼羅のみで終焉を迎える。しかし金剛界曼荼羅に始まる五部立てのシステムは、後期密教に継承されて大きく発展することになる。

九 『秘密集会』と後期密教の曼荼羅理論

インドでは八世紀後半から九世紀にかけて、『金剛頂経』系の密教が大きく発展し、後期密教の時代に入る。後期密教は一部の例外を除き、日本には伝えられなかったが、チベット・ネパールでは、密教の中心をなしている。その後期密教を代表する聖典が、『秘密集会《ひみつしゅうえ》タントラ』である。後期密教は、『秘密集会』の成立とともに始まるといっても過言ではない。なお『秘密集会』には、「聖者流《しょうじゃ》」「ジュニャーナパーダ流」などの流派があるが、ここでは、それらには深く立ち入らず、その曼荼羅の基本構造だけを概観してみよう。

『秘密集会』曼荼羅の中心をなす五仏は、金剛界の五仏と基本的に同一である。『秘密集会』が、『金剛頂経』の五元論を継承することは、このことからも裏づけられる。しかし『秘密集会』では、金剛界曼荼羅で東方に配された阿閦如来が主尊の座を占め、毘盧遮那（大日）如来は東方に移っている。

『秘密集会』の曼荼羅理論の特徴は、五仏に色受想行識の五蘊を配当することである。その場合、毘盧遮那が色蘊つまり物質を象徴するのに対し、阿閦は識蘊すなわち意識を象徴するとされる。阿閦が毘盧遮那に代わり中央に坐すことは、『秘密集会』が識を中心とする思想体系を有することを暗示している。

いっぽう曼荼羅の四隅には、四仏母が描かれる。五仏が五蘊を象徴するのに対し、四仏母は地水火風の四大を象徴している。

さらに『秘密集会』曼荼羅には、地蔵をはじめとする菩薩たちも描かれている。これらの菩薩たちは眼耳鼻舌身意の「六根」、つまり六つの感覚器官を象徴する。これに対して女性の菩薩は金剛女《こんごうにょ》と呼ばれ、色声香味触法の「六境」、すなわち六つの感覚対象を象徴する。

このように『秘密集会』では、男性の如来・菩薩が、五蘊、六根という観念的、主観的要素（能取《のうしゅ》）を象徴し、女性の仏母、金剛女は、四大、六境という物質的、対象的要素（所取《しょしゅ》）を象徴することになった。

仏教では、独立自存の自我を認めず、これを色受想行識の五蘊の集合体に過ぎないと考える。いっぽう外界の物質世界は、地水火風の四大、あるいはこれに空を加えた五大から成るとする。そして「根」（感覚器官）が「境」（感覚対象）を感知することにより、我々は外界を認識し、日常生活を送ることができる。

『秘密集会タントラ』は、これらのカテゴリーを尊格に割り当て、我々が認識している世界を表現することに成功した。これによって『秘密集会』曼荼羅は、限られた尊数で世界のすべてを象徴することができたのである。

このような『秘密集会』の曼荼羅理論は、「蘊・界・処」と呼ばれた。なお「蘊・界・処」とは、五蘊・

十八界・十二処の総称である。このうち十二処は、六根と六境を意味するが、後期密教では、界を十八界ではなく地水火風の四大（界）として、『秘密集会』曼荼羅の体系とパラレルに解釈したのである。

さらに『秘密集会』の曼荼羅理論は、他の後期密教の曼荼羅にも応用されるようになった。そして『秘密集会』から発展した後期密教聖典は、父タントラあるいは方便タントラと呼ばれるようになった。

いっぽうインドでは八世紀後半から、母タントラあるいは般若タントラと呼ばれる別系統の後期密教聖典が出現した。母タントラは本来、『理趣広経』の発展形態である『サマーヨーガ・タントラ』から展開したが、母タントラのより発展した体系である『ヘーヴァジュラ』『サンヴァラ』には、『秘密集会』の「蘊・界・処」説が取り入れられた。このように『秘密集会』の曼荼羅理論は、本来は別系統の曼荼羅にまで適用されるようになったのである。

このうち『サンヴァラ』系は、曼荼羅の諸尊に三十七菩提分法を配当する解釈に特徴がある。なお同様の解釈は、主要な構成要員が三十七尊となる金剛界曼荼羅にも見られる。三十七菩提分法は、ブッダが最後の旅の途中、ヴァイシャーリーで一代の教法の総括として説いたものといわれる。日本では小乗の修道論として軽視されてきたが、インドでは後期大乗仏教に入っても重要な教理概念とされていた。後期大乗の重要テキストの一つ『現観荘厳論《げんかんしょうごんろん》』では、三十七菩提分法が、抽象的理法でありながら衆生救済の働きをもつ、智法身の構成要素「二十一種無漏智」の筆頭に挙げられている。

したがって曼荼羅の諸尊に三十七菩提分法を当てはめる解釈は、インドにおいて曼荼羅が、仏の法身の象徴と考えられたことを暗示している。

一〇　『時輪タントラ』の曼荼羅

インドの密教は、一一世紀に成立した『時輪タントラ』をもって最終段階を迎える。『時輪タントラ』は、父母両タントラの曼荼羅理論を総合し、空前絶後の一大密教体系を構築した。このように『時輪タントラ』は、インドで歴史的に最後に現れた仏教聖典であるだけでなく、一七〇〇年に亙るインド仏教発展の総決算の地位にある。そしてその体系を図示したものこそ、同タントラ「灌頂品《かんじょうぼん》」所説の身口意具足時輪曼荼羅に他ならない。そこで本稿では最後に、『時輪』の曼荼羅理論を概観することにしよう。

『時輪タントラ』は、『秘密集会』系の「蘊・界・処」説に、手足などの行為器官（業根《ごうこん》）とその働きを加え、これを身口意具足時輪曼荼羅の中心部に描かれる三十六尊に配当した。

我々は感覚器官によって外界の事物を感知し、行為器官によって外界の事物に働きかけることで、日常生活を行っている。『時輪タントラ』は、「蘊・界・処」に行為器官とその働きを象徴する男女の忿怒尊を付加することにより、我々が認識するだけでなく、我々がそれに働きかけられる世界、つまり我々の経験する世界のすべてを象徴するシステムを作り上げたのである（図3参照）。

また身口意具足時輪曼荼羅では、五蘊と五大、六根と六境、六業根とその働きなど、相互に対立関係にある要素が男女の尊格に割り当てられ、それぞれ男女合体の父母仏として描かれている。そしてこれら男女性の仏・菩薩・忿怒尊が、男女合体の姿を示すことは、「能取・所取の二がない」、つまり主観・客観の対立が解消した悟りの世界を示すものといわれる。

図3　思想的に見た時輪曼荼羅の構造

能取		所取
五蘊	十二処	五大(界)
	業根	

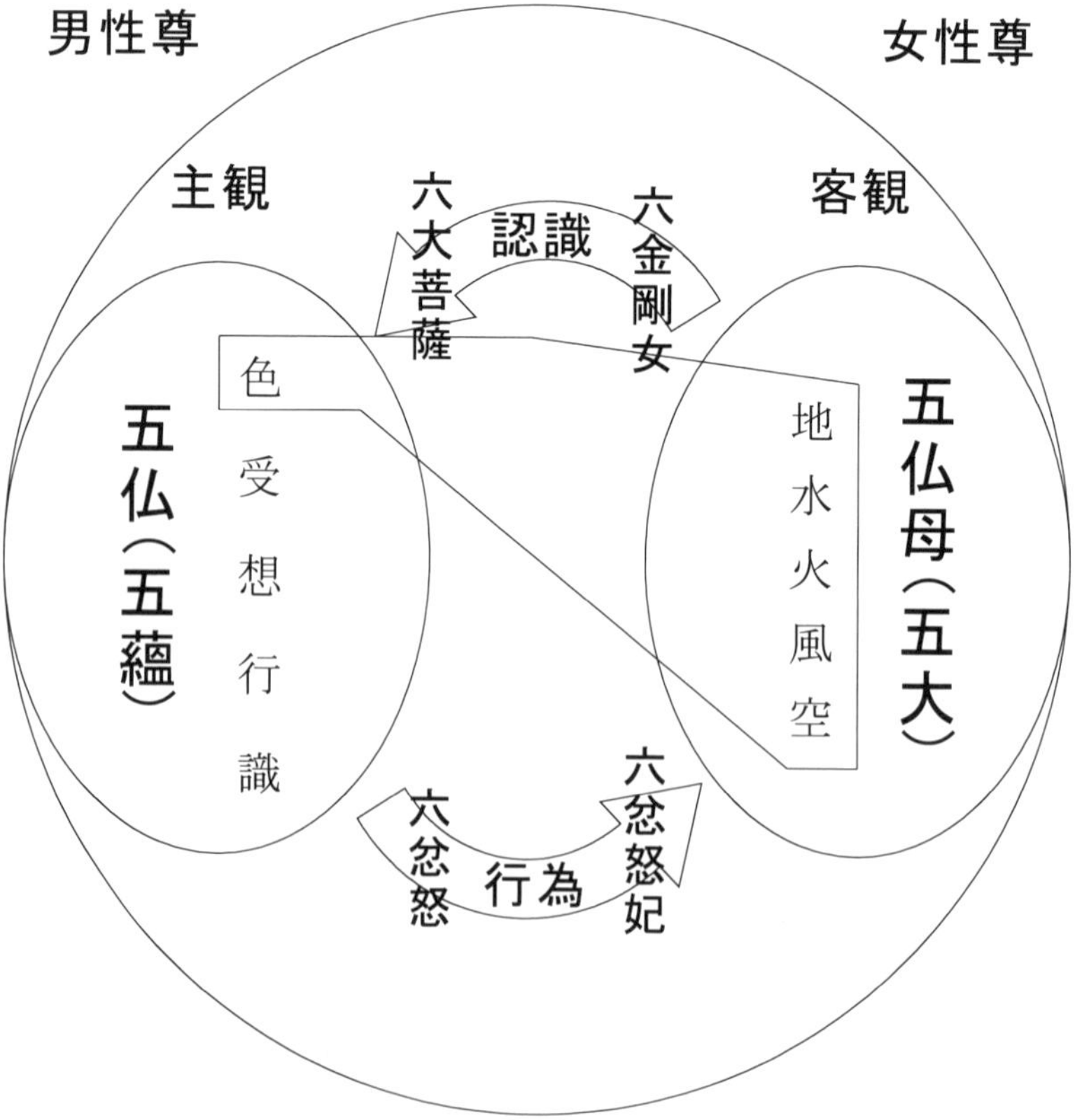

このように『時輪タントラ』は、我々の経験する世界を尊格に当てはめ、その構造を明らかにしたばかりでなく、経験的世界の根底にある主客の二元対立が、究極的には虚妄《こもう》であることも示したのである。

さらに『時輪タントラ』は、曼荼羅に、インドのコスモロジーや天文暦学を取り入れた。仏教のコスモロジーには、主として四大説・五大説と須弥山世界説の二つがある。前者は、物質世界を質料因から見たものであり、後者はその形状とサイズから見たものといえる。

このうち四大説・五大説は、胎蔵曼荼羅の頃から曼荼羅に取り入れられてきた。これに対して須弥山世界説の影響は、金剛界曼荼羅の発展形態である後期瑜伽《ゆが》タントラの曼荼羅から顕著になる。そして『時輪タントラ』は、これらの理論を発展させ、曼荼羅と須弥山世界の間に完全な対応関係を設定した。

また『時輪タントラ』は、『秘密集会』の五仏を基本的に継承したが、その方位配当や身色には、大幅な変更を加えた。これも従来の五仏説と、五大説・須弥山世界説を、統一的な体系に組み込むための改変であることがわかった。

これによって身口意具足時輪曼荼羅は、教理概念の尊格への配当だけでなく、楼閣の各部分の比率や塗り分けに至るまで、須弥山世界と等同な宇宙図、すなわちコスモグラムとなったのである。

一一　まとめ

本稿では、仏教の故国インドに曼荼羅の原初形態が現れてから、インド仏教最後の体系『時輪タントラ』

に至るまでの曼荼羅の発展史を、時代の流れに沿って概観してきた。

初期から発展を続けてきた三部立ての曼荼羅の最終到達点ともいうべき胎蔵曼荼羅は、七世紀から八世紀にかけて流行したが、時代とともに廃れ、インドでは忘れ去られてしまった。これは単なる流行や趣味の変化ではなく、胎蔵曼荼羅より優れたシステムをもつ金剛界曼荼羅が出現したからである。

さらに金剛界系の曼荼羅も、後期密教の隆盛の前には衰退を余儀なくされた。これは後期密教の曼荼羅理論を確立した『秘密集会タントラ』が、「蘊・界・処」という画期的なシステムを導入したからである。

そしてインドで最後に登場した『時輪タントラ』は、『秘密集会』のシステムを基本的に継承しながらも、その構造に変更を加えた。これも単なる流行や趣味の変化ではなく、曼荼羅とコスモロジーを一つの体系に統合するための改変であった。

このように曼荼羅は、礼拝像の一形式として出発したが、尊格に教理を当てはめることで思想との結びつきを強め、ついには仏教の世界観を表現する一大宗教芸術となった。曼荼羅の歴史的発展は、仏教の世界観を一定のパターンで表現するという、その特性に起因するものである。インド大乗仏教一三〇〇年の後半を占める密教の六〇〇年は、曼荼羅発展の歴史でもあったといえよう。

参考文献

石田尚豊『曼荼羅の研究』東京美術、一九七五年。
田中公明『曼荼羅イコノロジー』平河出版社、一九八七年。
田中公明『超密教　時輪タントラ』東方出版、一九九四年。
田中公明『インド・チベット曼荼羅の研究』法藏館、一九九六年。
田中公明『両界曼荼羅の誕生』春秋社、二〇〇四年。
田中公明『曼荼羅グラフィクス』山川出版社、二〇〇七年。
田中公明『インドにおける曼荼羅の成立と発展』春秋社、二〇一〇年。
頼富本宏『密教仏の研究』法藏館、一九九〇年。

第五章 イスラームと大乗仏教
——仏教とイスラームの連続と非連続

保坂俊司

一　はじめに

不思議なことであるが、インド亜大陸（その付け根にあたる中央アジアを含めて）から東南アジアにかけてかつて仏教が隆盛した地域に、イスラームが優勢な地域が多く存在する。例えば、中央アジアやインド西北部（現在のパキスタンなど）やインド東部（現在のバングラデーシュ）さらには、東南アジアのイスラーム化した国々、これらの地域の多くはかつて仏教、特に大乗仏教が隆盛した地域と重なり合うのである。そして現在、それらの地域はイスラームの勢力が優勢な地域であり、仏教は遺跡としてその痕跡を残すのみである。

もちろん、インド亜大陸に関して言えば、インド・パキスタン分離独立という人為的な宗教人口の移動があり、現在のパキスタンが九七パーセント、そしてバングラデーシュが八五パーセントを超えるようなイスラーム教徒（ムスリム）人口の集中度とは距離があるにしても、両地域におけるムスリム人口は、歴史的に他のインドの諸地域（本論の場合は、インドと表記した場合は、基本的に文化的な領域、つまりインド亜大陸のほぼ全体を指す。ただし、現在を論じる時には、インド共和国を原則指す）に比して非常に高かった。また、現在のインドにおいても有名な仏教遺跡の近くには、ムスリムの村落が多数存在するなど、仏教とイスラーム教との何らかの歴史的な関係性が推測される事例が多々見受けられる。この点に関しては、筆者はすでに拙著『インド仏教はなぜ亡んだのか――イスラム史料からの考察』（北樹出版、二〇〇四年）において、不十分ながら筆者なりの検討を加えた。

しかし、両者の関係性を積極的に考察するには、本テーマはあまりにも大きなテーマであり、その研究はいまだに端緒に就いたばかりである。とはいえ、中央アジアをはじめインド亜大陸においても、イスラームの定着とその発展とほとんど期を同じくするように、仏教は当該地域から姿を消していったのであり、歴史的に両者の間に直接的な関係があったことは、十分推測される。もちろんそれは単なる暴力による改宗の強制とか、あるいは殺戮というようなことでは必ずしもない。

この点に関しては、なぜそれら当該地域において、仏教が衰退し、その一方でイスラームが大きな勢力を得るようになったのか、その背景について基本的な要因を先の拙著では、仏教の受け皿となったイスラームと云う仮説のもとに、イスラーム史料である『チャチュ・ナーマ』などを中心に歴史的に考察した。

その結果、西暦七一一年のムハンマド・カーシムによる西インド征服時の仏教とイスラームの関係から、仏教徒によるイスラームへの改宗が、同地域の仏教の消滅に大きな役割を果たしたという事情が明らかになった。もちろん、その背景には、長く続いたインド社会における仏教とヒンドゥー教との対立あるいは対抗関係があった。つまり、仏教とヒンドゥー教との社会的緊張関係は、イスラームの侵攻と定着までの一〇〇〇年近くの長きにわたり、インド社会を貫く大原則であった。とくに、仏教はその教の基本が、ヒンドゥー教の根本であるカースト差別の否定、存在の第一原理つまり不生・不変の神の否定、さらにヒンドゥー教の聖典である『ヴェーダ』の権威の否定にあった。これは、いわばインド正統宗教にして、多数派宗教であるヒンドゥー教の宗教的・社会的な権威を否定することであった。その意味で仏教は、インドにおいては最大の異端宗教であり、アンチ・ヒンドゥーの役割を果たしてきた宗教であった。

詳しいことは、拙著を参照していただきたいが、この仏教とヒンドゥー教という旧来の対抗軸に、新たに強力なイスラームという対抗軸ができ、仏教が担ってきたアンチ・ヒンドゥーの役割はイスラームが担うこととなり、インド社会において仏教は、その役割を終えたということである。その時に、仏教が持つアンチ・ヒンドゥー教的な働きを求めた人々は、イスラームに改宗し、また仏教といえどもインドの精神風土から生まれたインド系の宗教であり、この要素を重視した人々はヒンドゥー教に吸収されていった、と筆者は考える。とはいえ、その過程は数十年あるいは数百年単位であり、さらなる研究の深化が求められる。

いずれにしてもイスラームのインド侵攻と定着以降のインドにおいては、現在に至るまでヒンドゥー対イスラームという構図が維持されている。このように考えると仏教とイスラームの関係は単なるインドにおける社会的な機能のバトンタッチにすぎないと思われるかもしれないが、事実はそう簡単ではない。つまり、仮にイスラームが仏教の代わりにアンチ・ヒンドゥーの役割を果たすようになったとしても、そのような役割を担うまでの勢力に発展するためには、異国の宗教であるイスラームがインドにおいてインド人に受け入れ易いイスラームに変貌する必要があった。少なくとも根本的に異なるイスラームと仏教やヒンドゥー教との橋渡しがなされなければならなかった。この点で、今日インド・イスラームと呼ばれ、多分にインド化したイスラームの形成が、インド仏教の衰亡と密接な関係があると考えられている。つまり、イスラームのインド化によって、仏教徒をはじめヒンドゥー教に対抗意識のある人々が、改宗しやすくなったということである。

もちろん仏教が、イスラームにとって代わられるという場合、必ずしも平和的にその交代がなされたわけではなく、歴史的にはさまざまなケースがあり一様ではない。にもかかわらず、少なからぬ仏教徒がいた、あるいは仏教の優勢であった地域が、イスラームへ移行あるいは、吸収されていったという歴史的事実の背景に、どのような要素、特に思想的な背景があったのか、この疑問を考えることが筆者の研究の最大の関心であり、本稿はその成果の一部である。

いずれにしても、自然環境においても、また文化的にも多様なインドに生まれたいわゆる一神*（法）多現的要素を持つ仏教から、砂漠のオアシスに生まれた排他的で、峻厳な一神教であるイスラームへどのような思想の働きが、この大きな溝を埋める役割を果したのかという点に光を当ててみた考察である。

二　イスラーム史料の中の仏教

仏教とイスラームの接点を示すインド・イスラーム最古の文献に『チャチュ・ナーマ』がある。同書は、六二二年頃に滅んだラーイ王朝の滅亡に関する記述に始まり、ムハンマド・カーシム（六九三〜七一六）率いるイスラーム軍の西インド支配達成を記録するインド・イスラーム最古の文献である。このイスラーム文献は、仏教を信奉するラーイ王朝最後の王サハシ・ラーイ二世（在位六一〇年頃〜六二二年頃）の記述から始まる。この王については、中国僧玄奘が『大唐西域記』において敬虔な仏教徒であったと伝えるシンド王と同一人物と考えられる。但し、玄奘の訪印時にはすでに生存していなかった。（詳しくは拙著参照）

そして、このラーイ王朝を倒したのがバラモン階級出身のチャチュ王（在位六二五年頃〜六七〇年頃）であり、この王朝は七一一年のムハンマド・カーシム（以下カーシム）のシンド征服により滅亡する。『チャチュ・ナーマ』は、このラーイ王朝末期からカーシムによるシンド征服完了までを記録する。『チャチュ・

ナーマ』は、ペルシャ語で伝承されているが、アラビア語で書かれたオリジナルは散逸して伝わらず、その翻訳事情が伝えられている。それによればシリア出身のクフィーがイスラーム暦六一三（西暦一二一六―一七）年頃に、インドにイスラームをもたらした英雄でありながら当時忘れ去られていたムハンマド・カーシムの事績を歴史書にしようとシンドを訪れた。そして当時シンドを統治していたカーシムの一〇代目の子孫とされるイスマイルから『チャチュ・ナーマ』の原本に当たるアラビア語文献を託され、これを翻訳したのである。そしてそのアラビア語文献の成立は七五三年以前であることが、文中に見出せる幾つかの重要な用語から証明されている。

この『チャチュ・ナーマ』は、拙著において検討したように、玄奘三蔵の『大唐西域記』の記述と、地域と時代が重なる部分があり、『大唐西域記』との対比研究も重要である。『チャチュ・ナーマ』によれば、七世紀初頭のインド仏教少なくとも西インド仏教は、現代的に言えば密教化、少なくとも国家との結びつきが強く護国の宗教として機能しており、僧侶は国家や国王を護るために祈祷などを行っていたことがわかる。

『チャチュ・ナーマ』によれば、玄奘三蔵が西インドに巡錫する一〇年以上前の六二〇年代中頃の事件において、仏教と国家の関係を垣間見ることができる。つまり、玄奘の言うシュードラ王、つまりサハシ・ラーイ王から王権を奪ったバラモン王朝の創設者チャチュ（六〇〇年頃～六七〇年頃）は、彼の国王就任に反対するアクハム王（藩王）討伐のために、ブラフマナバードに出兵した。この事件は、おおよそ六二〇年の中頃と思われる。その後戦いは、籠城戦となり、それは一年の長きに亘り続けられた。

チャチュは何故アクハム王がこのような長きに亘り籠城に耐えることができたのか不思議に思い、その理由を探らせた。その結果、アクハム王には沙門で、苦行者、その名をブッダラクという名のブッダに保護された友人がいた。彼は偶像寺院を持ち、それはブッダナヴィハーラと言い、（その中で）偶像や仲間たちや僧侶たちと、彼は暮らしており、彼は苦行者として有名であり、その地域の人々は皆彼の信奉者であった。彼は自分の弟子と苦行者に名声があり、その地方の人々の全ては彼に従っており、アクハムは彼を信仰し、彼を宗教的な指導者とした。アクハムが要塞にたてこもった時、苦行者もまた、彼に同行したが、しかし、彼は戦いには参加せず、偶像の家（寺院）において宗教の本を読んでいた。（『チャチュ・ナーマ』）

との報告を受けた。

この記述からは仏教僧は王の護持僧という地位にあり、国王や国家の危機の時には国王と一緒に戦いに参加し、祈祷や呪文などで、国家の護持活動を行っていた、と読むことができる。これは明らかに仏教がヒンドゥー教同様の祈祷などを行う宗教として機能していた事を意味している。

さらに、『チャチュ・ナーマ』では、密教化とも思われる呪術的な仏教の姿が具体的に紹介されている。

ブラフマナバードが落城するとチャチュはブラフマナバードに入城した。チャチュがアクハムとその息子が、（護持僧のブッダラクの）魔法（sihr）と奇術（atlbis）と魔術（jadu）によって、苦行者に忠誠（絶対的な信頼あるいは信仰）を持っていたこと、（そして）彼のやり繰りによって、戦いが一年も保持されたことを知る。するとチャチュはその僧の殺害を決心し、さらに彼の皮を剥いで太鼓にして、その皮が破れるまで打ってやると敵意を露にし激怒する。（『同書』）

この引用において、いわゆる密教的な仏教の有り様を知るという観点で注目されるのは、苦行僧の存在とその行動であろう。

右の文章で注目されるブッダラクという名の僧侶は、大きな寺院の長であり、多くの僧と信者から絶対的な帰依をうけている高僧である。しかも彼は戦いにおいて護持者であるアクハム王と共に戦場（この場合は、籠城であったから寺院であったが）において、戦勝を祈願し、経典を読む、という存在である。これは従来推定されていた理性的な仏教僧の存在とはやや異なる姿である。しかも、この僧は魔術や奇術や魔法といった類の幻術を駆使する力が備わっていると考えられ、そのために王以下の人々からの絶対の信頼を得ていたのである。これは、ある意味で密教的、呪術化した仏教の姿を表すものではないだろうか。ちなみに、この事件は六二〇年代半ば頃であり、『大日経』出現の少し前である。

もっとも、このように仏教僧が権力者のためにその法力を用いて多大な戦功をたてるという例は、仏図澄（二三二〜三四八）が、後趙（三一九〜三五二）の石勒や石虎に協力して、彼らの陣中において神通力を大いに表わしたということが知られている。また、ヒンドゥー教ではこのようなことは日常的なことであり、その意味で、仏教も国家護持のような儀礼を早くから行っていたといえよう。

またブッダラクは、占星術にも長けており、ブッダラクは自らの運命を占いによって決めるほどであった。いずれにしても当時の仏教は、今日的な意味での理性的な仏教像からはかなり隔たったものとなっている。

これも一一世紀にインドにやってきたイスラームの大学者アル・ビルニー（九七〇頃〜一〇三〇年頃？）の

「仏教僧は占星術をよくする」という記述と合致するものである。

三　仏教とヒンドゥー教は対立関係にあったか？

さて、前述の事柄から理解できることはヒンドゥー教と仏教の関係、特に政治的には七世紀の西北インドにおいて両者は、決して良好ではなかったということである。それは宗教が純粋に思想や芸術というような非日常レヴェルに留まらない存在であることを考えれば当然のことである。つまり、純粋に思想や文化レヴェルに限定される宗教活動は、少なくともインドでは考えられないということである。

つまり、古代以来所謂カースト制度——それはヒンドゥー教の救済論が現実社会において展開する社会的な差別と密接に関わる社会システム——と呼ばれる、生まれを基準とする階級差別に苦しめられてきたインドの民衆が、平等を説く仏教に求めたものは、単なる言葉や芸術などによる慰めではなく、現実社会にその理想が生かされることであった。つまり、仏教の教えの根本である、カースト制度の否定と平等社会の建設の実現であった。つまり、インドの社会を変えてくれる宗教の出現を、民衆は求めていたのである。

そして、仏教はその要請にこたえることのできた数少ない宗教であった。しかし、ヒンドゥー教の宗教的、さらには社会的根幹に関わるカースト制度の否定を正面から展開する仏教に対して、ヒンドゥー教は決して友好的ではなかった。特に、七世紀の西北インドのように国家の権力と宗教が深く結びついている場合、国家同士の闘争がそのまま宗教対立に結びつくことが少なくない。この点は『チャチュ・ナーマ』にもヒンド

ゥー教徒の王チャチュによる仏教徒迫害の記述がある。たとえば、

彼ら（遊牧民で仏教徒であった人々）は緊急の時以外は、刀を持ってはならなかったし、綿や絹を身につけてはならなかった。彼らはたとえ彼らのベールといえども、（それを身につけてはならず）、羊毛製の彼ら下層民のベールの色は黒と赤でなければならなかった。

彼らは馬に乗るときも鞍を付けてはならなかった。また、彼らは頭に何もつけてはならなかったし、足も素足でなければならなかった。また、彼らが家の外を歩くときには、犬を連れて歩かねばならなかった。

また、盗みをはたらくものが出ると、一家全て火刑に処された。（『チャチュ・ナーマ』）

さらには、

チャチュ王は、シンド王国をヒンドゥー教化するために、グジャラートなどからバラモンの移住を図り、数万人単位のバラモンが同地に定着したと伝えている。（『チャチュ・ナーマ』）

このような仏教とヒンドゥー教の対立は、インド社会に特有な事情でもあったが、特にこの時代仏教の普遍主義や人道主義に対して、バラモン優位の社会秩序を構築することで、王権の安定を図った保守的なヒンドゥー王朝の政策による対立構造の形成という点も見逃せない。

もちろん、仏教はその発生以来ヒンドゥー教の最大、最強の対抗勢力であった。しかしグプタ王朝以来のインド社会の保守化傾向が一層顕著となり、さらにイスラームの拡大によって、その危機意識からヒンドゥー教化が進み、社会的な差別化とその固定化がエスカレートしたものと推測される。

とはいえ、これまでの両者の関係は同じインド系宗教としての共通性を自覚した上での対立であった。それはイスラームの攻撃のような異教徒による破壊や殺戮というような出来事で生じたものとは異なるものであるが、グプタ朝以来の保守化とともに徐々に両者の間は緊張していったと考えられる。そして、その均衡が破れる時が来た。それがイスラームの本格的なインド侵攻と支配の時代である。

四　仏教は親イスラーム的であった

以上の考察を裏付けるような記述が、『チャチュ・ナーマ』の記述の中には登場する。つまり、後に紹介するように積極的にムスリム軍に協力する仏教徒たちである。この点は、『チャチュ・ナーマ』がイスラーム史料であるが故の偏向と考えるだけでは説明することはできない。もちろん、その記述はイスラーム寄りの視点で書かれていることは事実である。しかし『チャチュ・ナーマ』に書かれたことが全て否定されるべきでもない。例えば現実のインド社会において、かつて仏教がさかんであった地方や地域に、イスラーム教徒が多く居住するということはインド全土に見られる傾向である。

仏教とヒンドゥー教の関係が、政治的な事情から対立的であった事例を『チャチュ・ナーマ』は提示する。

例えば、カーシムがアラビア海沿いの有名な港湾都市ダイバル攻略の後に向かったムジャという町の出来事である。

この町には人々に尊敬される（仏教）僧と、城の王バジャハラがいた。この王はチャチュの息子ダハルの従兄弟で、チャンドラの子、その名をバジャハラといった。（アラブ軍が攻めてきたことを知り）僧たちは集まって、バジャハラに意見書を差し出した。「私たちは苦行者です。私たちの宗教では、平穏を説き、我々の教義では戦うこと、殺すことは許されません。また血を流すことも許されません。……（中略）……」。（この会話の後、強行に戦争を主張する王にたいして降伏を進言する。しかし、これが認められないと勝手に、使者をイスラーム軍に送り）「我々は農民であり、工芸人であり、商人であり、それぞれ取るに足りないものたちです。そして我々はバジャハラを守るものではありません。そして我々はあなた方に刃向かうものではありません」。（このように言って城門を開き、彼らを向かい入れたのであった。そして、王は逃避した）（『チャチュ・ナーマ』）

これらの記述は、ヒンドゥー教徒の王を追放し、仏教徒が僧侶を中心として一丸となり、支配者と対決し、ムスリム軍を受け入れた過程を象徴的に示したものである。この時、不殺生戒を盾に戦争を回避しようとする点に仏教徒としての特徴を見る。と同時に仏教徒を弾圧してきたヒンドゥー教の権力者への反発も見られる。

いずれにしてもムジャの町における仏教僧は、その政治力や民衆の信頼を勝ち得ていることが分かる。つまり八世紀初頭の西北インドでは、民衆レヴェルで仏教教団は十分社会的な役割を果たしていたのである。
さらに『チャチュ・ナーマ』では、イスラーム教へと仏教徒が集団改宗した事例が挙げられている。それは現在のパキスタンのハイデラバード近郊に位置したニールンでの出来事である。

その町の長老的存在の仏教僧バンダルカル・サーマニーが率先して、（ブッダの）偶像寺院の中にモスクを建てて、イスラームの祈りを捧げた。そし、イマームの指示で宗教的な行いがなされた。（『同書』）

この記述は、仏教僧が率先してムスリム軍を寺に受け入れ、しかもそこをモスクにしてしまったという事実を述べている。つまり、仏教徒たちがイスラーム教に改宗したことを表している。もちろん、この時に仏教徒たちはイスラームの祈りを受け容れるということの意味を理解していなかったと思われるが、イスラーム的視点からいえば、この仏教徒たちがイスラームに改宗したと理解したことは間違いない。また、インドでは仏教寺院やヒンドゥー寺院が、モスクに転用されることは珍しいことではないから、この記述はかなり信憑性が高いと思われる。もちろん、この時には全ての人が仏教を棄てたわけではない。しかし、注目される記述の中には、仏教徒が進んでイスラーム教に改宗したと考えられることである。

五　西北インドの仏教徒が改宗した理由

先の記述から我々は、イスラーム教へ自ら改宗していく少なからぬ仏教徒の存在があったことを知ることができる。そして、その理由の一つに正統ヒンドゥー教への対抗勢力として機能してきた仏教の歴史的な役割が小さくなかったということを知った。つまり、「西北インドにおいて仏教は、反ヒンドゥー教、あるいは抗ヒンドゥー教という役割をイスラームに譲った、あるいは奪われたが故に、インド社会において社会的な機能を失い最終的に消滅した」、少なくとも西北インドにおいて、このような仮説が成立するのである。

つまり、イスラーム世界の爆発的な展開が、インドに迫ってくる過程でインドの正統派的信仰であるヒンドゥー教徒に宗教的、社会的な危機感が起こり、これがいわば現在にいうナショナリズムを惹起し、伝統的にばらばらな状態であったヒンドゥー教の統合やそれによる国家護持意識の高揚を生み、インド全体が急速にヒンドゥー教化していったのである。その過程で少数派、あるいは異端的存在として圧迫あるいは弾圧された仏教徒に反ヒンドゥー教的機運が高揚し、それがイスラームのインドにおける展開を結果的に助けたということになろう。

もちろん以上の考察は『チャチュ・ナーマ』という、いわば仏教とイスラームが出会った瞬間の時点において展開された出来事を、リアルタイムで考察したものである。

したがって、それを一般化することには行き過ぎとの批判もあるが、しかしそれ以後の仏教、イスラーム、ヒンドゥー教の関わりについて、何世代、何百年にも亘る歴史を見れば、この仮定が有効であることは否定できないだろう。

いずれにしても長い年月を単位として考察すれば、やはり仏教はイスラームへの改宗とヒンドゥー教への同化消滅という従来からいわれている現象に帰着することは言うまでもない。ただその過程における事情は、単なるイスラームの暴力とか、ヒンドゥー教への接近と吸収というような現象説明だけでは説明できない様々な社会的な要因があることは事実である。少なくとも従来の考察では、確かにイスラームへの仏教徒の改宗という視点はあまり強調されることがなかった。

また、イスラームの支配に不満を持った仏教徒の中には、他地域などへの移住を行った者などもいた。いずれにしても九世紀の中頃には「かつて、仏教の僧が行ったことを、今はイスラームの指導者であるイマームが行っている」と証言される地域もあり、また一〇世紀初頭のペルシャの地理書『世界の諸境域』では、同地域はムスリムの土地として認識されている。

以上で検討したものは、いわば最初期のイスラームと仏教のいわば偶然の遭遇といえるものである。しかし、この後イスラームはインドに本格的に侵攻し、結果としてインドの第二の宗教となり、仏教はインドの大地からほとんど消滅する。その一方でイスラームは拡大する。両者の間に何らかの因果関係が認められよう。

とはいえ、現時点では仏教とイスラームの関係、つまり仏教の多くがイスラームに改宗したといえる文献は、『チャチュ・ナーマ』に見る西インドの事例と、後に紹介するベンガルの事例が認められるくらいである。もちろん、今後の文献調査で、さらに明確化できることは期待できるが、現時点では十分な研究や史料が欠乏している。

そこで、視点を変えてインド・イスラームがどのような経緯で、インドに根づいていったかを、スーフィー思想のインド化を通じて考えてみたい。

六　インド・スーフィーの融和思想の原型

仏教徒やヒンドゥー教徒が、異郷の宗教であるイスラームに改宗することを容易にした思想的な背景、つまりイスラームのインド化、更にはヒンドゥー教化について簡単に考察しよう。

つまり、インド・イスラームの発展と拡大に大きな役割を果たした「神人合一」を説くスーフィーたちの思想が如何に形成されたかについてである。彼らは、教条主義的一神教的傾向を緩和し、イスラーム教徒のヒンドゥー教などとの共存を推進した。他宗教地域へのイスラームの伝播に大きな貢献をしたことでも知られている。特に、インドへのイスラームの伝播と定着には、スーフィーの存在が大きかったことは、よく知られた事実である。

そのスーフィーのなかでもインドとの関係で注目されるのが、ハラージュ（A.M.al-Hallāj　ほぼ八五七〜九二二年）である。ここでハラージュの詳細を検討することはできないが、簡単にその生涯を示すと、彼はイランの南部のテルに生まれ、彼の祖父はゾロアスター教徒であったとされる。彼はバスラで教育を受け、最初期のスーフィー教団に属し、自らも若くしてスーフィーとして活躍する。

当時のスーフィズムは、思想的にはまだ未確定の状態であったが、ハラージュはそのスーフィズム思想の形成に大きな役割を果たした。特に、彼はペルシャ各地を巡礼した後に、インドやトルキスタンなど非イスラーム教徒が優勢な地域を訪れた。（ほぼ八九七〜九〇二年）つまり、ヒンドゥー教徒や仏教徒の優勢地域を巡錫し、大きな影響を受けたとされる。というのも、ハラージュは有名なAna'l-Haqq（我は真実なり。あるいは我は神なり）という言葉を発し、イスラーム世界のみならず、イスラーム思想に計り知れない衝撃を与えたとされる。

一般に、ハラージュがこのような思想に行き着いた背景には、グノーシスの影響があるといわれるが、同時にインド思想、つまり「梵我一如」を説くウパニシャッドやヴェーダーンタ哲学、さらには「法一元論」ともいえる華厳哲学のような仏教思想の影響があったと考えられている。

もっとも、このような神人合一思想を展開した彼は、イスラームの正統派から糾弾され絞首刑となり、その死体はイスラームでは異例中の異例である火葬、というより罪の深さを確定するために焼き棄てられた。しかし、彼の思想は確実にスーフィーに受け継がれ、イスラーム世界に大きな影響をおよぼした。特にインド亜大陸へのイスラームの侵出に対して、この神人合一的イスラーム神秘主義の思想は大きな貢献をした。時代は降るが、ムガル王朝時代の宮廷で、アクバル（一五四二〜一六〇二年）やダーラー・シコー（一六四〇〜一六九〇年）に大きな影響を与えた。

また、スーフィー思想の形成と深い関係にあるとされるのが、アル＝ビルニー（al-Berunī　九七〇頃〜一〇四〇年頃）の存在である。彼は一〇三〇年頃までにサーンキヤに関する書物や『ヨーガスートラ』を翻訳し、イスラーム圏にこれを紹介した。同書がスーフィズム思想の形成に大きな役割を果たしたとするイスラーム研究者は少なくない。もっとも、イスラームへの仏教の影響に関して厳密な影響関係を、思想レヴェルで証明することは、スーフィズムのような例は別とすると、現時点ではそう容易いことではない。もちろん、インド亜大陸や東南アジアにおけるイスラームは、仏教やヒンドゥー教の影響下に、思想解釈において多分にインド思考と折り合いをつけ自己変容していった。それについては後述するが、近年（二〇一二）ネパールのイスラーム教徒のムスタファ・ヴァジル博士が、『イランの仏教』（*Buddhism in Iran*）において、イラン・イスラームへの仏教思想や仏教の文化の伝統が、形を変えて継承されているということを体系的に紹介しておられる。彼の論文によれば、現在のイランのシーア派の独特のモスクのドームの形等には、仏教のストゥーパの影響がみられるし、クァダムガーハと呼ばれる聖者の足跡崇拝は、仏教の仏足石崇拝の影響が強いということである。また、仏教説話ともいうべきジャータカ（本生譚）のストーリーが、イスラームの教理解釈や民間信仰の中に受け継がれているということである。

詳しいことは他の機会に譲るが、現在のイランの多くは、かつてのパルティア（中国名「安息」）であり、この地域には古くより仏教が浸透しており、その文化的な影響を考えれば、同地域のイスラーム文化に仏教の影響、特に大乗仏教の影響があることは当然ともいえる。むしろ、筆者を含めて仏教徒側の研究者が、この歴史事実にリアリティーを感じずに、研究においてこれらの事象を見過ごしてきたということになるであろう。事実、筆者は二〇〇八年にイランの宗教都市クムを訪問した際、同地の図書館の展示ケースの中に、たくさんのサンスクリット語経典の断片があるのを見たが、同図書館にはこれを解読できるスタッフがおらず、中には上下反対に展示する等、まったくの未整理の状態であった。

いずれにしてもイスラーム教徒の研究者の中にも仏教との影響関係に関心を持つ者が出てきたことにより、今後は思想面での研究の深化も期待できるであろう。

七　インド・イスラーム的寛容思想の形成

イスラームのインド定着に貢献し、インド・イスラームの特長とも言うべき、寛容思想を具体的に展開したのは、いわゆるスーフィーたちである。そして、インド・スーフィーの寛容思想という思想的な傾向を決定付けた思想家とされるのが、ファリドウッディーン（Farid'udīn　一一七六～一二六五年）である。

ファリドは、インド・スーフィーの二大潮流の一つであるチィシュティー派に属する神秘主義者である。彼はアフガンからの移住者の子としてインドで生まれた。彼の母親はインド生まれであり、彼はインドの言葉が自在に話せたという。いわばファリドは、インド的な環境の中で、ヒンドゥー教への寛容思想形成を担った最初期の世代である。

したがって、彼の思想には、イスラーム的であると同時にヴェーダーンタ的な思想、絶対的存在である一者との合一、つまり神人合一と、それを基礎とする現象界における差異の超克の思想が見出せる。その思想は、先に紹介したハラージュの思想に基本的に共通するものである。

その一例を示すならば、

花嫁は、花婿が居なければ心の平安は得られない（ちょうどそのように人間は、神の愛なくしては、心の平安、魂の救済は得られない）。神が慈悲（khmul）をたれる時、私は神と一つとなる。

また、連れ合いもなく、友もいない女が寂しさにもがくように（神の愛を持たないものに心の平安、魂の救済はない)。私は神の愛により、神と一体となる。救いの道は狭く、私の踏む道は刀の切っ先のようである。それが我々の救いの道である(だから、神の愛にすがりなさい)。

(シク教の聖典『グラント・サーヒブ』)

となる。

この一文でも明らかなように、ファリドの教えは、神人合一による現象世界の差異の超越が、その前提となっている。彼にとって重要なことは、神との合一による救済ということであり、それは神への愛によって獲得されるとする。

さらに、ファリドは、ヒンドゥー教とイスラームの違いについても、

正しいことを言い、正しいことを行いなさい。
人は永遠の命を持つことはできないのだから(人は必ず死後に神の審判を受けねばならない)。その時には、九ヶ月かかってできた身体も、一瞬にして無となる。(……中略……)
あるものは荼毘に付され(ヒンドゥー教徒のこと)、あるものは墓の中に行く(イスラーム教徒のこと)。
しかし、彼らの魂は生前の行いによって裁きを受ける。(同書)

として、ヒンドゥー・イスラームの形態的な差異を超えて、本質的な一致を前提とする思想を展開する。

この一文からは、神への絶対的帰依、あるいは神人合一への希求の前には、宗教の差異は問題にならない

という、インド的に言えば、ウパニシャッドあるいは仏教やヴェーダーンタ思想、イスラーム的に言えばスーフィズムの思想が展開されている。この思想は、多数のインド・イスラームに受け入れられ、一つの伝統となっている。

この伝統を継ぐものの代表的存在が、一五～一六世紀に活躍したカビール（一四二五～一四九二年頃）とナーナク（一四六九～一五三八）等である。

カビールもナーナクも共にインド中世における神秘主義思想家の代表的な存在であり、同時に彼等は民衆思想家として正統派の教義にとらわれない、自由な思想を展開した。特に、ナーナクの教えは、後代ヒンドゥー・イスラームの融合宗教と評されるシク教に発展し、今日に至っている。

カビールやナーナクに代表される神秘主義思想家を、ヒンドゥー教的にはバクタ（神に信愛を捧げる者）と言い、イスラーム的にはスーフィーと呼ぶ。そして、カビールもナーナクも、双方から聖者として崇められていたという意味で、インド中世における宗教的な雰囲気を象徴する存在である。つまり、カビールもナーナクも教条的な宗教理解に反対し、真の神への信仰には、ヒンドゥー教やイスラーム教という差異は存在しない、と説くのである。この点をカビールは、

カビールは言う。ラーム（ヒンドゥー教の神）と唱えることには不思議な力がある。その中には神の救いがある。（カビールが使う）同じラームと言う言葉を、人々は（ダシャラットの子）ラーマの呼称として使い、（カビールは）唯一なる神のために使う。カビールは言う、私は遍在する貴方のみをラームと呼ぶ。我々はこの言葉の差を知らなければならない。

唯一の神ラームは、全ての中におわし、一なる神から流出したもの（ヒンドゥー教でいうラーム）は、唯一なる神の一部（化身）である。唯一なる神はどこにでもおわす。しかし、唯一のラームは一つである。（同書）

と表現する。

カビールがイスラーム教徒であることを考えれば、彼がいかにイスラームの教条的な考えから離れていたかは明確であろう。しかも、このような大胆な主張がイスラーム教徒としてなされ、それをヒンドゥー教徒のみならず、イスラーム教徒が受け入れていたと言うことは、イスラーム教と異宗教との共存の可能性を考える上で大きな意味を持つであろう。

一方、基本的にはヒンドゥー教徒でありながらイスラームとの融合、究極的一者による統合を唱えたナーナクは、神は唯一であり、ヒンドゥーの神々もイスラームのアッラーも全て唯一の神の部分的な表現に過ぎないとする。しかし、この真実は、バラモンもまたイスラームの宗教エリートも分かっていないと、ナーナクは次のように言う。

バラモンは蓮の花の中に入り、辺りを見回すも神を見出すことはできない。彼は神の命令を受けることはできない。ただ、隘路に陥るだけ。（……中略……）

宗教的な権威を身にまとうカージ（イスラーム法学者）、シャエイク（イスラーム宗教指導者）、ファキール（同）は、自身を偉大だと言うけれど、彼等の心は病んでいる。（同書）

そして、ヒンドゥーにも、イスラームにも偏らない唯一の神の教えこそ、真に人間を幸福にすると説く。

（真実の神の教えに従えば）死が彼に触れることは無い。（……中略……）（グルの教えによって）何処にあっても、唯一の神を見ることができる。（同書）

このように、カビールやナーナクは、ヒンドゥー・イスラームの二つの宗教の存在を、どちらにも共通する唯一性、つまりアッラーもブラフマンも表現こそ違うが、どちらも一なる存在であるが故に、これを相対化し、さらに高い一者を想定し、両者の差異を乗り越えようとしたのである。これが、インド思想上に見られるヒンドゥー・イスラーム融合思想の一形態である。

しかし、この教えは、正統ヒンドゥーからも、イスラームからも受け入れられることは難しい。つまり、彼等は両宗教の統合を試みたが、結果的に新しい集団をそれらの外に作ることになったのである。

もちろん、その知的営みは崇高であるが、しかし、現在の社会が抱えるイスラームとの共存という視点から見ると、次に検討するアクバルやダーラー・シコーの思想こそ、イスラームの可能性を広げるという意味で注目に値するものであろう。

八　アクバルの融和思想の意義

カビールやナーナクから遅れること数十年にして、ムガール王朝第三代皇帝のアクバルは、独自のヒンドゥー・イスラーム融合思想を展開し、またそれを現実の世界、つまり政治・社会政策として展開した。

本小論では、この点に関して詳しい検討はできないが、アクバルとダーラーの思想を簡単に紹介する。

既述のように、インドには宗教的差異を超える神秘主義思想の伝統が、その底流に存在し、その伝統はイスラーム教徒の世界においても、無理なく受け入れられたのである。そして、自らもスーフィーとして宗教的な体験を持っていたアクバル帝は、その宗教思潮を積極的に宗教的にも、また政治的、文化的にも展開した。その結果、ヒンドゥー・イスラーム融合文明と言いえるような諸宗教・文化融合がアクバルからダーラーまでの約百年間、インド・イスラーム世界にイスラーム文明を中心として、ヒンドゥー・キリスト・ユダヤ・パールシー（イラン）の文化を融合する宮廷文化が花開いた。

特に、アクバル帝は一五七九年、イスラーム至上主義への反省を込めて、諸宗教融合を旗印としたディーニ＝イラーヒー（Dīn Ilāhī：神聖宗教）を始めた。これは一五七五年以来続いていた信仰の家（Ibādat-khāna）における諸宗教の対論を通じてのアクバル帝がたどり着いた結論であった。この「信仰の家」においては、「この神聖なる場所は、霊性の構築のために供され、この地に神聖なる智の柱が高々と出現した。」（『アクバル・ナーマ』）と表現され、この場には、スーフィーとしてのアクバル帝を中心に「彼の寛容さと神の影を明らめる（帝の）寛容さによって、ここにはスーフィー、哲学者、法学者、法律家、スンニー、シーア、

（ヒンドゥーの）バラモン、ジャイナ教徒、チャールバーカ、キリスト教、ユダヤ教、サービー、ゾロアスター教徒などが、この厳な集りにおいて一同に会して議論を行った。」（『アクバル・ナーマ』）と、言うことであった。

このアクバル帝の諸宗教の融和については、さまざまな批判もなされている。しかし、彼の融合思想が単なる思い付きや政治的なテクニックによって導き出されたものでないことは、その思想を受け継いだ曽孫のダーラーの思想活動によっても確かに知ることができる。そして、彼はあらゆる宗教に寛容であり、全ての宗教を政策的にも平等に扱ったのである。

このアクバルの寛容政策に対しては、彼がヒンドゥー教徒を重用したことに憤慨した臣下が抗議したところ、アクバルは「そちの下にも一人や二人ヒンドゥー教徒が働いていよう。なぜ、予の下にヒンドゥー教徒が働いて悪いのじゃ」と、逆にこれをたしなめたと言われる。

九　ダーラーの融和思想

ダーラーの思想については、日本においては、アクバル帝のそれ以上に知られるところが少ない。しかし、彼の業績は偉大であり、比較文明学からの研究が本格的になされるべきである。例えば、彼がサンスクリット語からペルシャ語に翻訳させたウパニシャッド文献、一般に『ウプネカット（Oupnek'hat）』は、後にラテン語訳されてヨーロッパの知識人に大きな影響を与えたことは、よく知られたことである。

こうしたヒンドゥー教における諸聖典の翻訳事業は、彼がスーフィーとして自らも神秘主義思想を極め、またヒンドゥー教の聖者バーバー・ラールの感化を受けてなされたが、ある意味でバクタとしての立場から、ヒンドゥー・イスラーム両教の融合を思想的に試みたのが、彼の代表作である『二つの海の交わるところ(Majmā al-Bahrayn)』である。

ダーラー自身が書いた本書の前文には、この経緯は、

(彼、ダーラーは)真実の中の真実を覚り、スーフィーの真の宗旨(教えの根本)の素晴らしさに目覚め、偉大なる深遠なるスーフィーの英知を悟った後には、彼(ダーラー)はインドの(存在の)一元論者たち(movahhedan)の教義を知ることを強く願った。彼(ダーラー)は学者たちと交流し、インドの宗教における神の聖性について議論を繰り返した。彼等インドの学者は、宗教的な訓練と知性と洞察において最高に完成された境地に到達したものたちである。そして、彼(ダーラー)は、彼等(インドの宗教者)が捜し求め、獲得した真実について、言葉以外には、その違いを見出すことができなかった。その結果、二つの宗教(集団)の考えを集め、諸テーマを集め、真実を求める人に基本的で、有益な知識を供給する一冊子とし、これを名づけて『二つの海の交わるところ』とした。

と記述されている。

この書物は、いわゆる「存在の一元性論」に立つスーフィー思想と同じく「一元的存在論」を展開するヴェーダーンタ思想に共通性を見出し、これを基礎として、「この世界が神の顕現であり、人間は神の本質の

ミクロコスモである」というウパニシャッド的な世界観に強い共感を示すのである。その上さらに、彼らは調息や聖音などの思念を説き、生前解脱さえ認めるのである。

これらのことを通じてダーラーは、イスラーム教とヒンドゥー教との共存が、社会的、文化的はおろか宗教的にも可能である、と言う考えに至るのである。このことは、イスラームの寛容性を最大限引き出したインド・スーフィーの知的営みの極致と言うことができよう。そしてさらに、このような寛容の精神をイスラーム神学においても築き上げることが可能であることを示す優れた歴史的な事実である。

一〇　融和思想の伝統とその衰退

このように、ダーラーはイスラーム教徒でありながら、ヒンドゥー教への深い共感と理解を、自らの神秘体験をもとに、スーフィーの立場から確立していった。つまり、イスラームの精神や信仰を捨てずとも、教条的なイスラームから見て多神教であり、偶像崇拝者として忌避されるヒンドゥー教との共存も、さらにはその融合も可能である、とダーラーはみなしたのである。

もちろんダーラーのこの運動は、ハラージュ以来のスーフィーたちが試みてきたイスラームの寛容性の言わば、極致点であった。しかし、彼のこの方向性は、実弟であるアウラガジーブ帝（在位一六二八～一六五八）との帝位継承戦争に敗れたことで、彼の命と共にムガル宮廷から消えうせたのである。

しかし、インドにおいて展開された寛容なるイスラームの精神は決して消えることはなく今日に至っている。そして、名もないスーフィーやアクバル帝、あるいはダーラーが見出した寛容なるイスラームの可能性は、二一世紀の人類に大きな歴史的な希望を与えてくれるのではないだろうか。

さらに、ムガール宮廷内で発展、展開された融和的イスラームの宗風は、ベンガルから東南アジアへと伝播し、東南アジア・イスラームと既存の宗教であったヒンドゥー教、仏教等との平和的な共存やそれらを緩やかに取り込んだ東南アジア独自のイスラームへと発展させる原動力となったのである。

二　ベンガル仏教の最後とイスラーム

一方、東インドのベンガル地方に最後に残った仏教も、一三世紀初頭、イスラーム軍の攻撃でほとんど滅亡したといった惨状を迎える。しかし、ここでもイスラームの最後の一撃の前に、仏教とヒンドゥー教との社会的な緊張感があったことを史料は伝えている。

すでに紹介したようにベンガル仏教は、スーフィーが中心となって草の根レヴェルでイスラームをベンガル人の間に浸透させてゆく、つまりイスラームがその勢力を増大させたまさにその動きに反比例するように、その勢力を減少させ結果的にベンガルの大地から消滅していく。もちろん、現在に至るまでチッタゴンなどを中心にバルア・カーストとして仏教徒の集団は存在し、現に活発に活動している。しかし、現在の仏教教団は、一九世紀末から二〇世紀の初頭における仏教復興運動の一環として、それまで長くヒンドゥー教の一部、あるいはそれと深く混淆していた仏教から生まれたものであり、スリランカ仏教、つまり南方仏教〈上座（部）仏教〉、いわゆる小乗仏教系の仏教であって、本論文で扱う七〜一三世紀にかけて隆盛していた大乗仏教、さらには金剛乗系（いわゆる密教）のそれではない。そのために、現在の仏教教団の存在と一応切り離して、七世紀頃よりこの地に隆盛した金剛乗系の仏教教団の衰亡に、本稿では限定することとする。

さて、先にも述べたように東インド仏教については、あまり多くのことは分かっていない。それは、他の地域も同様であるが、七世紀前後の仏教の様子を伝える歴史史料が、中国人僧の玄奘や義浄の資料に頼らざるを得ないという点からも明白である。本稿では、基本的にはこの方向の上に考古学的資料を新たに加えて、東インド仏教の衰亡について考察する。

二　玄奘の伝えた東インド仏教について

七世紀の前半に中国とインドを往復した玄奘三蔵の記録は、当時のインド仏教の事情を知る上で非常に重要な史料であることは周知のことであるが、この事実は七世紀の東インド仏教の状況を知る上でも同様である。

玄奘は、ナーランダー僧院において研鑽を積んだ後インド各地への巡錫の旅に出る。目的は、法顕の事跡を辿ることにもあったと言われるので、スリランカであったはずである。その旅は、六三五年あるいは六三七年よりはじまったようである。玄奘は、おそらく幹線道路でもあったガンジス河に沿って下ったものと思われる。『大唐西域記』によればナーランダーより東インドの境の国、現在の西アッサムのゴウハティ一帯にあたるとされる迦摩樓波（カーマルーパ）国を目指して東進する。

玄奘は、その後ベンガルデルタ地域を南進し、躭摩栗底国（タ－マリーパ：現在のベンガル湾沿いのタマリークと考えられている）を通過し、南インドに至っている。

今回注目する地域は、このカーマルーパ国からターマリーパ国の間で紹介されている国々の中で、三摩呾吒（サマタタ）国についてである。

玄奘はサマタタ国について、「サマタタ国は周囲が三〇〇〇里（一里は約五〇〇メートル弱）である。ベンガル湾に近いので土地は低湿である。国の大都城は周囲が二〇余里ある。農業は盛んで、花・果実は繁茂している。気候は穏やかで、風俗は率直である。人の性格は烈しく、姿は卑しく色は黒い。学芸をこのみ勤勉で、邪信・正法をともに信仰している。伽藍は三〇余ヶ所、僧徒は二〇〇〇余人、皆上座部の学を遵法している。天祠は一〇〇ヶ所、異道の人々が雑居して、……」（『大唐西域記』第一〇巻（三摩呾吒国の部分））となっている。

また、このサマタタに関しては、義浄（六三五～七一三）の『大唐西域求法高僧伝』にも記述が見出せる。それは僧哲という僧侶の項目である。それによれば湖南省澧州出身の僧哲はインドの仏跡を巡礼した後、このサマタタ（三摩呾吒）にたどり着いた。この国の「国王の名は、曷羅社跋多といい、カドカ王家の血筋であった。王は、仏・法・僧の三宝を深く崇敬し、篤く仏教に帰依する信者を意味する大鄔波索迦（ウパーサカ：仏教教団を支える四集の一つで、男性の信者をウパーサカという）の名を得ていた。至誠の心と信仰の篤さは、歴代のどの王にも勝っていた。……（中略）……。王城内に僧尼四〇〇〇人ばかりがおり、みな王の供養を受けていた。……（中略）……。このサマタタ国には、インドのあらゆる高僧、学者それに梵語の音韻学、語法学、技術、工芸、天文、数学、医学、薬学、占術、論理学、そして仏教全体について学問研究をする仏教学に通じた論師が、皆集まっていた。」（伊藤丈ほか訳『大唐西域求法高僧伝・海東高僧伝』大東出版社、一九九三年より随時引用）という。この記述が示すように、また、遺跡の発掘品からもこのサマタタにおける仏教は、大いに繁栄してはいた。

さて、このサマタタ国にあたるのが現在のバングラデーシュのコミラ周辺のマイナマイチ（Mainamaiti）とラルマイ（Lalmai）村周辺の高地であるとされる。これは玄奘の三摩呾吒（サマタタ）に同定される。このサマタタとは「海岸国・平地国」の意味であるとされる。

この件について、バングラデーシュ考古学局のM・ホセイン氏は、コミラ周辺のマイナマイチ・ラルマイ村周辺について、「玄奘がサマタタと記したところで、この王国にはたくさんの僧院と僧侶がいたと伝えている。さらに、同地域の発掘調査により、多くの仏教に関する遺品が発見されており、それらによってサマタタの歴史が確かなものとなっている。」と言っている。

一三　コミラ周辺の仏教遺跡

玄奘のサマタタ国に対応するとされるコミラ周辺のマイナマイチ村とラルマイ村にまたがるマイナマイチ・ラルマイ丘陵とは、コミラから七・五キロ西（北緯二三度二分から二九分、東経九一度六分から九分）に位置する。このコミラは、バングラデーシュの首都であるダッカと同じくバングラデーシュの大都市で港湾都市であり、また伝統仏教が息づく都市チッタゴンを結ぶ道路上にある。そして首都ダッカからは、東南の方角に約一二〇キロである。しかもコミラは、高速道路、鉄道、空路と交通の便はよい。おそらく古来以来同地域の中心として栄えてきたのであろう。

この小高い丘陵は、海抜約四〇メートルで、平地からは一〇メートルほどの高さである。わずか海抜四〇メートルというと日本では問題にならない高さであるが、国土の大部分がガンジス・ブラフマプトラ両大河のデルタの上に広がり、国土の大半を海抜数メートルの地域が占めるという超平坦国家においては、この海抜四〇メートルの高さは、大きな意味を持つ、とは現地の研究者の言葉である。このコミラは、いまでこそ平野の真ん中（といってもメガナ河の支流のガマチ川まで数キロ）であるが、玄奘の頃はまさにベンガル湾に近接していたと言われる。つまり今以上に周囲は低湿地であり、この小高い丘こそこの地で人間が快適に暮らせる唯一の場所であったということである。このマイナマイチ・ラルマイ丘陵は、南北に約一七キロ、東西に二キロほどの細長い丘陵である。この丘陵地域に、現在二四〜二五の仏教遺跡が確認されている。

その名称をいちいち挙げる煩は避けるが、バングラデーシュの観光省発行のパンフによれば、二四ヶ所の遺跡が認められている。つまり、バングラデーシュ政府が公認している遺跡がこの狭い地域に二四ヶ所（資料により数字は異なる）もあるという点でも、玄奘の「僧院が三〇余ヶ所」の記述に近い数である。その主なものを紹介すれば、現在同遺跡群の中心的存在として博物館が（非常に粗末な建物であるが）併設されている通称サルヴァン・ヴィハーラ（正式名はシュリ・バヴァン・デーヴァ・マハヴィハーラあるいはサルヴァナ・ラージャ・バリ寺院）と、美術的にも素晴らしいブロンズ製の金剛薩埵像が発掘されたアーナンド・ヴィハーラ（寺院）そして、同じく素晴らしい観音像が一九九四年に発掘されたバジョ・ビハールなどである。

見事なブロンズの金剛薩埵像（アーナンド・ヴィハーラ）

焼けただれた観音像と思われるブロンズ像（バジョ・ビハール）
＊本仏像についてはお茶の水女子大学の秋山光文先生の御教示を賜った。

（写真を参照）

現在同地域の仏教遺跡群の中心的な存在となっているサルヴァン・ヴィハーラは、一辺一六七・〇六メートルのほぼ正方形の遺跡である。寺院は、ストゥーパを中心に三つの主要な建物と僧坊で構成されていた。この寺院は、二度の改築がなされたことが発掘調査から明らかとなっている。また同寺院遺跡から、銅板が発見され、それによれば同寺院の建設に深く関わったのはデーヴァ王（七一〇～七八〇）であったとされる。そのために、この寺院の正式名称がシュリ・バヴァン・デーヴァ・マハヴィハーラと言うのである。この寺院の僧房からは、金貨四枚、銀貨二二五枚、多数の銅硬貨が発見された。

特に第三僧房では、グプタ王朝期の二枚の金貨をはじめ五二枚の銀貨、銅貨などが多数出土した。また一三号からは、一七五枚の銀貨と六つのイヤリングと共に三枚の金貨が発見されている。詳しくは、今後の研究に託されているが、僧房によっては、このような大量の貨幣が蓄蔵されていたのである。これらは、特別な資産家の僧侶、つまり布施をたくさん頂ける僧の財貨なのか、あるいはたまたまイスラームの掠奪を受けてなお幸運に残ったのか、その背景は知るよしもないが、僧房の中にはこのような大量の資金を持っていた僧侶が住んでいたことは事実である。

古来僧侶は、金貸しなどの副業を行ったこともあるとされるので、そのような僧侶の部屋だったのかもしれない。ともあれ、この寺院の衰退に関しては、具体的には不明である。しかし、現に、破壊されたストゥーパなどをみると、単なる仏教の衰退による自然崩壊とも言いきれない徹底した破壊、特に中央のストゥーパなどの宗教施設に著しい破壊がなされているという点は、やはりイスラームの支配と関係が深いであろう。もちろん、イスラーム教徒の襲撃か、あるいは日本の廃仏毀釈のように、仏教などからイスラームへの改宗者による破壊か、またはヒンドゥー教徒によるものか現時点では不明である。しかし、寺院の中にはイスラームのモスクとして再利用されたものもあるという点から見て、ムスリムの破壊の可能性が高いであろう。

しかし、そのムスリムが異邦人なのか、現地の改宗者なのかは定かではない。しかし、イスラームの襲撃で、全ての仏教徒が殺戮されたということは考えにくいので、改宗者のイスラームか、その子孫によっての破壊ということが推測される。そしてその人々と仏教とはどう関係するかが次に問題となる。

一四　ベンガル仏教の最後

ベンガル仏教の最後の形態は、パーラ王朝の最後とほぼ一致する。ところで、先の発掘品の仏像は、きわめて密教的な様式で作られている。特に、三鈷杵らしきものを持つ金剛薩埵像は、秀逸である。玄奘や義浄の時代からこれらの像が作られるまでに推定で二〇〇年くらいが経過しており、その間に同地域の仏教はいわゆる密教と呼ばれる呪術性、儀礼性の高い仏教に変貌していく。インド仏教の衰亡において特に、東インドにおける仏教の衰亡は、仏教の密教化との関係が先ず考慮されねばならないであろう。

というのも八世紀以降のインド仏教は、いわゆる倫理性の高い大乗仏教以上に、呪術性や儀礼性を重視する密教（タントラ）に変貌していったからである。つまり八世紀初頭の西インドに対するイスラーム教徒の侵略とその定着支配は、他のインド地域に極めて大きな危機意識を引き起こした。そのためにインド全体が、現在流にいえば国粋主義化、つまりヒンドゥー教という土着宗教への強い回帰と再構築化に向かっていき、仏教も例外ではなかった。もちろん、密教のはじめは西インドであり、その中には多様な要素が組み込まれていたはずである。しかし、イスラームの西インドにおける実効支配が続き、その強大な力を目の当たりにした当時のインド人は、危機意識を持ったはずである。

その点は、一四世紀のベンガルの有名な仏教徒詩人チャンディダースの『ニランジャネール・ルシャム(Niranjanēr Rushma)』に、このように書かれている。

一六〇〇〇ものブラフマンの家族がグジャラートに居た。彼らは臨時収入を求めて各地を移動しベンガルにやって来た。……（中略）……。彼らの狡猾さは計り知れず。彼らはますます強大になった。そのうち、一〇人か一二人がやってきてダルマの礼拝所（仏教の寺院）を打ちこわした。彼らはヴェーダを唱え、火の祭礼を絶やさない。おーダルマよ我らを護りたまえ！　あなたは我々より彼らをおまもりになるのですか？

つまり、仏教は一三世紀初頭のイスラーム軍の攻撃で壊滅したわけではなかったが、しかし大きな打撃を受け、さらにセーナ朝の保守化政策によって窮地に立たされ、結果としてインド化したイスラーム、つまりスーフィー思想を経由してイスラームへの改宗という道を通じて、実質的に消滅していったと推測されるのである。東インドにおけるこの事実をなぞるように、かつて仏教が盛んであった東南アジアの諸国でも、急速にイスラーム化が進んでいった。

イスラームのインド支配が進むにつれて、その反動としてヒンドゥー教徒の内にインド固有の文化・宗教伝統への回帰が強く意識されたことは、ごく自然なことであった。そのためにインド社会のヒンドゥー教化が進み、かろうじて残ったインド国内の仏教徒も、やがてイスラームの神秘主義たちの布教などを通じて、伝導により少なからぬ人々がイスラームへの改宗を選んでいったと考えられるのである。

特に、ベンガル地域は、非アーリア、つまりヒンドゥー教の影響が最後まで及ばなかった地域であり、いわゆるアニミズム的な現地宗教と仏教は早くから習合していた。その延長線上に密教さらにタントラ仏教が発達し、この密教はいわゆるシャクティ（性力）崇拝を中心とする独特の教えであり、その一方で淫猥な象徴を用いる仏教ともなった。いわゆるサハジャヤーナの密教である。こうなると、仏教はますます特殊化し、非道徳的な儀礼に傾倒し、日常生活から乖離していく。その一方で、イスラームの浸透がヒンドゥー教徒との緊張を高め、仏教は両者の対立の中で分解していった、と筆者は考えている。そのパターンは、背景を異にするも西インド仏教の衰亡と軌を一にしているように思われる。

一五　おわりに

このインド仏教の衰亡にインド化したイスラームの教え、つまりスーフィズムが大きな役割を果たしたこと、そしてその思想形成に大乗仏教の思想も関係していたことを考えると、歴史の皮肉を思わざるをえない。

とはいえ、インド仏教の衰亡を考えるには、単なる仏教という一宗教のインドからの衰亡という視点のみならず、これを文明論の立場から政治・経済・文化・社会さらには国際関係等の立場から総合的に考える必要がある。しかしこのテーマは未だ端緒についたばかりであり、今後の研究が待たれる分野である。更にいえば、東インド仏教の衰退は、やがて東南アジア、特に島嶼地域の仏教の衰亡を結果的に導くこととなったという意味でも重要である。

※本論は、科学研究費（c）の研究成果を用いた。また川崎製鉄二一世紀財団の助成の研究成果も含んでいる。

参考文献

保坂俊司『インド仏教はなぜ亡んだか――イスラム史料からの考察』北樹出版社（二〇〇四）
Mostafa Vaziri, *Buddhism in Iran*, Palgrave Macmillan, New York, 2012.8.
M・Hossain, *Mainamati-Lalmai*-Anecdote to History, Dibyaprokash, 2006, pp. 114-16.

＊「一神（法）多現主義」とは、筆者の用語であるが、インド思想に共通の真理や真如、具体的には、仏教の法、ヒンドゥー教のブラフマンなど、一般の人間には知りえない究極的真実が、具体的な形をとって現れるという考えを表現したものである。尚、多現とは一般には化身や権現となる。

第六章

疑経をめぐる問題

——経典の物語化と改作

落合俊典

一　経典の物語化——中国仏教最初期の疑経『毘羅三昧経』の世界

（一）『毘羅三昧経』の発見

中国仏教で分類される疑経は、釈道安（三一二～三八五）の『綜理衆経目録』[1]の定義に始まるが、それまでの仏教信仰と経典読誦の通例からすると四世紀の中国にあっては極めて厳密な提言であったと想定される。この釈道安の態度は、真摯な仏教尊崇からくるものであったに相違ないが、ともかくも仏教と異質な「金言」を騙る疑経への一大警鐘であった。ではどうして疑経を峻別したのであろうか。釈道安は二六部三〇巻の疑経を取り上げ、それは砂をもって金だと言い、草を稲として恥じない態度だと非難するほどであった。釈道安の悲憤慷慨を『出三蔵記集』巻五所収の「新集安公疑経録」に見てみよう。[2]

天竺の仏教教団にあっては、伝法の方法（外国僧法学）は皆師から直接相承していくものである。同じ師から一〇回あるいは二〇回と繰り返し伝授される。もし一字でも違えることがあれば師と弟子はともに推敲して、ようやく誤りを訂正するしきたりである。教団の取り決め（僧法）は勝手に変更してはならないのである。

仏教経典が中国（晋）に来てからさほど時は経ていないにも関わらず、悪事を好む者は、砂を金と言い素知らぬ顔をしている。誤りを正すことがなかったならば、何をもって真偽を分かつのであろうか。農家が稲と草を区別しないでいては（生産が伸びない）。そのために（農業長官の）后稷は嘆くのである。また金の箱にある玉石を等しく減らしたりすることに対して卞和はとても恥ずかしいことだと思った。

（私）道安は、（図らずも）仏教の学に関係することとなったが、（濁れる）涇水と（清流の）渭水とが流れを交え龍と蛇とが平行して進むのを見てしまった。このようなことがどうして恥ずかしくないことがあろうか。今、仏教経典でないと密かに自分が考えている経典を挙げてみると以下のようになった。将来の若き学僧に示してその邪なることを共通認識としたいと思う。

ここに見られる価値判断の基準は天竺（西域）の言語である。その外国語からの訳出でないものを疑経と命名したのである。インド仏教に出てくるスメール山を泰山もしくは太山と訳する程度のことは釈道安も知悉していたであろうが、後世言われるような中国人の名前が仏説の中に堂々と出てくるような経典は区別可能であったと思われる。[3] では具体的にどのような内容を指摘したのであろうか。それを検証するのが現代の研究に他ならない。しかし、二〇年前までは、残念ながら釈道安が列挙した疑経目録掲載中の経典は一点も確認されていなかったのである。そのため僅かに引用された文章から類推するより手段はなかったわけである。この隔靴掻痒の状態を解き放ったのは、敦煌遺書ではなく日本の平安後期に書写された七寺一切経の中から発見された古逸経典であった。[4]

釈道安の疑経録に載る『毘羅三昧経』（二巻）という疑経が突如出現したことで、一挙に解明の手立てが得られ、研究が大幅に進展したかに見えた。しかし、復元された七寺本『毘羅三昧経』からは釈道安が指摘したような内容は直ちには窺い知られないのである。むしろ疑経ではなく真経と見まがうような印象を抱かせるのであった。これは意外であったが、歴史的には一時期真経と認定された時もある。則天武后の時代に編纂された『大周録』に入蔵され、天下に流行せしめられていたのである。[5] 釈道安の四世紀から則天武后の七世紀後葉まで、この『毘羅三昧経』が現実に仏教界で伝わり残っていたことは奇異とすべきであるが、実際には釈道安の疑経断定にも関わらず『毘羅三昧経』を伝持する支持層が広範に及んでいたことを示している。

(二)『毘羅三昧経』概略

それでは唯一残った疑経『毘羅三昧経』を検証してみよう。この『毘羅三昧経』の教説は概略すると三つに分けられる。[6]

一つは、慧法菩薩の禅定の威力によって種々の困難誘惑に打ち克つ様を物語によって説いている部分である。二つは、病いの鬼を追い払い疫病を撃退した居士(慧法菩薩の弟子)の物語となっている。三つは葉羅国の太子阿遮王の布施の実践行が説かれる段である。

第一段——慧法菩薩の教説　最初の段に説かれる慧法菩薩の教説は三昧、即ち禅定が堅固なることを再三再四説いているのである。そのために慧法菩薩と魔王の二者を登場させ、両者を対比的に描写する。慧法菩薩は仏の説法に集会した三十億の人々の中にあって最も仏の教えに通暁した菩薩と位置づけられ、この時若干二〇歳であるという。慧法菩薩は禅定に入って思惟する。天上天下全ての生きとし生ける者、人と人でないもの全て区別なく、生まれては必ず死があり、免れ脱することができない。ただ智慧あるものだけが生死の道理を知るだけであるとして、慧法菩薩は三十億人を教え導き、経戒を実践させる。これに対して仏は、慧法菩薩が開度させた三十億人は勇猛に精進しているので皆必ず仏となり、大慈大悲を起こして人々を救うであろうと宣言するのである。

闇の天地を支配する魔王は、このありさまを見て大いに憎悪の炎を燃やして配下の者たちを少女に化身させる。年齢は皆若く一六、七歳、顔色は白く、端正にて化粧は麗しく、身にまとう衣は玉環金銀珍宝などで飾られ、香水の匂いは馥郁とし、清らかさの中に艶やかな身なりであるという。これら年少の美少女たちは、慧法菩薩の教導した三十億人を誘惑する。しかし、三十億人は覚めて心に思う。これらの女人はそもそも世界に存在しないはずである。眉目麗しい女人に姿を変えて我々を誘惑しに来た悪魔の手下に違いないと。三十億人は、仏を念じ、法を念じ、比丘僧（教団）を念じ、慧法菩薩を念じて意思堅固に揺るがなかった。かくして魔女軍団は手が引き攣って誘う手が縮んでしまった。紅顔は崩れ去り、美服は破れ散り、無残な姿を露呈して退散するばかりであった。

魔王は次に大火を起こして脅迫する。その紅蓮の火炎は欲界の第一天まで上がったが、三十億の人々は覚めて心に思う。これらの大火はそもそも世界に存在しない火であると。三十億人は、仏を念じ、法を念じ、比丘僧（教団）を念じ、慧法菩薩を念じて意思堅固に揺るがなかった。すると天は大雨を降らし、魔火に降り注ぎ、大火は消滅した。

地団駄を踏む魔王は、それではと大龍王を呼び、一緒に大洪水を起こさせる。再び三十億人は仏法僧と慧法菩薩を念じ揺るがなかった。その堅固な三昧に応じて四方に大山が隆起し洪水をシャットアウトしてしまった。そればかりか天空は晴れわたり、灼熱の太陽が洪水を干乾しにするのである。

魔王との戦いはこれで終わらない。『毘羅三昧経』は、仏伝の基本的プロットを念頭に入れて、より劇的なスタイルで展開を示そうと種々にその山場を用意している。

魔王は天下の全ての魔を呼集させることにした。その数たるや計数すべからずという。よほど膨大な魔群なのであろう。その姿は、人頭虎身、虎頭人身、犬頭馬身、蛇頭人身、象頭狗身、獮猴（猿）頭牛身、鶏頭人身、人頭猪身、羊頭人軀などが、十十並び行き、百百頭を連ね、千千聚まり、万万驟まり来るという情景である。さらにその姿を表現するのに言辞を重層するのに厭わない。馬兵百億万衆、牛兵百億万衆、象兵百億万衆、師子兵百億万衆、猪兵百億万衆が雲集し、三十億人を取り囲み対峙する。果たしてこれで万事休すかと思いきや、三十億人は一樹の下に集まり深く三昧の境地に入る。この意思堅固なる三十億人を見た魔王軍は分散逃亡する羽目に陥る。この段に至って魔王は悔い改め（悔過）、魔王軍を引き連れて三十億人に頭を下げて教えを乞う。

恭順の意を表した魔王軍ではあったが、三十億人の手下になることを拒絶され、一旦姿を消すことになる。けれども魔王の悪意は消滅することはなく、次には陸地の高山をも遙かに凌駕する大水を準備するという凄まじい攻防戦を展開することになる。もはやここまでかという時、三十億人は三昧に入っていた大樹の下から上に一人ずつ上がっていくのである。何故だろうかと、おもわずこの経典に釘付けになる。天竺の仏教経典も予想していない展開を広げて見せる。大水はこの大樹すら水中に没せしめる勢いで迫った。すると大樹は「樹、化して蓮華と成る」（上巻一〇一―一〇二行）とある。蓮華は水の上に浮き、華を咲かす。泥水の中の蓮華は清浄さの象徴であるが、それが大洪水対策の浮き袋とは畏れ入る。この三十億人は各々一蓮華の中に坐して瞑想中であるから泰然自若としていられるわけである。この変化にはさすがの魔王も恐れおののき憔悴して声を挙げて号泣するのである。すると仏は笑みを浮かべて口より五色の光を出すのであった。

以上のような見事な筋立ては、一体どこから得られた着想であろうか。幾つかの仏伝経典（『太子瑞応本起経』、『修行本起経』等）からのイメージを膨らませたことは容易に想定できるが、大樹が化作して蓮華となり、樹下に集会していた三十億人の仏教徒が溺れ死ぬことを免れるという展開は大胆にして異色である。しかし、基本的な論旨は明確明瞭と言って過言ではない。禅定の威力を説くのに、劇的な筋立てを用意しただけと言えばそれだけに過ぎないからである。これは経典の物語化であって、多くの人々に受容されやすいよう大幅な手を加えたものである。

二つ目の段に見られる経説内容は慧法菩薩の感化を受けた在家信者の居士が病気の鬼と戦い、人々に伝染していた疫病を追い払う内容であるが、これは長くなるので省略しよう。

第三段――阿遮王の布施行　三つ目は布施行の実践であり、葉羅国の太子阿遮王の実践が説かれる。布施は大乗仏教の主要な実践項目であり、その実践が布施太子の物語となって経典にしばしば登場する。阿遮王のサンスクリット語について『翻梵語』は「阿遮太子、まさに阿羅羅遮と云うべし。訳して供と曰うなり」(7)としているが、梵語未詳である。この語は不動明王の阿遮羅（Acala）とも想定されるが、恐らくは浄土経典の『観無量寿経』に出てくるアジャセ王（阿闍世王）を模した造成語であろう。後漢代に支婁迦讖訳の

『仏説阿闍世王経』が翻訳されている。もっともこの布施行の教説は別の経典をベースにしている。その一つとして考えられるのが三国時代、呉の康僧会訳『六度集経』である。その巻二に「須大拏経」があるが、これは布施太子（Sudāna）の説教譚である。

昔葉波国王号して湿随と曰う。その名、薩闍。国を治めるに正を以ってす。黎庶に怨みなし。王に太子あり。須大拏と名づく。……（中略）……常に布施して群生を拯済することを願えり。(8)

葉波国王について『毘羅三昧経』は葉羅国王と変えて登場させていると思われる。

そのとき葉羅国王の太子、名は阿遮王なり。阿遮王布施することを好み喜びて、愛惜する所無し。父王、太子に一国を分与し、自ら政治せしむ。阿遮王心に無常を覚る。国の珍宝を出し、悉く布施するを以て、名、諸天に聞こゆ。

かくして阿遮王は次々に布施行を実践していく。阿遮王には見目良き若き夫人が七百人もいたが、帝釈天が七百のバラモン僧に化けて阿遮王に懇願して夫人たちを求めた。阿遮王は大いに歓喜して「どうぞどうぞ、連れて帰ってください」と言うのである。七百の夫人たちは嗚咽涙して天に救いを求める。

天は我曹《わたしたち》の怨痛《なげきくるしみ》を知らずや。是曹《これら》の老公は、頭鬚《あたまのけ》は正白《まっしろ》にして、面《かお》と目は腫《はれもの》を流し、脚頸《あしくび》は骨遭（未詳）であり、顔色は痩瘠《あおじろく》、衣被《いふく》は臭処《くさ》くて、牙歯《すべてのは》は堕落《ぬけおち》て、言語《ことば》は兜咧《ろれつがまわらない》。是れ厳しき人鬼なり。王よ、奈何《いかん》ぞ道を求めること太《はなは》だ劇《はげし》きこと乃《すなわ》ち爾《しか》るや。我曹《わたしたち》は寧《むしろ》ろ止《た》だ王の目下で死なんことを乞うとも終《つい》に是の老公に随いて去らざらんや。

ここでの記述は不思議なことに生き生きしている。人々は生活の中で空想したり、類似した話を聞いているからでもあろう。夫人たちは「天は私たちの歎き苦しみを知らないのでしょうか」と切々に訴える。今までは王宮の中で優雅に暮らしてきたというのに突然老人と再婚しなければならなくなった。老公をよく見ると「髪の毛は真っ白で顔も目も腫れて膿をだしている、顔は青白く衣服は臭くてどうしようもない、歯は皆抜け落ちてしまったために喋る言葉はさっぱり分からない」有様である。これらの対比は非常に簡明であり、かつその容姿を眼前に思い浮かびだしやすい。

眉目麗しい夫人たちは、今度は王に向かって訴える。先ほどは天であったが、その変化の矛盾など気にしていないかのようでもある。「これらは人の姿をした鬼です。王様、仏道を求めることがどうしてこのように激しいのでしょうか。私たちは王様の近くで死ぬことを願っていますのに、どうして老人に随っていかなければならないのでしょうか」と。通常の王であれば、このような王妃達の言葉に気がひるんでしまうであろうが、そこは物語化した経典である。仏道修行の重要な布施行をどこまでも守ろうとして、阿遮王に次のように語らせる。

卿《なんじ》は是れ好《よ》き人なり。為《ため》に世間の無常を知らざらんや。為《ため》にしばらく随いて去れ。此の諸々の老公猶《なお》是れ善人なり。是れ鬼にあらざるなり。卿曹《なんじら》は年少なり。是の諸々の老公卿曹《ろうこうくぎょうら》を得ば、自ずから卿卿《なんじら》を愛楽《あいぎょう》せん。

これまた奇妙な展開である。目前の老人達は若い妃を大事にする善人だと言い含める。「若いあなたは好い人であり、人生の無常を知らないのだ。それだから善人の老公と一緒に行きなさい」と言う。女衒の言葉かと思いかねない表現であるが、経典の読者は聞法読誦をやめられない。「老公は決して鬼などではないのだ。あなた方は若い。もしこの老公と一緒になれば、自然とあなた方を愛し大事にしてくれるだろう」と。そうだろうかと誰もが疑念に駆られる。このような残酷なことをする王がいるのだろうか。王は一体何を楽しみにして生きていくのか、七百人の若い妃を全て手放してしまう心境とは何か、『毘羅三昧経』の不思議な世界に吸い込まれていく人々がそこにいたのであり、またそれは読み継がれていく重要な要素でもあった。

『毘羅三昧経』の特色と課題

物語は仏教的無私の精神を高揚させるための劇的な装置でもあったのだろうが、この後には崇高な布施行が語られ、様々な奇瑞を示して大団円に導いていくのである。これら布施行の物語の展開は仏教経典の世界から突き出て、表現豊かな「物語もの」として見なされるに十分である。その面白さは『毘羅三昧経』の原典を繙いて読んでいただければ直ちに了解されるであろう。スノビズムに充ち満ちた序奏から大乗仏教の六波羅蜜の実践というスピリテュアルな演奏が続き、仏の神通力が大衆の前に示されエピローグを迎える。装置は大仰であるが、しかしその教説は仏説と何ら変わるところはないのである。いや、インド仏教の経典にはかくまでも劇的な装置は準備されていないのであるから、すでに逸脱している。

いると言えないこともない。インド仏教の大小乗の経典に熟知していた釈道安には到底受け入れられない〝中国的〟一面を見てしまったとして、疑経のリストに直ちにあげたのであると思われる。

また別の表現を用いるならば、『毘羅三昧経』に述べられた思想的内容は、大乗仏教が旗印として盛んに喧伝してきたキーワードの文学的解説である。文言は修飾語が異常に多く、かつ異様ともいえる劇的な構成で成立していることは否めない。とは言え、これが天竺の言語で存在していたとしても不思議ではないと考えられるが、文飾はあくまでも中国的であるのでインド仏典に通暁した学僧を騙すことは不可能であろう。また、『毘羅三昧経』の随処に見られる音写語や意訳語は、やや理解しがたい一面もあるが、若干の訛伝や翻訳者の特徴とも受け止められる余地を残している。その方面の詳細な研究が待たれる。

さて問題は何であろうか。これら釈道安が認定した疑経の成立年代は中国仏教初期ということであり、言いかえれば四世紀末までに成立したのであるが、どうして「疑経」を編集もしくは作成しようとしたかの内在的理由こそ探求されなければならない。漢訳経典の濫觴は安世高が後漢の洛陽で訳出（実際は口述か）[9]した二世紀後葉である。それから僅々二〇〇年未満という間に疑経は二六部三〇巻が出現した。単純に割っていくと七年に一つの疑経が世に出てきたことになる。実際には七年に一冊ではなく、ここが肝心な点であるが、そのようなものを編集しても構わないという雰囲気が、点在する弱小なグループ内で醸成された理由を知りたいのである。これが中国だけに見られる中国的特徴であるのか、それともインド仏教にその遠因が存したのかということになるが、この研究も今後の課題であろう。

二　智通訳『千眼千臂観世音菩薩陀羅尼経』の改作をめぐって

（一）『千眼千臂観世音菩薩陀羅尼経』と智通

次に翻訳経典を修正した例――それは一種の疑経編集とも理解できると考えるが――を検証してみたい。日本の古写経[10]のなかに智通訳『千臂千眼観世音菩薩陀羅尼経』二巻が存するが、刊本大蔵経（高麗再雕版、南宋思渓版、元版、明版）と異なっている。

本経は、唐代初期の翻訳である。そもそも玄奘帰国前において唐王朝は道教を重んじつつも仏教を排斥することなく、一部では新訳を勧める動きもあった。本経におけるテキストの改作は興味深いものがある。[11]

この智通訳『千眼千臂観世音菩薩陀羅尼神呪経』二巻[12]は、『開元録』巻八によれば貞観年中（六二七～六四九）に翻訳されたという。その根拠は波崙（生没年未詳）の同経の経序によっている。この経序は高麗版だけに存している。経序の撰者について、智昇は『開元録』巻八で「千眼千臂観世音菩薩陀羅尼神呪経二巻」の経典を挙げたあと「或は一巻。貞観中に内に在りて訳す。初出。唐の流志千眼千手身経と同本。[13]沙門波崙、序を製す」と注記している。波崙の伝は不明であるが、実叉難陀（六五二～七一〇）が聖暦二年（六九九）に翻訳した八〇巻『華厳経』の訳経事業に筆受として参加し活躍している。[14]また北天竺嵐波国出身の李無諂が久視元年（七〇〇）八月に訳した『不空羂索陀羅尼経』の経序も製している。そこには福寿寺沙門波崙という撰者号となっている。

二つの経序の作者が波崙であることに異論はないと思われるが、[15] そうなると智通の翻訳した貞観時代と五〇年、いや六〇年近くも離れていることになる。経序が付されるのは通常翻訳した時であるが、何らかの要請があった折に新しく製作されることもある。その場合は出版事業が多い。しかし、唐代のこの時にはまだ刊本が上梓される時代ではなかったのであるから、別の理由が存したのであろう。経序にはそのあたりの事情が語られているやに思われる。いささか手短に序文を見てみよう。

千眼千臂観世音菩薩陀羅尼神呪経序

惟うに夫れ、聖力は准じ難く霊心は究めること罕し。六神通の妙業、八自在の玄功、恭実を持して崇山に納む。毫端を析きて大海に容る。豈に身を百億に分つことを止んや。三千を現影するのみ。千手千眼菩薩は、即ち観世音の変現にして魔怨を伏するの神跡なり。武徳の歳より中天竺婆羅門僧瞿多提婆（伝記・生没年未詳）、細氎の上に形質を図画し及び壇（曼荼羅）を結べり。手印の経本を京へ至りて進上す。太武（太宗ヵ）見るも珍しからず。其の僧悒えて轡を旋らす。貞観年中（六二七―六四九）に至りて復た北天竺僧有り。千臂千眼陀羅尼梵本を齎らし奉って進む。文武聖帝勅して、大総持寺法師智通をして梵僧と共に呪経并に手印等を翻出せしむ。智通法師、三覆して既に了れり。

時は貞観の治と謳われた初唐の太宗の代に北天竺から〝千臂千眼陀羅尼〟の梵本が齎らされて太宗に進上

されたという。よほどこの陀羅尼経典が西域で流行していたのであろう。文武聖帝とは恐らく太宗のことであろうが、それに応えて大総持寺法師智通に翻訳させたというのである。智通法師とはそこまで著名であったのであろうか。『続高僧伝』では立伝されていないが、『宋高僧伝』巻三に伝記が見える。[16]

唐京師総持寺釈智通伝

釈智通。姓は趙氏。本と陝州安邑の人なり。隋の大業中（六〇五～六一七）に出家し受具せり。後、名を総持寺に隷えり。律行精明にして経論に該博なり。幼きより挺秀なり。即ち遊方の志有り。因りて洛京の翻経館に往き、梵書并びに語を学べり。暁然として明解なり。たまたま貞観中に北天竺僧有り。千臂千眼経の梵本を齎らし到る。太宗勅して天下の僧中の学解の者を蒐む。翻経館の綴文筆受証義等を充つるに、（智）通その選に応じて梵僧と対し、訳して二巻と成す。天皇の永徽四年（六五三）、また本寺に於いて千囀陀羅尼観世音菩薩呪一巻・観自在菩薩随心呪一巻・清浄観世音菩薩陀羅尼一巻を出せり。共に四部五巻。（智）通、其の梵字を善くし、また華言を究む。敵対して相い翻ずるも時にみな推伏せり。また瑜伽秘密教を行いて大いに感通有りと云う。後、終わる所を知らず。

つまりは太宗が智通を名指したのではないということになる。けれども当時の外国語学校である翻経館で優秀な成績を修めていた人物であったということになろうか。智通はすでに周囲に認められていたことが『衆経目録』（静泰録）巻一に見える。[17]

貞観九年（六三五）四月、勅を奉って苑内に一切経を写せり。大総持寺僧智通、使人秘書郎褚遂良等と共に新訳経を附し、経を挍定し申奏す。勅を奉って施行す。

褚遂良（五九六〜六五八）が秘書郎であり、その後起居郎となって太宗から深い信頼を得ていた人物であることはよく知られていることであるが、大総持寺僧智通が肩を並べていたことは当時の仏教界を代表する僧侶でもあった証左であろう。

しかし、『宋高僧伝』では最後に「後、終わる所を知らず」と記述しているのは何故だろうか。これは玄奘の帰国と関係があるように推測されるが、玄奘との関係はどのようになっていたのであろうか。太宗の圧倒的な玄奘への信頼は空前絶後であった。実際玄奘の梵語の理解力は抜群であり、誰も意見を差し挟むことはできなかったのである。玄奘の帰国は貞観一九年（六四五）である。この時を境にして智通の秀逸性は霞んでいったと想定するのが自然であるが、まずは智通と玄奘との交流を語る一文を紹介しよう。智通訳『観自在菩薩随心呪経』の後序[18]に、

此の呪、心に随い鬼を摂するに用ゆ。此の一印、（智）通、師三蔵玄奘法師の辺より親しく受く。三蔵此の印の闕するを知るが故に智通師に授与す。中天竺国長年跋吒那羅（伝記等未詳）、罽賓国沙門喝羅那僧伽（伝記等未詳）と三曼荼羅会を同じくして此の法を受持せり。後、勅に因りて召されて京に入る。遂に大総持寺僧智通有り。解を聞きて翻訳す。数十の大徳と此の印法を求め及び、遂に翻訳を流伝す。通、依りて壇を作り、七七日を経、如法に受持す。願皆満足す。威力既に常と異れり。

玄奘が密教に対してほとんど関心を示さなかったことは周知の事柄であるが、智通に密呪を授与したという本序の叙述が事実ならば、智通を密呪の専門家として認めていたわけであり、玄奘帰国後も唐王朝における智通の翻訳僧としての位置に変更はなかったと推定される。しかし、仏教世界の表舞台からは一歩も二歩も引き下がっていったに違いない。それが「後、終わる所を知らず」となったと推定する。

智通の事績を年代順に整理してみると次のようになる。

隋大業年（六〇五～六一七）……出家・具足戒を受ける（『宋高僧伝』巻三）。

唐貞観九年（六三五）……褚遂良と一切経を書写し進上する（『衆経目録』巻一）。

唐貞観年中（六二七～六四九）……『千眼千臂観世音菩薩陀羅尼神呪経』二巻を訳す（波崙製『経序』、『宋高僧伝』巻三）。

唐永徽四年（六五三）……『千囀陀羅尼観世音菩薩呪』一巻・『観自在菩薩随心呪』一巻・『清浄観世音菩薩陀羅尼』一巻を訳す（『宋高僧伝』巻三）。

没年未詳……「終わる所を知らず」（『宋高僧伝』巻三）。

さて、波崙の経序に話を戻そう。波崙は、智通の翻訳時前後の情報を伝え聞いたに違いない。だが、すでに時は五〇年も六〇年も離れている。詳細な事情が忘却されていたことは否めない。波崙自身、経典の中に注記されている記述に頼った箇所があると思われる。しかし、肝心なのは何故この時期に再び智通訳『千眼千臂観世音菩薩陀羅尼経』に光を当てたのだろうかということである。恐らくは、本経の陀羅尼、神呪としての宗教的価値が再び脚光を浴びたと想定することが自然であると思われる。本経の異本として菩提流支訳『千手千眼観世音菩薩姥陀羅尼身経』一巻があるが、これは景龍三年（七〇九）の訳とされている。波崙の活躍年代と一致する。この陀羅尼信仰の隆盛が智通訳の再登場となり、経序が書かれ、さらに本経自身への校訂が始まったと考えられる。この校訂は、しかし実際には改作となったのではないかと言えるほどの大幅な編集作業であったようである。

（二）諸本の異同

それでは次にテキスト本文における諸本の異同について考察を加えたい。本経は、高麗版と宋版・元版・明版の三本との間に大きな相違が見られる。そのため大正蔵本ではまず高麗版を掲載し、ついで別本として明本を掲載して対校本に宋版と元版を取り上げている。

高麗版と宋元明の三本の相違は大正蔵校訂者の判断に関わらずさほど大きくない。とは言え、それは大きく異なる日本古写経本との比較においてはじめて言える評価である。高麗本と三本と相違する主要な点は、（1）序文の有無、（2）灌頂印の有無、（3）夾註の有無の三つである。

（1）序文は高麗本のみに付されている。それは先に考察したように波崙の撰述とみなされる。

（2）三本には上巻の末尾に灌頂印が掲載されているが、高麗本には見られない。

（3）夾註の有無はいささか面倒である。夾註が本文となっている箇所が両本ともに見られるからであるが、片方にしかない夾註は少なくとも一箇所（高麗本巻上第一一章「此語智通親自供養。蒙作此問。以此録之」）だけである。

次に両系統の本文に散見する微妙な語句を摘出してみたい。それは本経の主題となっている「千眼千臂」の四字であるが、経題は高麗本、三本ともに変わらず、また章立てに挙げられる題も同様である。しかし、注意しなければならない点は高麗本の巻上巻末に「千臂千眼観世音菩薩像」[19]とある語である。ここでは「千眼千臂」が逆転している。単なる誤写か伝本の誤りかと考えられる小異であるが、見捨てて置けないのは序文に「千手千眼菩薩者即観世音之変現」とあるうえに「賫千臂千眼陀羅尼梵本奉進」と出てくるからである。序文の題名それ自体は「千眼千臂観世音菩薩陀羅尼神呪経序」で通常の順次であるが、その中にこのような逆転の文字配列が存することは何かを物語るに違いない。

奈良大和郡山の西方寺一切経は、近世に大門寺一切経から移動し付された名称であるが、平安院政期から鎌倉時代にかけて書写された一切経であり、その底本の多くは奈良写経系と想定される。この一切経では、智通訳『千眼千臂観世音菩薩陀羅尼経』上巻は外題内題ともに「千臂千眼観世音菩薩咒経品巻上」とあり、尾題は「千臂千眼観世音菩薩陀羅尼経巻上」となっている。奥書には「仁平二年」（一一五二）の年号が見える。

また京都の興聖寺一切経にも巻上の外題内題ともに「千臂千眼観世音菩薩咒経巻上」であり、尾題は「千臂千眼観世音菩薩陀羅尼経巻上」となっている。巻下は外題内題ともに「千臂千眼観世音菩薩陀羅尼経巻下」、尾題は「千臂千眼観世音菩薩陀羅尼咒経巻下」とあり、その奥書に「永万二年」（一一六六）の年号が見られる。

これら両本とも「千手千眼」の一箇所を除いて全て「千臂千眼」の順次になっている。「千手千眼」も畢竟「千臂千眼」に相違ないから日本に伝来した経本の中にはこの「千臂千眼」を主題としたものが存在していたことが分かる。

さかのぼって奈良写経の記録である『正倉院文書』を探ってみると、「千眼千臂」の経名と「千臂千眼」の経名とが混在していることに気がつく。[20] 本経に関する日本古写経は、高麗本や宋元明三本等の現行本につながる経巻と、西方寺一切経や興聖寺一切経などの経巻とが平行して流通していたことになる。これは大変興味深い事象でもあろう。混在現象は単なる誤写とは到底考えられない。恐らくはどちらかが古く、それを改作したと想定することが妥当である。

さて、「千眼千臂」から「千臂千眼」へ改作したと考えるのは些か無理がある。何故ならば「千眼千臂」の現行本の淵源を辿ると一〇世紀の開宝蔵、[21] 一二世紀の南宋版、および八世紀の奈良写経の記録等である。一方「千臂千眼」は八世紀の奈良写経の記録と、さらにそれらの転写本と想定される一二世紀書写の西方寺一切経本や興聖寺一切経本とである。一切経に正式に入蔵され残ったのはどちらかを考えれば自ずと見えてくる。開元一八年（七三〇）に撰述された智昇の『開元録』入蔵リストには「千眼千臂」の経名が見えるのみである。つまり唐代初期に翻訳した智通の『千臂千眼観世音菩薩陀羅尼経』は開元一八年までに『千眼千臂観世音菩薩陀羅尼経』に改作されたということになる。智通が「千臂千眼観世音菩薩」と翻訳した経題を「千眼千臂観世音菩薩」と改名することができる人物は誰であろうか。その問題に入る前に日本古写経のその他の特徴を記しておかなければならない。

日本古写経本と刊本一切経本（高麗版、宋元明三本）との主要な相違点の第一は、大身呪（根本大身呪）

の数的相違である。前者は百陀羅尼あるが、後者は九十四句である。前者が智通訳に近いとすればそれを整理して減数したことになる。第二は、巻上の巻末に日本古写経本には隋闍那崛多訳『五千五百仏名神呪』から経文と陀羅尼を引用していることである。[22]第三は、章立てが異なる。日本古写経本は二〇章、刊本一切経は二五章となっている。智通訳に手を加え新たな章を追加したことになる。第四は、日本古写経本の下巻巻末に翻訳時の事情を語る、些か長い文が見られることである。[23]前半には「大総持寺僧智通、初め此の法門を得。法に依りて受持す。時に大唐貞観年中に於いて勅を奉って追って通入内し千臂千眼観世音陀羅尼経法を翻訳す。通広明に達せざるが為に遂に便ち乞願して親しく聖に引接するを蒙る。上の所問皆悉く知委（？）す。まさに知るべし。此の法、不可思議。親しく自ら験を証する。是の故に記を録して前の大身咒（用前第六。通、達三昧印）を用ゆ」とあって、翻訳時の事情が知られる。波崙はこの文章を見たかとも思われる。波崙の序に「貞観年中に至りて復た北天竺僧有り。千臂千眼陀羅尼梵本を齎らし奉って進む」とあるが、「貞観年中」なる言葉は現行の刊本一切経本に見られないからである。

これらの主要な四つの相違点を考えると、明らかに智通訳本『千臂千眼観世音菩薩陀羅尼経』上下二巻を改作し、『千眼千臂観世音菩薩陀羅尼経』上下二巻とし、本文にも大幅な手を加え改作したことが読み取れる。これを疑経の範疇に入れるべきかはいまだ決着を見ないであろうが、インド仏教の原典通りの翻訳でないことは確実である。

三　小結

疑経の問題は複雑であり、また資料的制約から考察の手が及ばないことばかりである。原典に相当するサンスクリット語ならびにそれを予想させるチベット語翻訳経典から探索できないものに対して疑経の成立を論ずることは難しい。また疑経研究の先駆者牧田諦亮博士が指摘しているように、多くの疑経が作成されてきたが、その大半を失ってしまった現在、それらの復元もまた困難である。本稿で紹介した『毘羅三昧経』も一二世紀の日本の古写経である。当初は全くの偽物（？）だとの指摘も受けたほどであるが、無理もない。誤写も多く、また古漢語も含まれていたため、その読解は難渋を極めた。しかし、慧法菩薩の奇想天外な物語や、阿遮太子の徹底した布施行は仏教の基本的理解のうえに構想された大装置の〝仏教経典〟であるとみなすことまでは共通認識に達したのではないかと思うのである。

また日本古写経に残存していた智通訳『千臂千眼観世音菩薩陀羅尼経』上下二巻は現行本と異なり、大幅な改作が行われたことが推測される。その改作の度合いは原典の梵本に従って改訂したのではなく、漢語経典としての体裁を整えたと見なされる。これらの改作を行ったのは誰であろうか。恐らくは本書だけの単発の改作ではなく、一切経全体の相当数にわたって手が入れられた可能性が高い。義浄撰『大周西域行人伝』を『大唐西域求法高僧伝』に改題し、また『陀羅尼雑集』の本文の構成を大幅に入れ替え、そして『首楞厳経』も巻七に大鉈を振るって経文を削除してしまっている。どれも八世紀初頭における作為である。

智通訳本の改作は、しかし必ずしも十分に整理されずに終わった可能性が高い。高麗版と三本との相違がそれを物語っている。

これら一連の事業は国家的な権威の下に進めなければ出来ないのは確かである。さらにその記録をも消去してしまうことができる絶対的権力が存し長らく秘されてきた訳であるが、日本の各地に残る古写経の研究によって、ようやくその一端が見えてきた。今後この研究はさらに深化すると思われる。

（1）この書物は散逸してしまったが、僧祐の『出三蔵記集』に引用された当該文からほぼ復元されている。常磐大定『後漢より宋斉に至る訳経総録』（東方文化学院東京研究所、一九三八年）参照。
（2）『大正蔵』五〇巻三八頁中段。
（3）『開元録』巻一八に「父母恩重経一巻（経引丁蘭董黯郭巨等。故知人造。三紙。）」（『大正蔵』五五巻六七三頁上段）とあるように丁蘭、董黯、郭巨は中国では孝行の人物として知られているので、『開元録』の編者智昇は「偽妄乱真録」に入れたが、現行本はこの三人の名前が出てこない。批判を受け再度編集したものであろう。
（4）牧田諦亮監・落合俊典編『七寺古逸経典研究叢書』全六巻、大東出版社、一九九四～二〇〇〇年。
（5）『大周録』の日本古写経本の中には『大正蔵』本には見られない「聖暦三年（七〇〇）奉行」という文章が記されているものがあり、この『毘羅三昧経』の箇所にも存する。金剛寺一切経本、西方寺一切経本、七寺一切経本等。
（6）牧田諦亮「『毘羅三昧経』解題」（『七寺古逸経典研究叢書』第一巻、三〇五～三二一頁）参照。
（7）『大正蔵』五四巻一〇一一頁中段一六行。
（8）『大正蔵』三巻七頁下段二八行～八頁上段三行。
（9）デレアヌ　フロリン「金剛寺一切経と安世高の漢訳仏典」（『いとくら』第二号、国際仏教学大学院大学学術フロンティア、二〇〇七年。）
（10）日本古写経は従来奈良写経を指していたが、ここでは刊本大蔵経を書写底本としない写経本をいう。鎌倉写経の多くもその範疇に入るが、南北朝前後から刊本大蔵経を親本とする写経が増えてくる。ただし、院政期の平安写経の中に開宝蔵（北宋勅版、蜀版）を底本としたものも見られるので日本古写経とは称しないが、それらは僅々の一部であるので概略すれば平安・鎌倉写経を日本古写経と言っても差し支えないと考える。
（11）拙稿「大唐西域求法高僧伝の原題」（『三康文化研究所年報』二一号、一九八九年）。林敏「日本における『首楞厳経』の展開」（『印度学仏教学研究』一二〇号、二〇一〇年）等参照。
（12）智通訳『千眼千臂観世音菩薩陀羅尼経』二巻は高麗版と宋元明版の三本とで異なる。序文は高麗版だけにあり、本文の経文も種々相違している。『大正蔵』では高麗版をNo.1057として、宋元明版は明版をもとにして別本として掲載している。先行研究には、大村西崖『密教発達志』（一九一八年）、長部和雄『唐代密教史雑考』（神戸商科大学学術研究会、一九七一年）、平井宥慶「千手千眼陀羅尼経」（『講座敦煌』七「敦煌と中国仏教」、大東出版社、一九八四年）等がある。またチベット語訳本については磯田熙文「『大悲心陀羅尼』について」（『臨済宗妙心寺派教学研究紀要』五号、二〇〇七年）参照。
（13）菩提流支訳『千手千眼観世音菩薩姥陀羅尼身経』一巻（『大正蔵』二〇巻所収）。景龍三年（七〇九）訳。
（14）玄奘の『大唐西域記』巻二に記される濫波国と想定される。玄奘は、この濫波国は北天竺の境界であり、伽藍十余ヵ所で皆大乗を学んでいると述べている。八世紀の慧超は覧波国には三宝を敬信し大乗の法を行うとしている。水谷真成訳『大唐西域記』（平凡社、一九七一年）七五～七六頁参照。
（15）長部和雄前掲書六二頁。
（16）『大正蔵』五〇巻七一九頁下段～七二〇頁上段。
（17）『大正蔵』五五巻一八八頁下段～一八九頁上段。
（18）『大正蔵』二〇巻四六三頁上段一四行～二四行。なお、本後序の後半は省略した。

(19)『大正蔵』二〇巻八七頁中段一四行。なお巻下の第二五章に「請千臂観世音菩薩心王印呪」(同八九頁中段一九行)とあるが、これは千臂千眼か千眼千臂か、どちらの省略か分からない。ちなみに三本では「千臂千眼」の語句は見られない。

(20) 木本好信編『奈良朝典籍所載仏書解説索引』(国書刊行会、一九八九年)には「千眼千臂」の経名は一六箇所、「千臂千眼」の経名は一九箇所である。なお石田茂作編『奈良朝現在一切経疏目録』(『写経より見たる奈良朝仏教の研究』所収、東洋文庫、一九三〇年)では全て「千眼千臂」に統合している。

(21) 開宝蔵の模刻本が趙城金蔵と高麗初雕版と高麗再雕版である。高麗再雕版は守其等が諸本を用いて大幅な訂正をしているものがあるので、開宝蔵を探るうえでは前二者がふさわしい。しかし、全てが現存しているわけではないので隔靴掻痒の感を免れない。

(22) 興聖寺本の上巻三〇四行から三二九行まで。『大正蔵』一四巻三二八頁下段一四行〜三二九頁上段九行。

(23) 興聖寺本の下巻一六六行〜一八八行。その文章を行数にしたがって引用する。(一六六) 大総持寺僧智通初得此法門依法 (一六七) 受持于時於大唐貞観年中奉勅 (一六八) 追通入内翻訳千臂千眼観世音陀 (一六九) 羅尼経法通為未達広明遂便乞願 (一七〇) 蒙親接引聖上所問皆悉知委当 (一七一) 知此法不可思議親自証験是故録記 (一七二) 用前大身咒(用前第六通達三昧印)爾時菩薩他 (一七三) 作阿難相貌具足来問仁者所須何 (一七四) 法何所求耶此諸語智通親自供養 (一七五) 蒙作此問以此録之行者答言為求 (一七六) 無上菩提陀羅尼法当蒙受記之時 (一七七) 唯須発願悲泣慇懃心無希求名聞 (一七八) 利養所願救一切衆生如視一子又 (一七九) 願一切鬼神悉皆順伏得如是願已 (一八〇) 一切陀羅尼三昧皆悉見前但自知 (一八一) 耳不得向人伝説通翻此法與房中 (一八二) 侍者玄暮一本学得説即樊却都本 (一八三) 都本即根本身咒也唯有此本自外 (一八四) 更無如此供養一切陀羅尼法門悉皆 (一八五) 成就若欲得有所求者当作四肘 (一八六)(空格) (一八七) 水壇焼流水香誦咒一百八遍作前 (一八八) 第十乞願印即得一切如願

第七章

仏教絵画と宮廷

——南宋・馬遠「禅宗祖師図」を中心に

板倉聖哲

一 皇帝と仏教・美術の関わり――南北朝時代まで

中国における仏教の展開は、国家権力との密接な関わりの中で捉えられている。つまり、専制君主の統治権が強固であった中国では、仏教が初期段階のように独立的な運営であることが難しく、皇帝権力の下に従属し、国家・権力者の保護統制下で発展していったのである。そのため、当然ながら、仏教は単なる皇帝ら個人の信仰のみならず、国家宗教的な側面がしばしば強調されることになり、王法（世俗権力・秩序）と仏法（仏教の哲理と教団の活動）の相克、拮抗という形で理解されたのである。鎮護国家の概念に集約される護国思想もインドから既にあったが、中国に仏教が受容される過程で強化された格好と言えよう。

仏教の伝来自体、西方との交渉の中で漸次伝播された実態とは異なり、皇帝が霊夢で感得し、インドに仏教を求めたという伝説（感夢求法説）が根強くある。東晋の袁宏『後漢紀』には次のようにある。後漢の明帝（在位五七～七五）が夢で金人（金色の人）を見た。身丈長大で項に日月のような光があった。皇帝が群臣に何者かと問えば、臣下のある者が西方の仏ではないかと答えた。そこで、天竺に派遣して教えを求め、中国においてその形像を描かせたという。とすれば、仏教は伝来した当初から王権と密接に関わり、仏像・仏画も同時に伝来したものとして永く語られてきたことになる。『後漢書』巻四二には、明帝の異母弟である楚王の英（七一年没）が黄帝・老子と共に浮屠すなわち仏陀を合わせ祀ったとあるように、実際、その頃には宗室が仏教を信仰していたことは確かで、人体像としての仏陀がいち早く中国に伝わったと考えられる。

さらに、桓帝（在位一四六～一六七）は宮中に黄帝・老子・仏陀を祀ったとあることから、後漢の皇帝が仏像を宮中に祀っていたのである。

この後、仏教は中国に様々な形で浸透していくことになるのだが、その上で大きな壁があった。一つは、「夷戎」の教えである仏教を「中華」がいかにして受け入れるか、である。例えば、東晋の明帝（在位三二二〜三二五）は自ら大内の楽賢堂に釈迦像を描き、興皇寺・道場寺を建立し、義学僧百人を集めたが、『晋書』巻七七「蔡謨伝」によれば、明帝が多芸多才であったためで、夷戎の風俗である仏道を好んだとは聞いていないとしている。もう一つは世俗の権威「王法」と出世間の教え「仏法」がいかにして折り合うか、である。これらの課題に対する解答が模索されたのが東晋・南北朝時代であり、国家宗教としての側面が準備されるのもこの時期ということになる。仏教は統治者の支配原理として利用され、仏教の転輪聖王を現実の皇帝と一体視し、王法と仏法の一体化が図られる「皇帝即如来」思想が形成されるようになったのである。

そして、この時期は同時に仏教美術の第一次黄金期にも相当している。例えば、南朝では稀代の奉仏皇帝と称される梁の武帝（在位五〇二〜五四九）が登場し、天竺から「栴檀仏像」を都の建康の太極殿に迎え、次々と大寺院を建立し、その壁画に張僧繇らが健筆を揮ったことなどが記録から知られる。が、実際の遺品は伝存しておらず、現存作品としてこの時期を代表するのは華北を舞台とする北朝の巨大石窟であろう。鮮卑族拓跋氏の王朝である北魏の雲崗・龍門・鞏県石窟、さらに北斉の響堂山石窟は皇帝発願による造営で、国家事業として相次いで造営された。

中でも、北魏前半の都の平城（山西省大同）から西へ一五キロの位置にある雲崗石窟の中で、像高一三〜一七メートルの仏を窟いっぱいに掘り出した第一六窟〜第二〇窟の「曇曜五窟」には、法果によって唱えられた「皇帝即如来」の思想を前提にした、皇帝崇拝と表裏一体となった仏教信仰の形を見出すことができる。

挿図１　北魏・雲崗石窟第一九窟　仏坐像

興光元（四五四）年、平城の五級大寺では、道武・明元・太武・景穆の過去四帝に発願者の文成帝（在位四五二〜四六五）を含む五帝のために、五躯の丈六釈迦立像を鋳造し、皇帝の英姿を仏陀に投影し、その威徳を顕彰した。和平元（四六〇）年には、僧尼を統括する沙門統に就任した曇曜が武州塞に五石窟を開き、各窟に仏像を造立することを奏請しており、それが「曇曜五窟」に相当する。都の寺院において像高四メートルを超える五体の銅像が並ぶ威容を基に、一層巨大な姿として展開させた石窟造像は、「彫飾の奇偉なること、一世の冠たり」（『魏書』釈老志）と評された（挿図1）。

皇帝発願窟として引き継がれたのが、遷都後の都、洛陽から南一五キロにある龍門石窟である。刻まれた多くの造像題記の龍門二十品は北魏書法を代表するものとされるため、美術史上、この石窟は仏教芸術のみならず書法でも注目される。その中の賓陽洞は、景明元（五〇〇）年、宣武帝（在位四九九〜五一五）が父の孝文帝と母の文昭皇太后のために、雲崗（代京霊巌寺）石窟に準じて石窟二所の造営を発願し、宦官の劉騰の進言によって自身のための石窟一所を追加したというが、完成したのは孝文帝のための中洞のみで、他二窟は未完に終わった。賓陽中洞の本尊仏坐像（挿図2）、左右壁の立像は中国式の着衣形式で、西方的な要素が横溢した雲崗初期窟とは異なり、天井の飛天、装飾モティーフも中国式のものであった。また、前壁の左右に位置していた皇帝礼仏図・皇后礼仏図（挿図3）の浮

挿図2　北魏・龍門石窟賓陽中洞　仏坐像

挿図3　北魏・龍門石窟賓陽中洞前壁　皇后礼仏図（ネルソン・アトキンス美術館）

彫はアメリカの美術館に分蔵されているが、重なり合う人物を表すことで奥行を表し、体躯の様々な向きによって画面に動感を与え、衣紋の流麗な線によってリリカルな美しさを湛えている。

二　国家的な宗教としての仏教と美術——隋・唐・宋

隋　その後、南北を統一した隋の楊堅、高祖文帝（在位五八一～六〇四）は、出生より幼少時にかけて仏教寺院で尼僧に養育されたことから、熱心な仏教信者であった。北周の武帝によって断行された廃仏の大きな打撃から、積極的な仏教復興政策を採り、開皇二（五八二）年、新都の大興城の造営と共に、仏教・道教の宗教思想研究機関として大興善寺・玄都観を建てて、仏教と道教を対等に扱い、仁寿元（六〇一）年、三十粒の仏舎利を天下各地の三十州に送り、一〇月一五日を期して一斉に舎利塔を建立させることとした。阿育王が釈迦の七大塔から舎利を収集し、鬼神を駆使して一日に八万四千の塔を建立したという説話を踏まえたもので、その後、二年と四年の三次にわたって全国百余州、一一一基の木造舎利塔が建立された。

文帝の第二子、煬帝（在位六〇四～六一八）は、むしろ暴君のイメージが人口に膾炙しているが、仏教・道教に関しては多くの高僧を尊信、厚くもてなした。煬帝は揚州総管時代から江都四道場、すなわち、慧日・法雲の二仏寺、玉清・金洞の二道観を設け、四事（生活資具）を供給、家僧として礼遇した。また、皇太子時代、大興城に建立した日厳寺には全国から高僧を集めており、私寺的な性格を持つものであった。即位後に建造した東都内の慧日道場は、宮中内に設けられた仏教道場、仏寺修行の場である「内道場」のはじまりと見なすことができる。

唐　唐時代は仏教の極盛期に当たり、国家権力を利用して自己の勢力を伸ばしたと同時に、国家の統制が強まった時期でもある。唐初、高祖・李淵（在位六一八〜六二六）は老子（李耳）と同姓であることから、建国の最初から道教に対して好意的で、太宗・李世民（在位六二六〜六四九）が発した「道先仏後の詔」によって、道士は仏僧の上位に列することとなった。この時期の仏教は国家の安寧を祈り、帝威を内外に宣揚するものとして国家仏教の発展に参与するものであった。インド・西域から経典を持ち帰った玄奘（六〇二〜六六四）は太宗・高宗の信奉を得て、宮殿において訳経作業を行った。

武周革命によって中国史上唯一の女帝である則天武后（在位六九〇〜七〇五）が誕生したが、この時期、仏教も大きな展開を見せている。天授二（六九一）年、道先仏後が改められ、仏教が道教の上となり、厚い保護政策が採られた。この時期に発展したのが北宗禅と華厳であり、北宗神秀（？〜七〇六）は武后の礼遇を受け、内道場に入り、二京の法主、三帝の門師として皇帝の厚い信任を受けた。武后の後、仏教に対する態度は中宗（在位六八四、七〇五〜七一〇）と睿宗（在位六八四〜六九〇、七一〇〜七一二）にも受け継がれており、玄宗の道教尊崇による揺り戻し、会昌五（八四五）年、武帝による廃仏などがあるものの、唐時代仏教の極盛期が現出することとなる。内道場は皇帝の政治的な利用や帝室の繁栄、国家安泰といった現世利益を願う権力者の要求に応える場としての性格を強め、密教勢力が伸長する中、舎利供養・盂蘭盆会・内斎といった仏教儀礼挙行の場として大きな役割を果たすことになる。

高宗（在位六四九〜六八三）の時代、三十年一開の年に当たる顕慶五（六六〇）年、岐州（陝西省扶風）

法門寺より仏指骨を洛陽の大内に迎え供養し、金函九重を施し、道宣（五九八〜六六七）に命じて仏指骨を法門寺に送っており、以後、熱狂的な信仰の下、恒例化した。高宗は等身の阿育王像（阿育王がつくった釈迦像）を造らせ、舎利塔内に安置したというが、それは仏陀及びインドの転輪聖王である阿育王と自らを重ね合わせる行為であったと理解すべきである。この法門寺の塔基の地宮から出土した、仏指舎利四顆、舎利宝函（挿図4）・捧真身菩薩像などの金銀器、絹織物、陶磁器、ガラス器などの奉納品などの文物は唐時代後期を中心とし、唐時代前期を主とする正倉院宝物に匹敵するものと言えよう。

また、高宗が勅願し、咸亨三（六七二）年、高宗の皇后の武氏（後の則天武后）が化粧代二万貫を寄付し

挿図4　唐・八重宝函（舎利容器）第一重　陝西省扶風県法門寺塔基地宮出土（法門寺博物館）

挿図5　唐・龍門石窟奉先寺洞　盧舎那仏坐像

て竣工を促し、上元二（六七五）年に完成した龍門石窟奉先寺洞は間口三〇～三三メートル、奥行が三八～四〇メートルと大規模なもので、像高一七・一四メートルの中尊盧舎那仏坐像（挿図5）は、顔立ちが端正で胸・腹の量感もバランスよく表現され、理想的な人体表現の一つの完成形と見なすことができよう。

北宋　太祖・趙匡胤（在位九六〇～九七六）によって建国された北宋王朝は、後周の世宗の後を受け中国を再統一し、地方軍閥の権限を取り上げ、中央集権国家を作り上げた。三教は同じように重んじられたが、北宋前期に比べれば、後期は徽宗朝（一一〇〇～一一二五）の道崇抑仏に繋がっていくように、やや低調なものとなった。

北宋初、開宝五（九七二）年、宮廷内の僧侶・道士の席次について「僧先道後の詔」が出されている。中国僧の天竺求法の旅、天竺僧の入宋が奨励され、多くの僧が皇帝に舎利・貝葉等を献上して紫衣等を賜り、太平興国寺に設けられた訳経院で訳経活動も盛んに行われた。また、内道場で民のために祈福を行っており、それ自体、人心収攬を目的とした仏教信仰だったと考えられる。後周の都を引き継いで定められた開封では、啓聖禅院に南唐

挿図6　北宋・釈迦如来立像（清凉寺）

の長干寺から栴檀釈迦瑞像と宝誌和尚真身が運ばれ太宗御容と共に安置され、開封第一の寺院であった大相国寺は新たに修繕され、高克明ら宮廷画家をはじめとする、全国から集められた画師がその壁画に健筆を揮った。また、開宝寺の霊感塔には呉越国の阿育王山から運ばれた舎利が置かれ、宋都は仏教文物に彩られたのである。

南宋　靖康元（一一二六）年、靖康の変によって徽宗と欽宗らが金軍によって拉致され、金国で客死して北宋は滅亡する。宋室は南渡し、仏教国家であった呉越国の都であった杭州が臨安として行都となった。南宋時代、紹興三（一一三三）年、高宗（在位一一二七〜一一六二）は「僧先道後の詔」を出している。中でも、禅宗は国家宗教的な性格を強め、内観堂（宋時代の内道場）には多くの禅僧たちが入っており、同時に叢林は国家の強い統制を受けるようになった。寧宗朝（一一九四〜一二二四）において成立した五山制度はまさにそれを象徴している。五山制度は禅林内に官僚制度を導入する、いわば禅宗寺院の格式制度で、明の宋濂（一三一〇〜一三八一）『宋学士文集』巻四〇「住持浄慈禅寺孤峯徳公塔銘」等によれば、宰相の史弥遠（一一六四〜一二三三）が寧宗に奏上して嘉定年間（一二〇八〜一二二四）に成立したとされる。五山の第一は杭州の径山興聖万寿寺、第二は同じ杭州の北山景徳霊隠寺、第三は寧波の太白山天童景徳寺、第四は杭州の南山浄慈光孝寺、第五は寧波の阿育王山広利寺である。中国仏教史上、この時期が宮廷と禅宗が最も接近した時期である。禅宗の史伝書である四燈のうち、嘉泰二（一二〇二）年の雷庵正受編『嘉泰普燈録』には、宋時代の「聖君」六人、即ち、北宋の太宗・真宗・仁宗・徽宗と、南宋の高宗・孝宗が「賢臣」四九人と共に掲げられている。

禅宗寺院に対する宮廷や宰相の庇護が特に顕著になるのは、寧宗の祖父である孝宗朝（一一六二〜一一八九）で、五山制度の成立もそれを継承したものと見なすことが出来る。孝宗は高宗朝を引き継いで、大慧宗杲（一〇八九〜一一六三）や大慧下の拙庵徳光（一一二一〜一二〇三）、円悟系の別峯宝印（一一〇九〜一一九一）らの楊岐派、教学関係では天竺若訥（一一一〇〜一一九一）や霊山子琳らといった禅僧と密接な関わりを持っていた。また、史弥遠の父は孝宗朝の宰相、史浩（一一〇六〜一一九四）で、孝宗の同母兄である趙伯圭（一一一九〜一一九六）の娘が史弥遠の弟弥堅の妻であり、宗室の趙家と四明の名門、史家は姻戚関係を結んでいる。こうした背景から杭州と寧波の五寺が五山として制度化されたと考えられる。

南宋時代、画院画家の手になる仏教絵画が複数伝存しているのも、こうした背景に拠っている。次節で論じる南宋時代を代表する画院画家、馬遠の「禅宗祖師図」現存三幅（天龍寺・東京国立博物館　挿図8・9）の他、中期の画院画家、梁楷の「出山釈迦図」（東京国立博物館　挿図7）が挙げられよう。室町時代に「雪景山水図」左右幅と共に三幅対として扱われるようになるが、中幅に位置する本図は「御前図画　梁楷」という落款を有し、禅宗画壇で流行した主題を典型的な院体着色画の精妙な手法で描いている。また、無款ながら「羅漢図」対幅（個人）は同時期に活躍した画院画家、劉松年の画風を示しているが、「紹勲」瓢印から五山制度の成立に尽力した宰相、史弥遠の所蔵であったと考え

挿図7　南宋・梁楷「出山釈迦図」（東京国立博物館）

られる。さらに、南宋時代中後期とされる無款「伏虎羅漢図」（広東省博物館）も馬遠画風を示す作品と見なせよう。

三　南宋・馬遠「禅宗祖師図」をめぐる諸問題

（一）馬遠と楊后

馬遠は両宋交替期を挟んで画院画家を輩出した馬氏一族の中心的な存在。河中（山西省永済県）の人、字は欽山。馬氏は仏画を家業とし、宣和画院で活躍した曾祖父の馬賁、紹興年間（一一三一～一一六二）の画院待詔である祖父の馬興祖、叔父の馬公顕、父の馬世榮、兄の馬逵、子の馬麟と五世代に亘っており、馬遠自身、光宗・寧宗朝（一一八九～一二二四）の画院待詔となったとされる。馬遠の作品でも、代表作の多くは寧宗皇后である楊后（一一六二～一二三二）の題賛を伴っており、その制作時期も寧宗・楊后の題賛によって絞り込むことができる。それらは言うまでもなく皇帝・皇后の意図を反映したものであったと考えられる。

無款ながら馬遠の手になるとされる「清涼法眼・雲門大師図」（天龍寺　挿図8）、「洞山渡水図」（東京国立博物館　挿図9）も楊后賛を有し、両者のコラボレーションによる禅宗祖師をめぐる書画の表象と言える。

挿図8－1　南宋・馬遠画・楊后賛「雲門大師図」（京都・天龍寺）

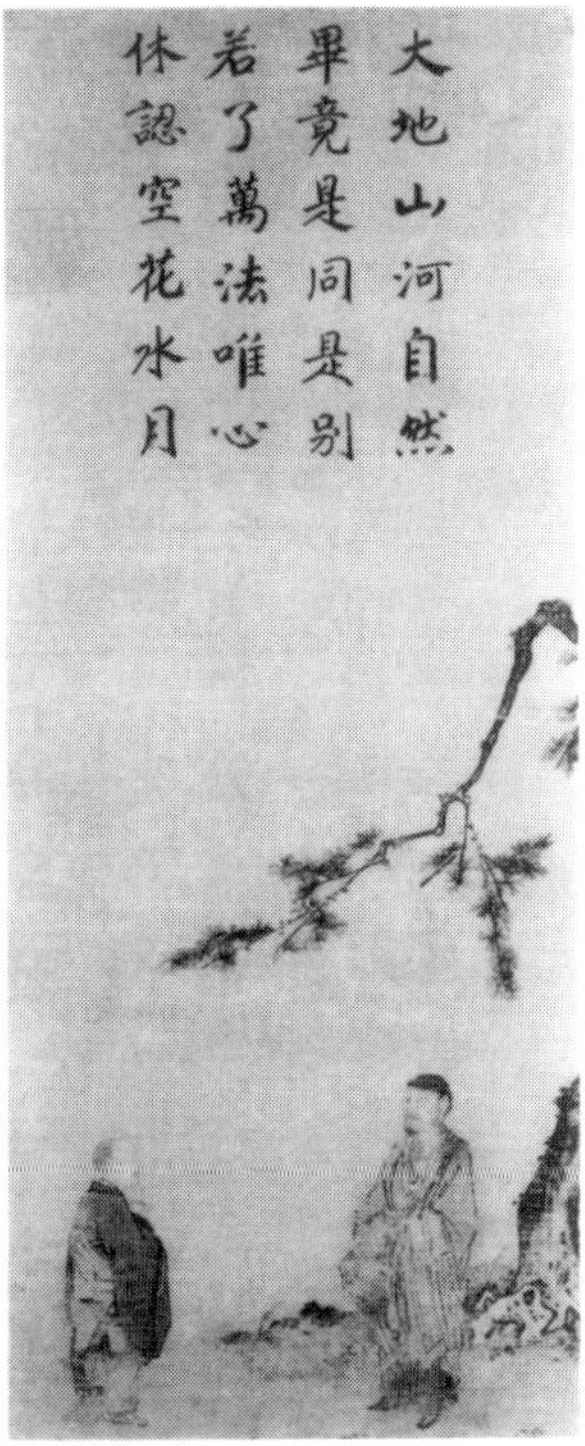

挿図8－2　南宋・馬遠画・楊后賛「清凉法眼図」（京都・天龍寺）

これら三幅は絹質・法量、画風、題賛の形式・書風等が一見する限り共通しており、所謂「禅宗祖師図」と総称されている。三幅に捺されているのは「坤寧之殿」朱文方印であるが、楊后が皇后時代に起居した坤寧殿を意味しており、そのため、制作年代も楊皇后時代、即ち、一二〇二～一二二四年に絞られる。馬遠は南宋時代を代表する画院画家、楊皇后は宮廷最大の画院のパトロンであり、その意味で、この「禅宗祖師図」三幅は、「華燈侍宴図」（台北故宮博物院）や「十二水図」（北京故宮博物院）と共に、南宋時代を代表する絵画作品と位置付けることができよう。

　これら三幅はみな対角線を意識した単純な構図の中に登場人物を配し

携藤撥草瞻風
未免登山涉水
不知觸處皆渠
一見低頭自喜

挿図９　南宋・（伝）馬遠画・楊后賛「洞山渡水図」（東京国立博物館）

た格好で、当時流行した山水人物図の典型に従っており、馬遠らしい特徴を有しているが、その一方で、細部には他の伝馬遠画に見られないような様々な仕掛けが施されており、楊后の意図に沿うように一歩踏み込んだ絵画化がなされていると見なすことができる。

当時の宮廷で支持されたのが大慧宗杲によって大成された看話禅であり、禅宗祖師を主題にすること自体、公案禅の絵画化として時代の要請と言えよう。のみならず、楊后自身の禅宗に対する傾倒も単なる時代的な志向を越えたものであった。例えば、日本・曹洞宗の祖、道元（一二〇〇〜一二五三）の中国での師、天童如浄（一一六三〜一二二八）は浄慈寺住山中、楊后より銭を賜り、祝聖水陸会を建て、自らを「臣僧」と称して上堂・小参を行っている（『如浄語録』「浄慈寺語録」）。また、天童山住山中には楊后の誕辰節、寿慶節（五月一六日）を祝して上堂を試み、楊皇太后の徳を「観音の瓔珞、妙荘厳、勢至の花鬘、長自在」と頌えている（『如浄語録』「天童景徳寺語録」）。さらに、楊皇太后は紹定五（一二三二）年一二月七日に慈明殿で崩じているが、その翌年七月一五日、無準師範（一一七八〜一二四九）が入内し追薦している（『無準師範禅師語録』巻六「径山無準和尚入内引対陞座語録」）。その日、無準は径山の僧衆を率いて入内し、修政殿で理宗皇帝に引見して長寿を祝祷した後、几筵殿に詣って陞座し拈香説法して追薦して、信仰の厚かった楊皇太后を頌えている。

（二）「禅宗祖師図」三幅の表現内容

描かれているのは曹洞宗の祖、洞山良价（八〇七〜八六九）と、雲門宗の祖である雲門文偃（八六四〜九四九）、法眼宗の祖である法眼文益（八八五〜九五八）で、元来は中国の禅宗五家、つまり、潙仰・臨済・曹洞・雲門・法眼宗それぞれの開創者を描いた「祖師図」五幅対であったとされる。この五家の分類は法眼文益の著『宗門十規論』が最初とされるが、『景徳伝燈録』（一〇〇四年成立）がこの分類を採用したことでその認識が一般に定着していったと見なされる。

画上方にはそれぞれ楊后の賛詩があり、その内容こそが画の主題を理解する上で最も有効な手段とすべきであろう。洞山幅（挿図9）は、

携藤撥草瞻風、　　藤を携えて草を撥い風を瞻る、
未免登山渉水、　　未だ免れず　登山渉水、
不知触処皆渠、　　知らず　触れる処　皆な渠なるを、
一見低頭自喜　　　一見低頭　自から喜ぶ

「坤寧之殿」（朱文方印）

洞山が師の雲巌曇晟（七八二〜八四一）の下を辞し去る途次、水辺を過ぎ去る際に自分の影を見て豁然と大悟したのを前提にしている（「洞山過水悟道」）。雲門幅（挿図8－1）は、

南山深蔵鼈鼻、　南山深く鼈鼻を蔵す、
出草長噴毒気、　出ずる草は長く毒気を噴く、
擬議揔須喪身、　擬りて議するも　揔《みな》須からく喪身すべし、
唯有韶陽不畏　唯だ韶陽の畏ざるあるのみ

「坤寧之殿」（朱文方印）

雪峰義存（八二二〜九〇八）が、「南山に一条の鼈鼻蛇（鼻のひしゃげた蛇）あり、汝等諸人、切に須らく好く看るべし」と門下大衆に向かっていった。これに対して、雪峰下の長慶慧稜（八五四〜九三二）・玄沙師備（八三五〜九〇八）、そして雲門が応じた。雲門は拄杖にその蛇を引っかけた様をして雪峰の面前に突き出し、恐ろしそうに震えたという（「雪峰鼈鼻蛇」）。清涼幅（挿図8－2）は、

大地山河自然、　大地山河の自然、
畢竟是同是別、　畢竟是れ同じか是れ別か、
若了萬法唯心、　若し萬法唯心を了ぜば、
休認空花水月　認むるを休めよ　空花水月

「坤寧之殿」（朱文方印）

ここで前提になっているのは、法眼文益と師の羅漢桂琛の問答である。桂琛の「山河大地と上座の自己と、是れ同か、是れ別か」という問いに対し、徹底解決を得られなかった法眼は行脚に出た後、再び地蔵院での修行の末、桂琛の「若し仏法を論ぜば、一切現成せん」という一語で豁然として大悟したという。

惜しむべきは、楊后と禅の関わりをより深く検討する鍵を持っていた可能性があった、当時の禅の主流である臨済宗の幅が現存しないことである。賛者が皇后・女性である点にはさして関わりなく、これら三幅の賛はみな祖師の機縁を詠じており、賛・画の内容が照応しているとすれば三幅はみな祖師図とすべきであろう。洞山幅は登場人物が一人洞山のみで、一見して問答図ではなく、大悟の瞬間を描いたものであることは明白である。残る二幅について、二僧の問答を祖師自身と不特定の弟子の対話とする説もあるが、雲門幅は雲門が雪峰に参じている場面、清涼幅は法眼が桂琛に問う場面と解釈され、祖師の問答を描く祖会図と見なすことができる。

画中前景の人物は綿密に着色で描かれ、特に顔貌に細緻な筆線を用いている点では三幅とも共通している。肉身の隈取等、白描画を意識したと考えられる「西園雅集（春遊賦詩）図巻」（ネルソン・アトキンス美術館）のそれと比較すれば差異は明白である。この三幅は当時参照することが出来た肖像画や粉本を前提にしており、馬氏一族が元々仏画師であったことが大きく影響していると考えられよう。ただ、その描写密度は必ずしも完全に等質ではなく、洞山幅はやや劣った印象がある。楊后賛についても、洞山幅は字配り、特に行間の幅、また、「坤寧之殿」印も他二幅と異なっている。さらに遠山に注目すると、洞山幅では他二幅と異なり、遠山はまず淡墨で象り、輪郭を塗り残すようにその内側に藍色を施している。これは息子である馬麟の「夕陽山水図」（根津美術館、一二五四年）・「坐看雲起図」（クリーヴランド美術館、一二五六年）・「秉燭夜遊図」（台北故宮博物院）等の遠山のそれと共通している。つまり、洞山幅は馬遠自身というよりも馬麟を含めた周辺の高手による作品であり、中でも馬麟こそが最有力候補として挙げられよう。とすれば、父遠の監督の下で制作した馬麟の初期作ということになる。しかも、印影にまで微妙に差異が認められるとすれば、残る二幅との関係は厳密な意味で別物であった可能性も否めない。むしろ、楊后の要請によって複数作られた連幅がさまざまな形で存し、相次いで日本にもたらされたと考えることもできよう。

（三）「禅宗祖師図」の絵画史的位置

まず馬遠自身の手になると考えられる雲門幅・清涼幅を見てみよう。既に触れた通り、両幅は祖師が問答をする祖会図の形式を採っている。これらの前提になったものを想像させる画証として日本の模本がある。北宋・至和元（一〇五四）年一一月に開板されたものを、成尋が摺り採って持ち帰った転写本と推測される「達磨宗六祖師図」（高山寺）、同じく北宋・嘉祐六（一〇八一）年に成立し、まもなくして蘇州・万寿禅院で石刻されたものの拓本に基づいたとされる「伝法正宗定祖図」（ＭＯＡ美術館）で、共に無背景に祖師たちの姿が墨線のみで描かれ、対話等、幾つかのパターンによって祖師たちの関係を表している。馬遠画はこうした祖師たちの姿に背景の山水を加えた格好であり、その意味でも、馬遠画に見える人物と背景の関わりはまさに楊后と彼の創意であることが知られる。南宋・梁楷（款）「高僧図巻」（上海博物館　挿図10）は同じく祖会図といえるが、画中人物たちのしぐさは動作を明示し、ナラティヴな要素が強調されており、比較すると、馬遠画は二僧の関係は対話以外の何も暗示されず、その意味でよりアイコニックと言えよう。

雲門幅では画面向かって右の老僧が雪峰、左の合掌する若僧が雲門になる。雪峰の傍らには「雪峰鼈鼻蛇」の重要なアイテムである拄杖が見える。雪峰の坐す変わった形の石であるが、これは雪峰が禅院を開いた雪峰山の頂上にある象の骸骨に似た巌石と考えられる。雪峰の坐す敷物の文様や霊芝、岩の輪郭の一部には金彩が施され、彼が大悟した祖師であること、その聖性を示している。それと呼応して遠山の彼方に映じる陽光が描かれており、揺れるようなやや細めの衣文線と相俟って、雪峰の老いの心境を象徴的に示していると見なすこともできる。また、草は雲門が拄杖で捜し求めた場所を示しており、左前方から右後方へと靡くことで、弟子から師へという方向を示している。

挿図10　南宋・梁楷（款）「高僧図巻」（上海博物館）部分

清涼幅では右の壮年の僧が桂琛、左の若僧が法眼となる。桂琛は口が半開、歯を表しており、まさに対話の最中である。しかも、二僧の背後、腰より低い、かなり不自然な位置にうっすらと遠山が見えている。両者はまるで山を背負っているようであり、両者の間での自然と自己の同一性を論じた問答を象徴していると解することができよう。師の袈裟の環には金彩が施され、左前方から右後方への風も雲門幅と同様の演出と考えられる。さらに、老僧（雪峰）、壮年の僧（桂琛）、若年の僧（雲門・清涼）の衣文線を比較すると、それぞれの状態を描き分けるように線質を変えている。中でもやや細めの揺れるような筆線による雪峰の衣文と打ち込みの強い肥痩のある桂琛のそれは老・壮の明確な対比をなしており、衣の質感のみならず像主の性格をも描写しようという意図を確認することができる。

残る洞山幅は「渡水羅漢図」と共通するような型に拠っている。ここには他の二幅のような繊細な金彩の使用は確認できないものの、登場人物が一人ながら、左から右へ、洞山の背後からの風の表現は三幅に共通することも確かである。その意味では、たとえ元来別セットであったとしても、連続する図様として馬遠らしい同様の演出を認め得るということである。

こうした細部表現は、この三幅が後に定型化した流派作とは一線を画していることを示している。楊后の禅宗に対する理解を反映させたと見なせるこうした演出、主題に対する理解は、画院画家＝職業画家の代表という図式を超え、文人をも標榜する当時を代表する画院画家、馬遠像《イメージ》と矛盾するものではない。「西園雅集図巻」（ネルソン・アトキンス美術館）では、南宋において憧憬の対象であった蘇軾を中心とした芸術ネットワークを表しながら、李公麟（一〇四九?～一一〇六）の描いた「帰去来図巻」の図様を自ら描き込むことで、自らを白描画の名手であり文人画家であった李公麟に重ねている。画院画家を輩出してきた馬家に生まれ育った馬遠の心性はむしろ文人画家の意識に近かったことを示していよう。この主題についても単に禅宗の画題ということではなく、『宣和画譜』巻七、李公麟の条に「禅会図」「祖師伝法授衣図」「丹霞訪龐居士図」が著録されていることも偶然ではなかろう。細部表現の様々な演出は、禅宗が国家宗教的な役割を果たした南宋王朝において、禅宗及び画院に強い関心を持った皇后と文人意識をもった画院の第一人者、両者のコラボレーションと見なすにふさわしいものなのである。

四　日本からの視点——受容者として

この三幅がどのような形で日本に伝わったかを詳しく伝える資料は管見の限り見当たらない。但し、雲門幅・清涼幅はそれぞれ裏に寄進状が貼り付けられている。万治四（一六六一）年、泉南の道務信士が祖父母の供養のために天竜寺にこの二幅一対を寄進するというもので、ここで「宋画院待詔馬遠之筆　理宗皇帝之宸賛」とあることから、賛は楊后ではなく理宗（在位一二二四～一二六四）書と理解されていたことがわかる。また、洞山幅は、乙部家、赤星鉄馬、末松謙澄、下條正雄、田中豊蔵等の手を経て、現在東京国立博物館に所蔵されている。

室町時代における本図の理解及び収蔵状況を示す、重要な手がかりとなる作品が米国と日本に所蔵されている。すなわち、（伝）祥啓「清涼法眼図」（フリーア・ギャラリー）と（伝）狩野玉楽「禅宗祖師図」双幅（個人）である。まず（伝）祥啓「清涼法眼図」であるが、人物の袈裟や背景にはかなりの改変が加えられ、一見して平明、かつ華やかな印象が強いが、明らかに馬遠画の図様を模したものである。また、（伝）狩野玉楽「禅宗祖師図」双幅の内の一幅は明らかに馬遠の「雲門大師図」を摸写したものだが、その皴法等からして祥啓派の原図を江戸時代に摸したものと見なすことができる。つまり、天龍寺の両幅の図像は共に祥啓派の間で流布していたことになる。さらに、同様の画風・形式の（伝）祥啓画として、本図の他に「浄瓶踢倒・薬山李翺問答図」（個人）、「鳥窠白楽天問答・黄龍和尚呂洞賓問答図」（個人）の四幅があり、その主題もみな祖師図もしくは禅会図である。

賢江祥啓は建長寺の画僧で、幕府の文化顧問として中国画の収集保管を担当した芸阿弥（一四三一～一四八五）に師事する機会があり、その下で学んだ中央の新様式を関東にもたらした。相澤正彦氏はその具体的な様相を論じる中で、これら四幅が一連のもので、作者は祥啓自身ではなく、その次世代、啓孫辺りに帰され、直接の典拠は祥啓が京都から将来した画本にあったとする。四幅のうち、「薬山李翺問答図」の原図は南宋・馬公顕（款）「薬山李翺問答図」（南禅寺）であり、図像の源泉として実際の中国画を指摘することができる。この（伝）祥啓画においても「清涼法眼図」と同様の改変が認められる。また、「浄瓶踢倒図」は狩野元信の大仙院襖絵にある「禅宗祖師図襖」中に認められることから、共通の祖型を今は失われた阿弥派、芸阿弥の粉本に求めるべきであろう。この四幅に認められる図像的規範性が「雲門大師図」「清涼法眼図」にも同様に存在したとすれば、その図像の伝播も京都・足利将軍家～同朋の芸阿弥～祥啓～関東画壇へという展開が想定されよう。

（伝）祥啓「清涼法眼図」の存在からして、この馬遠の対幅も室町時代の京都・阿弥派によって一つの規範と認識されていた可能性が強いことになろう。『御物御画目録』の「四幅」に「禅会　馬遠」とあるため、足利義満（一三五八～一四〇八）のコレクションに相当する可能性すら存在する。しかも、この対幅自体が楊后ではなく理宗の賛と見なされていたとすれば、皇帝と当代随一の画院画家による禅宗をめぐるコラボレーションということになる。畑靖紀氏によってカテゴライズされた、まさに『皇帝の絵画』にふさわしい作品ということになる。畑氏の論はさらに、画院画家の夏珪画を所有するものこそが中国皇帝の寧宗という図式から、足利将軍家は夏珪画を所持することで日本の為政者であることを文化的に演出したと展開していくが、夏珪様が将軍権力を文化的な面から象徴するものであれば、この馬遠画にも同様の位置を与えるべきであろう。しかも、画の主題は禅宗祖師である。中国の皇帝と画院画家によって国家宗教としての禅宗の祖師が表象され、それを足利将軍の同朋がコーディネートしていたということになれば、この三幅は室町文化における中国画受容の構造自体を示す重要な作品と捉え直すべきである。島尾新氏は、中国絵画を含む唐物が、大名を中心とする南北朝時代以来の「唐物」趣味としての「武家の趣味」と、禅僧によるより総合的な中国趣味である「禅僧の趣味」という二極の間で受け入れられ、両者がある面では相互補完的に機能していたことを指摘している。とすれば、その両者の交点にこの画は存在しているといえよう。室町時代、所謂「東山御物」が示しているのは憧憬としての南宋であり、それを権威の維持の道具に利用したことは明らかだが、その「アナクロニズム」現象の対象が南宋である要因の一つに、室町時代における禅宗を象徴とする文化構造のアナロジーがあったということになろう。

主要参考文献（ここでは日本語文献のみを掲載する）

相澤正彦〔二〇〇五〕「芸阿弥画本の幻影――弟子祥啓の作品から」『講座日本美術史　第2巻　形態の伝承』東京大学出版会。

朝日新聞社編〔一九九九〕『中国の正倉院　法門寺地下宮殿の秘宝「唐皇帝からの贈り物」』展図録、朝日新聞社。

石井修道〔一九八二～一九八五〕「中国の五山十刹制度の基礎的研究（一～四）」『駒沢大学仏教学部論集』一三～一六号。

石井修道〔一九八七〕『宋代禅宗史の研究』大東出版社。

石井修道〔二〇〇三〕「宋代禅宗史の特色――宋代の燈史の系譜をてがかりとして」『東洋文化』八三号、東京大学東洋文化研究所。

石松日奈子〔二〇〇五〕『北魏仏教造像史の研究』ブリュッケ。

板倉聖哲〔一九九九〕「馬遠『西園雅集図巻』（ネルソン・アトキンス美術館）の史的位置――虚構としての『西園雅集』とその絵画化をめぐって」『美術史論叢』一六号。

沖本克己編〔二〇一〇〕『新アジア仏教史6中国Ⅰ南北朝　仏教の東伝と受容』佼成出版社。

沖本克己編〔二〇一〇〕『新アジア仏教史7中国Ⅱ隋唐　興隆・発展する仏教』佼成出版社。

沖本克己編〔二〇一〇〕『新アジア仏教史8中国Ⅲ宋元明清　中国文化としての仏教』佼成出版社。

鏡島元隆〔一九八三〕『天童如浄禅師の研究』春秋社。

島尾　新〔一九八九〕「十五世紀における中国絵画趣味」『MUSEUM』四六三。

島尾　新〔二〇〇六〕「会所と唐物――室町時代前期の権力表象装置とその機能」『シリーズ都市・建築・歴史4　中世の文化と場』東京大学出版会。

島田修二郎〔一九九三〕「因陀羅の禅会図」『島田修二郎著作集　中国絵画史研究』中央公論美術出版。

鈴木哲雄編〔二〇〇二〕『宋代禅宗の社会的影響』山喜房仏書林。

塚本麿充〔二〇一一・二〇一二〕「皇帝の文物と北宋初期の開封――啓聖禅院、大相国寺、宮廷をめぐる文物とその意味について（上・下）」『美術研究』四〇四・四〇六号。

徳永弘道〔一九七一〕「南宋初期の禅宗祖師像について――拙菴徳光賛像を中心に（上・下）」『国華』九二九・九三〇号。

戸田禎佑〔一九八八〕「南宋院体画における『金』の使用」『国華』一一一六号。

西尾賢隆〔二〇〇六〕『中国近世における国家と禅宗』思文閣出版社。

西上　実〔一九八六〕「王維渡水羅漢図について」『学叢』八号。

根津美術館編〔二〇〇四〕『南宋絵画――才情雅致の世界』展図録、根津美術館。

橋本　雄〔二〇一一〕『中華幻想――唐物と外交の室町時代史』勉誠出版。

畑　靖紀〔二〇〇四〕「室町時代の南宋院体画に対する認識をめぐって――足利将軍家の夏珪と梁楷の画巻を中心に」『美術史』一五六冊。

肥田路美〔二〇〇九〕「舎利信仰と王権」『死生学研究』一一号。

肥田路美〔二〇一二〕『初唐仏教美術の研究』中央公論美術出版。

傅　申〔一九八二〕「宋代の帝王と南宋、金人の書」『欧米収蔵中国法書名蹟集第二巻』中央公論社。

八木春生〔二〇〇四〕『中国仏教美術と漢民族化――北魏時代後期を中心として』法蔵館。

挿図一覧

第八章　漢訳仏典と文学

石井公成

一　はじめに

大乗経典の中には、文学的なものが多い。より正確には、戯曲を思わせるような経典が多いと言うべきだろうか。その質は様々であり、大道で庶民向けに演じられる芝居のような作品もあれば、貝葉に書かれたものを富裕な知識人信者が邸宅で好んで読んだか、と思われるような作品もある。後者の代表が『維摩経』、前者の庶民的な面と独自の高度な思想とが混淆しているのが『法華経』だろうか。

妻や子を持つ富裕な居士を主人公とする『維摩経』の場合、人里離れた僧院で作成されたとは考えがたい。もしそうであれば、それは、そのような世俗の暮らしを捨てて出家したものの、当時の僧院生活のあり方に不満をいだいた出家者、それも逆説を好む出家者が作成したということになろう。その場合でも、作り上げた長い経典を書写しようとすれば、手間も費用もかかる。そうした費用を支えていた人たちの願望が、経典にまったく反映しないとは考えにくい。

いずれにせよ、逆説と遊戯を好む知識人の文学といった面を持つ『維摩経』が、アジア諸国の知識人たちに愛好され、文学にも影響を与えたこと、それも遊戯的な面で影響を与えたことは不思議でない。また、影響は経典から文学へという方向だけとは限らず、逆に文学が経典解釈に影響を与える場合もある。

ここでは、『維摩経』を中心として、大乗経典と文学、特に漢訳仏典と文学の複雑な関係について考えてみたい。

二　『維摩経』とその周辺経典

『維摩経』については、近年、梵語テキストが発見され、校訂テキストも刊行されたため、伝統的な『維摩経』観の見直しがなされつつある。その少し前から『維摩経』の成立について検討していた小林圓照は、『維摩経』は大乗以前に成立した『マハーヴァスツ（大事）』の中の「チャトラ・アヴァダーナ（日傘説話）」に基づいていることを明らかにした。(1)この日傘説話は、次のような話である。

釈尊在世のとき、商工の盛んな都市ヴァイシャーリーで疫病が流行したため、リッチャビ族の賢者であるマハーリが代表となって釈尊のもとにおもむき、救済してくれるよう頼んだ。承知した釈尊がその地に至ると、迎えに出た人々やヤクシャや神々が、五百にも及ぶ傘蓋をそれぞれ供養した。釈尊は、その傘蓋の数だけ仏陀を化作してそれぞれの仏陀に説法させるという神変を起こしたため、人々は皆な自分の傘蓋のもとに仏陀がいると思った。釈尊が都に入るやいなや、病魔が逃走し始めた。さらに偈頌を唱えたところ、都が浄化され、疫病はおさまった。

以上である。パーリ文献の注釈によれば、仏に指示されたアーナンダが仏鉢から水を撒き、『ラタナスッタ（宝経）』を唱えたため、解決したという。

小林は、この話のうち、傘蓋をめぐる神変と、釈尊の到着による国土の浄化という点が、『維摩経』の構想の元になっていると見る。まず、『維摩経』仏国品では、供養された五百の傘蓋を、釈尊が神通力によって宇宙を包むような一大傘蓋に変え、全ての説法がそこでなされるという奇跡が起きている。また、仏国品の末尾では、険しくて汚物にあふれた国土にあっても菩薩は清浄なる仏土と見るという箇所で、釈尊が足の指で大地を押すと全世界が宝石で荘厳されるという奇跡が起きる。こうした奇跡は、様々な経典で説かれているものの、この二種の奇跡が同じ箇所に見えているのは、『マハーヴァスツ』と『維摩経』だけだというのである。

さらに、『マハーヴァスツ』の「日傘譚」において、病魔対治のために六師外道が次々と呼び出されながら無能であることが描かれるのは、『維摩経』の十大弟子がかつて維摩にやりこめられたことを理由にし、維摩（無垢という名声を有する者、Vimalakīrti）の病気見舞いに行くことを断ることに通じる。また、「日傘譚」に見える前世譚では、苦しむ衆生を見て法輪を転じ、般涅槃した梵行の婆羅門のために、その弟子が師の名声（kīrti）のために、塔を城門に建て、それをようやく発見した婆羅門の父親が、その塔を清め、無垢（Vimala）という名の傘蓋を供養したという。さらに、救済を請うためにヴァイシャーリーから釈尊のもとにおもむいたリッチャヴィ族のマハーリ長者は、維摩の有力なモデルの一人と考えられると、小林は論じている。

ヴァイシャーリーの疫病に関するこうした状況が、般若思想の文脈の中で利用され、『維摩経』では、ヴァイシャーリーに滞在する釈尊へのリッチャヴィ族の若者の質問をきっかけとして、「穢土から仏国土への転換」、および浄土と穢土の「不二」が説かれ、さらにヴァイシャーリーに住んでいて病の相を現じてみせたリッチャヴィ族の維摩居士の話へと変化していったと説くのである。

ヴァイシャーリーの疫病救済譚は、きわめて有名であって、上座部仏教にも大乗仏教にも大きな影響を及ぼしている。様々な経典中で触れられているほか、これに基づく単行の諸経典も生まれている。中でも、『請観音陀羅尼経』は、変化観音系の密教経典の先駆とされており、重要である。

もう一つ注目されるのは、大乗仏教の場合、維摩の家族が登場する「維摩系経典」「維摩家族経典」「維摩グループ経典」などと呼ばれる経典群が早い時期から誕生していることだ。これらについては、『維摩経』との前後関係を含め、成立順序について議論があるが、訳された順に並べると、以下の通りである。

(1)『維摩経』

(a)支謙訳：呉(二二三〜二五三)

(b)鳩摩羅什訳：姚秦・弘始八年(四〇六)

(c)玄奘訳：唐・永徽元年(六五〇)

(2)『仏説大方等頂王経』(維摩詰子問経、維摩吉子所問経、善思童子経)

(a)竺法護訳：西晉・泰始二〜建興元(二〇六〜三一三)

(b)鳩摩羅什訳：佚

(3)『大乗頂王経』(維摩児経)

月婆首那訳：梁・大同年間(五三五〜五四六)

（4）『善思童子経』
闍那崛多訳：隋・開皇一一年（五九一）

（5）『仏説月上女経』
闍那崛多訳：隋・開皇一一年（五九一）

このうち、（2）は、維摩の子である善思童子に対し、仏が「無所有」「心本清浄」などの大乗教理を説くものである。（3）と（4）は、細部は異なるが、維摩の子である善思惟が幼い身で仏の入城を預言した後、仏の神力によって空中に登って蓮華を供養し、未来世に浄月如来になると授記される点は共通している。（5）は、維摩詰の娘であって光輝いて生まれてきた月上女が、男たちの求婚を拒み、釈尊を供養するために出かけ、舎利弗を批判し、文殊などと対論し、授記されると仏に予言されることなどが説かれている。後述するように、『竹取物語』の素材となったと思われる経典である。ここでは、月上女の説法を聴いて煩悩を捨てた男たちが、自分の様々な持ち物を投げ出すと、それらは一つの巨大な傘蓋となり、仏の神力によって月上女の右手から伸びた蓮華の中より出現していた如来像の頭上を覆ったほか、釈尊のもとに至った月上女と同行した人々が様々な品物を供養すると、それらは巨大な花の傘蓋となって釈尊の頭上を覆っている。

西野翠は、これら以外にも、少女が維摩のように主役として活躍する経典類の存在に注意している。[2] 宝積部の『仏説阿闍世王女阿術達菩薩経』がそれであり、『大宝積経』中の「無畏徳菩薩会 第三十二」と同本異訳であるという。阿闍世王の娘という設定だが、十二歳の少女が舎利弗を初めとする仏弟子たちを次々に論破しており、教理面でも『維摩経』に近い部分がある。

この経典は、類似した漢訳が五本存在している。竺法護訳『仏説須摩提菩薩経』、鳩摩羅什訳である異本『仏説須摩提菩薩経』、北魏・菩提流支訳『須摩提経』であり、竺法護訳『仏説離垢施女経』と北魏・般若流支訳『得無垢女経』は、その異本である。西野は、これらの経典の訳者がかなり共通していることを指摘している。インドないし西域でも、『維摩経』、維摩の家族が登場する経典、少女が維摩のように活躍する経典は、同じ系統で流布していたのだろう。

これらの経典のうち、文学性が高いのは、類似した面が多い『維摩経』と『月上女経』であり、後代に至るまで幅広く読まれたのは、『維摩経』だけである。維摩家族経典の前後関係については議論があるが、大鹿実秋は、『善思童子経』は無味乾燥であるうえ、在家に無関係である点で初期のものと見る。そして、『月上女経』については、韻文・散文を程よく駆使しており、男女無差別・女人成仏などの説を説いていることを認めながらも、維摩の娘である月上女が女身を男身に変じて月上菩薩となっていること、また、月上女と舎利弗の議論が難解であって、それを解きほぐす記述がないこと、月上女は愛欲の否定を説くだけであることなどを理由として、こうした点を補強し、最後に登場したのが『維摩経』であったと推測している(3)。

確かに、『月上女経』では、月上女との結婚を望む勢力のある男たちが父の維摩を脅すと、維摩は恐れて大声で泣き出してしまっており、『維摩経』の維摩とは大変な違いである。また、舎利弗と対論する月上女は理屈くさいのに対して、『維摩経』の天女は皮肉なユーモアに満ちている。実際の成立年代は不明であるものの、構成の巧みさという点では、『維摩経』の方が成立が遅いように見える。あるいは、『月上女経』と

『維摩経』に先行する別の経典が存在していたのか。

このように、経典自体が同時代や後代に影響を与えていく文学作品のような性格を持っており、面白い舞台設定をした経典があると、それを利用して次々に似た設定の経典が生まれ、そこに新たな思想が託されていくのである。また、新たな思想が生まれると、その思想を具体例を通じて示すために、既存の経典の舞台設定が利用され、改められる場合もある。形式と内容は複雑にからみあっているのである。

なお、『維摩経』を在家主義の経典、日常生活を肯定した経典と見る風潮については、瀧英寛の批判がある。瀧は、声聞の否定は在家・凡夫の肯定を意味せず、『維摩経』では神通力によって声聞を圧倒する維摩が単に在俗の姿形をしているにすぎないこと、また、中国の注釈でも維摩を在家の凡夫として扱っているものはないことに注意している。空・清浄・不二などの概念は、あくまでも如来という特殊な存在について言われていると見るのである(4)。西野翠も、『維摩経』が描く維摩は、東方妙喜世界において悟りを完成させてから来生した大菩薩であり、「世俗を超越した菩薩の理想像」を示したものであって、単なる在家居士ではないと指摘している(5)。

現代の我々が、『維摩経』のことを、煩悩と悟りの不二を説いて声聞を否定した在家主義の経典と考えがちであるのは、日本の天台本覚論が煩悩と悟りの不二を身近な現象のうちに見ようとしたこと、近代仏教学は肉食妻帯の真宗の影響や西洋における神話否定の人間主義の影響が強いことなどが関係していよう。『維摩経』そのものと『維摩経』がインドを含めたアジア諸国に与えた影響について考える場合は、現代人の目で見てはならないのである。

ただ、そうではあっても、娼婦の館にも酒屋にも出かけていく居士が主役として選ばれ、その邸宅に住む美しい天女が声聞たちを批判するという設定は、伝統仏教の僧院の中からは生まれにくいものではなかろうか。都市の生活を楽しみつつそれだけでは飽き足りない者たちと、市街からはなれた僧院に住しておりながら僧院生活に安住してはならないと考える者たちとでは、どちらが作者である可能性が高いだろうか。僧院に住する比丘が作成したのであれば、都市の享楽生活を経験した後に出家して僧院に入ったものの、その伝統的な修行形態にあきたらなかった皮肉で文学好きな者が、般若思想の影響を受け、ヴァイシャーリーの疫病伝承や維摩のモデルとなった人物に関する言い伝えなどを利用しつつ声聞批判の経典を書いた、ということになろう。

なお、声聞を批判する大乗経典を意識しつつ一乗を説いたのが『法華経』である。『法華経』に登場する声聞たちが登場する順序が『維摩経』とほぼ対応している点から見て、『法華経』は『維摩経』のそうした点を生かしつつ経典を構成していったと推定されている。つまり、『維摩経』の文学的な設定のうち、一部分は『法華経』に受け継がれたのである。[6] その『法華経』が諸国の文学に与えた影響の大きさはよく知られているとおりである。

なお、七世紀半ばにインド各地を旅した玄奘の見聞をまとめた『大唐西域記』巻第七の「吠舎釐（ヴァイシャーリー）国」の条では維摩の旧宅と称されるところに塔が建てられており、「霊異」が多いと記されている。『維摩経』の成立以後、維摩に関する伝説が形成されていったのだろう。

三　漢訳の『維摩経』と維摩の中国化

『維摩経』の現存最古の漢訳である支謙訳『維摩詰経』については、支謙訳『大阿弥陀経』と同様、中国思想によって内容が改変されていることが指摘されている。『維摩経』は「八つの誤ったあり方を離れることなく、八つの解脱に入り、誤りの平等性によって正しいあり方の平等性に入る」といった逆説的な表現が多く、羅什訳では「八邪を捨てずして八解脱に入り、邪相を以て正法に入る」（大正一四・五四〇中）と正しく訳している。ところが、支謙訳では、「已に八邪を過ぎ、八解を正受す」（同・五二二上）とするなど、常識的な記述に改めてしまう箇所が見られる。(7)

したがって、『維摩詰経』訳出当時の中国では、その特徴は十分理解されていなかったことになるが、それにもかかわらず、物語の面白さにより、かなり広く読まれたようだ。たとえば、『世説新語』文学篇では、次のような逸話を伝えている。

僧の支道林が『即色論』を造り、王中郎に示したところ、王は無言だった。支道林が、「黙っていながらきちんとわきまえている、ということですか」と言うと、王は、「文殊がいない以上、誰に分かってもらえようか」と答えた。

つまり、『道行般若経』や『維摩経』を盛んに講釈し、機知に富んだ問答で有名であった僧侶の支道林

（三一四～三六六）が、空と色との関係について論じた『即色論』を書き上げ、当時を代表する知識人であった王坦之（三三〇～三七五）に自信満々で示すと、王坦之はまったく言葉を発しなかったため、支道林が『論語』述而篇の「子曰く、黙して之を識り、……何か我に有らんや（黙っていながらきちんとわきまえ、……そうしたことは私にとっては何でもない）」に基づいて「孔子のように、黙っていながらこの本の価値をきちんと理解しているというわけですか」と尋ねると、王坦之は「文殊もいない以上、私の沈黙の意図をいったい誰が理解してくれようか」と述べたというのである。僧侶の支道林が儒教の徒である王坦之のことを孔子になぞらえたところ、王坦之は逆に『維摩経』に基づいて自分を維摩に見立てたうえで、君は才人ぶっても、維摩の沈黙を不二を体現したものとして賞賛した文殊には遠く及ばないと断定したのである。これは、「柄でもないから、文殊気取りはやめろ」とやりこめたに等しい(8)。

すなわち、『維摩経』は機知に富んだ清談が流行していた魏晋頃の中国において、知識人の間で歓迎され、居士の維摩は理想の人物とみなされたのである。実際、その当時、絵に描かれた維摩についても、南朝の貴族風な様子であったことが推定できる。興寧年間（三六三～五）に都の建康に瓦棺寺が創建された際、顧愷之が壁に維摩の見事な絵を描いたが、中国の衣装を身につけ頭巾をかぶって坐り、説法の象徴である麈尾を手にして几に寄りかかった姿であったらしい。これが南地だけでなく、北地でも維摩像の模範となったようである(9)。

そうした中で、文人貴族が喜ぶような流麗な文体の翻訳が求められたのは当然だろう。『維摩経』は、記録によれば、玄奘の『無垢称経』を含めて七回訳されているが、現存する漢訳の中で最も文章が優れているのは、鳩摩羅什（三五〇頃～四〇九頃）が四〇六年に漢訳した『維摩詰所説経』である。国家の手厚い保護を受け、また優秀な弟子・協力者たちに恵まれた羅什の訳がアジア諸国で長らく読まれたのは当然だろう。

しかも、羅什は漢訳にあたって、説明を口頭で加えている。弟子たちも注釈を表しており、羅什と弟子たちのそうした注釈は、後に『注維摩』のうちに編集されるが、労悦強によれば、羅什の注釈だけきわだった特徴があるという。それは、説明にあたって物語を用いることである。たとえば、維摩の「弁才無礙、遊戯神通」について注釈する際、羅什は龍樹が外道と論争して屈服させた時の状況を語る。つまり、外道が、「天は今、何をしているのか」と尋ねると、龍樹は「阿修羅と戦うところだ」と答え、外道が証拠を求めると、阿修羅の武器や切られた体が空から落ちてきたため、外道はその弁才に屈服した、という話（大正三八・三三九上）である。

羅什のこうした説明は、経文の言葉について説明するというより、経に秘められた意味を、似たような興味深い物語を語ることによって引き出すものであり、時には「羅什の語る物語が独り歩き」してしまい、羅什はその物語から経典には含まれていない教訓を引き出している場合すらあるという。

たとえば、方便品で維摩が相手に応じて様々な姿で教化したことを説く際、庶民の間にあっては「庶民中の尊」として教化したと述べている箇所を釈す際、羅什は、次のような話を紹介している。

昔、貧しい男が都市に入った。豪華な衣装で大馬に乗り、宝石をちりばめた蓋を持っている男を見て、何度も「良くない！」と言った。富裕な男がとがめると、貧しい男は、自分はあなたのように宿善を植えなかったため、現在は獣のような暮らしなのだと思い、「良くない！」と言ったのだと説明した。その貧しい男は、以後は福行に励むようになった。外見が尊いと、人々を教化する功徳はこのように大き

い。まして、法で教化すれば、その功徳が大きくないことがあろうか。(大正三八・三四〇中〜下)

すなわち、話の面白さが勝っているのであり、無理に教訓を付しているのである。労悦強は、このような鳩摩羅什のことを、「注釈する講談師」と呼んでいる。『維摩経』自体が既に物語であるが、羅什は、学僧としてその『維摩経』について講義するというより、『維摩経』を題材としつつ「物語の語り手(ストーリーテラー)」として講釈したいという衝動の方が強かったのではないか、というのである。[10] この指摘は、『維摩経』に類似する経典を作成した人たち、『維摩経』に基づく文学作品を書いた人たちについて考える際も、重要だろう。

四 中国文学への影響

そのような羅什の注釈を含め、六朝時代には多くの注釈が書かれた。注釈は、講義の筆録に基づいて書かれたり、逆に、講義のためのノートとして作成されたものが元になっている場合もあろう。ここで重要なのは、大きな寺では僧侶たちのための講義ばかりでなく、一般信者たちも参加できる講義がなされていたことである。しかも、聴講者は、質問することもできたばかりか、時には講師の解釈を批判することもできたのであり、講師は質問に答えたり、批判を論破したりせねばならなかったのである。

そうした中で、『維摩経』は、文学にも影響を与えるようになる。初期の代表は、謝霊運(三八五〜四三三）だろう。謝霊運はその素晴らしい漢詩で知られていたものの、才と財を背景とした傍若無人な振る舞いが多く、熱心な仏教信者であった会稽太守の孟顗と衝突して誣告されても傲慢な言動を改めず、最後は広州に送られ、その地で無残な刑死をとげるに至っている。羅什が伝えた般若系統の思想に傾倒していた謝霊運が、孟顗と対立したのは、湖の干拓の是非がきっかけだったようだが、謝霊運は孟顗に、「道を得るには、慧業が必要だ。あなたは生天するのは私より先だろうが、成仏するのはきっと私より後に違いない」と言ったという。つまり、財力に頼った善業ばかり積んでいるあなたは、その功徳で天に生まれるのは私より先だろうが、成仏するには智慧が必要であるため、私より必ず後になる、と言ってのけたのである。このうち、「慧業」の語が『維摩経』菩薩品に基づくこと、また、謝霊運の作品には『維摩経』がしばしば引用されており、その生き方にまで影響していたように見えることについては、鵜飼光昌の指摘がある。(11)

すなわち、謝霊運は、声聞たちの形だけの修行を徹底して批判する維摩の言葉を借りて、太守をやりこめ、憾みをかって誣告されるに至ったのである。このやりとりは、後に創作された梁の武帝と菩提達磨の「無功徳」問答を思わせるものがある。達磨の場合も、梁から北地へ逃れた後、北地でも迫害されて毒殺されたことになっている。法朗の系統の三論宗の過激派は、論敵を激しく攻撃して恨まれ、迫害された者が多いが、『維摩経』の信奉者の場合も、『維摩経』に説かれている逆説的な主張を文字どおりに実践すると、周囲と衝突しがちなのである。

ただ、維摩が実際には妻子のある富裕な居士、それも美しい天女を室内に蔵していた居士であったように、謝霊運も数百の奴僕・門生をかかえ、大規模な土木工事をし、遊興にふける豪奢な生活をおくり、美しい山水を求めて気ままに歩き回ったのであって、財産をすべて布施するようなことはしていない。

こうした態度については、『高僧伝』求那跋摩伝が伝える逸話を思い出させる。求那跋摩（Guṇabhadra）が四三一年に宋の都の建業に至ると、引見して慰労した文帝は、「自分は食事などに関する斎戒を保とうとし、また不殺生を貫こうと思いつつできずにいるが、師はどのような教えを示してくれるか」と尋ねた。求那跋摩はこれに対して、「道は心にあるのであって、現象にあるのではありません。帝王は善政を布いて民衆を安んじ、きびしい刑罰や労役を課さなければ、持斎につとめて不殺生戒を守っていることになるのです。午後は食事をとらないとか、鶏肉は食べないといった些細なことにこだわる必要などありましょうか」と答えて文帝を大いに喜ばせ、貴族たちから尊崇されたという。良く言えば柔軟な、悪く言えば迎合的な応答である。『維摩経』も、この応答と同様、中国の貴族たちにとっては、世俗の生活を正当化してくれる存在とみなされることが多かった。むろん、『維摩経』にならって菩薩行に励もうとした者たちもいただろうが。

なお、謝霊運には、「維摩詰経十譬讃八首」がある。『維摩経』方便品が人の身の無常さを説く際にあげた「泡」や「幻」などの譬喩について述べたものであり、後世に大きな影響を与えた。そのうち、最初に「泡」と「沫」を取り上げた詩では、「愚俗は変化に駭」き喜びや悲しみを生ずると述べている。このうち、「変化」は、神通による化現を意味する『維摩経』の用例とは異なっており、聖人は物事の「変化」に超然としていると説く『荘子』によっている。すなわち、逆説的な言辞を弄する維摩は、逆説表現の多い老荘思想と重ね合わせて受け止められがちだったのである。

老荘思想以外でも、維摩のイメージの中国風な変容がおこなわれている。羅什の弟子世代の後には、維摩が「方丈」に住していたというイメージも形成されていくことがその一例である。『維摩経』の諸訳には「方丈」という語は見えないにもかかわらず、五世紀には南朝でも北朝でも「一丈四方の狭い住居」の意で維摩の居室を「方丈」と呼ぶようになっていく。『文選』巻五十九に収録され、後のアジア諸国の碑文に大きな影響を与えた王巾「頭陀寺碑文」では、慧宗が宋の大明五年（四六一）に「始めて方丈の茅茨なるを立て、以て経像を庇う」とあり、一丈四方に近い質素な僧坊を「方丈」と呼んでいる。これが『高僧伝』になると、「浄名は口を方丈に杜《とざ》し、釈迦は双樹に黙を緘す。……将に理致は淵寂なることを知る、故に聖を無言と為す」と説くに至っており、「方丈」の狭い居室に住して清貧な暮らしをしつつ病いを現じ、文殊との問答において沈黙を守った維摩と、最後の説法を終えて沙羅双樹で般涅槃を示した釈尊とが、対比して論じられるようになってくる。[12]

なお、「頭陀寺碑文」については、碑の部分に「金粟来儀、文殊戻止」の句が見えており、隋の吉蔵の『維摩経義疏』では「浄名は即ち是れ金粟如来なり。相伝して云う、金粟如来は『思惟三昧経』に出づと。今、いまだ本を見ず」と説いている。「方丈」と同様、この「金粟（如来）」という語も『維摩経』の諸訳に見えない語だが、文学作品にはしばしば登場しており、むしろ、そちらで「維摩＝金粟如来」というイメージが固まってきているように見える。しかも、その典拠だという『思惟三昧経』については、吉蔵も見たことがないと述べているため、梁の初めかその前の斉あたり頃の偽経だったのだろう。『維摩経』に刺激されて、南朝で偽経が作られ、逆にそれが南地の『維摩経』解釈に影響を与えるようになったのである。この当時は、諸経典を要略・編集した抄経や、偽経が盛んに作られていた。

吉蔵はさらに興味深い情報を伝えている。その『浄名玄論』では、『仏喩経』によれば、浄名の姓は碩、名は大仙であって、王氏であり、別の伝承によれば、姓は雷氏、父の名は那提であって中国語では智基、母の姓は釈氏であって、名は喜、十九才の時に二十三才の那提のもとに嫁ぎ、那提が二十七才の時に提婆羅城で維摩を生み、その維摩には善思という子があって、仏が将来は成仏すると授記した、と述べている。また、『維摩経義疏』でも、旧伝によれば、『仏喩経』は、浄名は姓は王氏としており、別伝では、姓は雷氏、祖父の名は大仙、父は娜提であって漢語では智慕、母の姓は釈氏で字は喜、十九才で二十三才の夫のもとに嫁ぎ、二十七才の時に提婆羅城で浄名を生んだ、浄名の子は善思といい、如来に将来の成仏を授記されたが、私はその経典をまだ手にしていない、と述べている。

つまり、家族の状況が詳しくなっているのである。王氏だというのは、クシャトリアであったという意味なのだろうが、これが民間仏教で受容されれば、王《ワン》という姓だったということになりかねない。偽経や敦煌変文などの世界では、仏弟子の目連とその家族に中国風な姓名が与えられているのと同様、維摩を中国人扱いするようになろう。

これについて、何剣平は、『維摩経』仏道品では、菩薩は「智度」を母、「方便」を父とし、「法喜」を妻とし、慈悲心を娘とする、と説かれていることに注目している[13]。つまり、この中国風な維摩の家族を想定した人物は、『維摩経』において譬喩として説かれている部分を、文字通りに受け取り、史伝を重んじる中国人の好みに合わせて維摩の家族を構成したのである。

このように、南地では『維摩経』の受容が盛んであり、智顗や吉蔵が批判した梁の三大法師の一人である法雲にしても、斉の都である建康に入って初めて講義したのは『法華経』と『浄名経（維摩経）』であった。以後も、建康では『維摩経』の講義がきわめて盛んにおこなわれている。そうした南地での『維摩経』流行が、在家にまで及んでいたことを示す象徴的な例は、後に煬帝となる晋王が天台智顗に『維摩経』の注釈作成を依頼し、これが智顗最後の注釈となったことだろう。智顗の『維摩経玄疏』でも、浄名の本地は金粟如来だと明言している。なお、智顗は、その『維摩経玄疏』や他の著作では、維摩の名を解説するに当たり、「浄無垢称」を正式名称と見て、「浄」「無垢」「称」の三部分に分け、独自の三身論や三諦説に結び付けて論じている。しかし、『注維摩』で羅什と僧肇が用いた「浄名」も、竺道生が用いた「無垢称」の語も、Vimalakīrti も（無垢という名声を有する者）の訳語であり、「浄」と「無垢」は重なっているうえ、智顗は「称」を「かなう」という動詞と受け止め、「称機（相手の能力に巧みに合わせる）」の意味を読み取るなど、自らの教学を強引に読み込んでいる。(14) すなわち、漢字によって考えているのであり、教理面でも中国化が進んでいたことが知られる。

一方、北魏では、宣武帝が常に名僧を宮廷に集めて『維摩経』を講説させていたことが示すように、北地でも『維摩経』がきわめて流行しており、維摩と文殊が対論する場面が石窟に多く刻まれた。その場合、維摩は頭巾をかぶり、説法の象徴である麈尾を手にして、几に寄りかかる姿で描かれるのが通例である。また、北方では、維摩の神通が重視されており、注釈でもそうした面が強調されたほか、一般信者向けの講義などでも詳しく説かれたようである。

五　知識人と庶民仏教における維摩詰のイメージ

『維摩経』と文学の関係について語るとなれば、王維（六九九～七六一）に触れないわけにはいかない。北宗禅の普寂に師事していた母親から生まれ、名が維、字が摩詰であって、「詩仏」と称された仏教詩人である王維は、晩年の詩である「偶然作」では、自分は遠い前世では文人とみなされたり、直前の前世では画師であったりしたであろうため、そのなごりでこの世でもそうした面で世間に知られるようになったとしたうえで、「名字は本より皆な是なるに、此の心は還って知られず」と結んでいる。本当に正しい自分のあり方は、名前の維摩詰という点であって、この名にこめられた心、維摩詰のように生きたいという心はかえって知られずにいる、と述べるのである。これほど、維摩に傾倒した文人はいまい。初めは北宗禅を学び、神会に出逢ってからは南宗禅を尊んだが、漢詩から見る限り、基本は『維摩経』などの経典を読んで自分なりに身につけた大乗仏教であったように思われる。ただ、王維は役人となって宮廷詩人として活躍し、洒落た別荘で自然を楽しんだ人物であった。「胡居士臥病遺米因贈」などの作では、『維摩経』の表現を数多く用いているが、病気の居士を見舞うという状況であるため、『維摩経』の表現を借りただけであるように見える。

こうした点は、白居易も蘇軾も同様である。白居易は、詩作・酒・音楽・美女を捨てきれない仏教信者であって、斎戒期間中は戒律を守って修行するものの、一方では斎戒期間が終わった後での酒宴を楽しみとする面もあった。開成元年（八三六）の作である「斎戒満夜戯招夢得（斎戒満つる夜に戯れに夢得を招く）」では、斎戒が終わる時期に合わせて夢得、すなわち親友の劉禹錫を招くに当たって、次のように述べている。

明朝又擬親杯酒　　明朝　又た杯酒に親しまんと擬し
今夕先聞理管弦　　今夕　先ず管弦を理《おさ》むるを聞く
方丈若能来問疾　　方丈、もし能く来たりて疾を問わば
不妨兼有散花天　　妨げず兼ねて散花の天有るを

すなわち、斎戒が終わる明日の朝からまた酒を飲もうと思い、今夜はとりあえず楽器の調弦を始めさせた。私の住するこの「方丈」の部屋に、君が見舞いに来てくれるのであれば、維摩の部屋には、病気見舞に訪れた文殊について来た声聞たちに花を散らしてからかった天女がいたように、そうした美女をともなって来てもよいよ、と詠っている。ここに見えるのは、文人趣味の仏教信仰であり、それに最も合致した経典が『維摩経』だったのである。

このように、『維摩経』の中国的な受容が進んでいけば、地方の役人や庶民向けに説かれる維摩の様子がさらに中国風に変容していくのは当然だろう。たとえば、敦煌の莫高窟に描かれた六十七例の「維摩経変」がその好例である。『維摩経』が人気があったという以上に、石窟に様々な壁画を描く場合は、『維摩経』の場面を入れるのが通例だったのである。

そうした六十七例の「維摩経変」のうち、隋代のものは文殊師利問疾品に基づき、維摩と文殊の対論場面を中心として描かれているが、唐代になると描かれる内容が増えていくとともに、維摩の几帳の前に半裸で色黒の南方系民族を初めとする外国人使節たち、文殊の前に中国の皇帝と臣下たちが並ぶ様子が描かれるようになる。その外国人使節の中には、朝鮮使節も描かれるのが通例となっている。『維摩経』方便品の梵文には、維摩が病気を現じてみせると、ヴァイシャーリーの王・大臣・宰官・王子・眷属・バラモン・資産家・商人組合長・市民・臣民・その他数千もの人たちが見舞いに訪れた、となっており、羅什も「国王・大臣・長者・居士・婆羅門等、及諸王子并余官属、無数千人」と訳しているものを、より大げさにしているのである。つまり、外国の王や使節を描くことによって、インドの異国らしさを強調しつつ、実際には中国に朝貢する諸国の王や使節を描くという中国伝統絵画の図式に従っているうえ、中国流に話が大げさになっているのだ。

実際、そうした絵を説明する敦煌文書中の「維摩変文」(S三八七二)では、「諸国の王」や王子その他「百千万衆」が見舞いに来たと述べているうえ、偈では、

病臥して、ただ方丈にいるばかり、
飢えて痩せ、立ち居もはなはだ難しく
……
虎思わせし、かの威厳
今見りゃあばらの骨も薪のよう
……
かくなる難病きっかけに
妙法詳しく、いざや唱えん。

とあって、さらに庶民的な大げさな調子で説かれている。つまり、通俗的な『維摩経』解説では、維摩の偉大さが強調されると同時に、維摩の病状のひどさも強調されるのである。[15]

維摩の病状については、

今日はと言えば、脈はドキドキ頭は痛み、口はにがくて渇き死に寸前、……腹はふくれ、……死なせないでと願うばかり。手足はあがらず、目の玉には力無く、坐るも寝るも人にすがり、……歯は黒くなり爪は青く、体に浮かぶ紫のあざ、しゃべる言葉も常でなく、鬼神まで見る始末、寒いわ熱いわ、沸いた湯かと思ったら、冷たい時は氷なみ、胃腸はギュルギュル音を立て、体のうちは刃物で切られる痛みあり。

といった誇張した調子で描かれる。

また、S三八七二では、釈尊は「呵呵（アハハ）」と笑って「幸色（嬉しそう）」な顔をしたと述べるなど、口語を用いた世俗的な表現が目立つ。当然のことながら、内容も中国色が強まっており、維摩が様々な姿で現れて世間を教化するという箇所を説明する際、「天子の腹心となる」とか、「千年万歳も、皇風をして墜ちざらしめ、帝道をして傾くこと無からしむ」とか、「孝有り忠有り」などと言われている。学僧の注釈とは距離があるが、こうした一般向けの解説を聞いて育った者が、後に出家すれば、こうした俗文学の維摩のイメージが『維摩経』解釈に多少影響を及ぼしても不思議はない。また、韻文と散文が結びついたこのような口語調の講経文は、文体の面でも後代の文学に影響を与えている(16)。

『維摩経』が文人に好まれる傾向は唐代以後も続いている。その代表を一人あげるとすれば、蘇軾（一〇三六～一一〇一）だろうか。蘇軾は宋代の詩人であるため、禅宗の影響が強いが、その漢詩にはしばしば『維摩経』の表現が見られることが指摘されている。ただ、白楽天と同様、『維摩経』の表現を遊戯的に用いた場合もいくつか見ることができる。たとえば、熙寧八年（一〇七五）の立春時に、病中にあって友人の安国に贈った詩、「立春日病中邀安国仍請率禹功同来……」で始まる長い題名の詩では、「なんぞ相い将《ひき》い来たりて、病を問わざる。已に散花の天を呼取せり」と結んでいる。すなわち、どうして皆をひきいて私の病気見舞いに来ないのか。既に、花を散らす天女も呼んであるぞ」と述べており、美しい妓女も用意してあるから見舞いに来いと、諧謔まじりで説いているのである。題名の後半では、自分は酒は飲めないが、諸君が酔笑するところを几によりかかって眺めて悶々たる思いをはらそうと述べている。「几に倚り（倚几）」という箇所が示すように、むろん、自分を維摩になぞらえて遊んでいるのである。

また蘇軾は、元豊元年（一〇七八）の作である「坐上賦戴花得天字」、すなわち、酒宴において「花を戴く」という題で漢詩を皆で作った際、韻字として「天」の字が割り当てられた蘇軾は、ここでも『維摩経』を題材として冗談の詩を作っている。すなわち、自分が老齢の酔った身で花をかざして舞うと、花が大きな酒の容器に落ちるのは、煩悩が少しづつ消えてきているためだろうが、この花はやはり「散花の天」である美女にお返しすべきだろう、と詠うのである。むろん、維摩の室に住む天女が、見舞いに来た菩薩や声聞たちに花を散らすと、煩悩のない菩薩たちには花は着かずにさらさらと落ちていくのに対し、花で身をかざることは戒律で禁止されているといった規範にとらわれている声聞たちには、花が貼り付いてしまい、神通力でとろうとしてもとれないという『維摩経』観衆生品の場面を踏まえている。『維摩経』は、漢詩においては、こうした場面で用いられがちなのである。

『維摩経』は、「不立文字」を尊ぶ禅宗では広く読まれたが、唐代以後は、観音菩薩などに比べれば、信仰の面でも文学・芸能に対する面でも影響は大きくない。これは、観音菩薩が浄土への導き手とされていったのに対し、自分の心を浄めることこそ仏国土を浄める行だとか、衆生こそが菩薩の仏土だなどと主張する

『維摩経』は、やはり観念的すぎるためだろう。

六　日本における『維摩経』受容と文学への影響

日本における最初期の『維摩経』受容については、三経義疏中の『維摩経義疏』があげられる。作者については諸説があるが、変格な語法が多いため、中国撰述でないことは明らかであり、一つの文が平安時代の物語の文体を思わせるほど長いため、日本撰述の可能性が高い。現段階で言えるのは、三経義疏は梁の三大法師の学風を承けており、『法華義疏』は光宅寺法雲の『法華義記』、『勝鬘経義疏』は荘厳寺僧旻の『勝鬘経疏』（佚）を「本義」とし、『維摩経義疏』は開善寺智蔵の『維摩経疏』（佚）を主要な種本としたうえで僧肇の『注維摩』も参照していることである。直接には、そうした江南の成実涅槃学派の学問を受け入れた百済の学僧などの影響を受けて成立したのだろう。三経義疏は奈良時代には、三論宗・華厳宗を中心として研究されたが、鎌倉時代は東大寺の凝然などを除けば、法隆寺や四天王寺で研究されるだけであって、鎌倉新仏教の祖師たちは読んでいない。

三経義疏の次に『維摩経』の名が見えるのは、中臣鎌足（六一四～六六九）と『維摩経』の関係である。『扶桑略記』巻四・斉明天皇二年条によれば、中臣鎌子（鎌足）が病気になった際、百済の禅尼である法明が天皇に、「『維摩経』は病気をきっかけとして教えを示しています。病者のために試みにこれを読誦いたしたいと存じます」と奏上し、天皇が大いに喜んだため、邸におもむいて読誦し始めたところ、末尾に至らないうちに、病気がやや好転したため、鎌子（鎌足）は感激し、さらに読誦させた。翌年、鎌子は山階の陶原の家に精舎を立て、斎会を設けた。これが維摩会の始まりであると記している。この『維摩経』法会は、鎌子が没してから三十年間中絶していたが、孫の藤原不比等が再興し、十月十日に始まって鎌足の忌日である十月十六日に満了する形を定めたという。後、不比等の娘である光明皇后もこれを後援し、さらに藤原仲麻呂によって国家的な意義づけが与えられた。延暦二十一年（八〇二）以降は敕会とされて興福寺で行われることが恒例化し、藤原氏の氏人は必ず参加するよう定められた。ただ、仏教界においては、この維摩会は僧綱となる第一歩の階梯となったため、その権威が次第に高まっていったが、平安貴族の間では法華八講や法華三十講の方が重視されるようになっていく。文学に与えた影響という点では、『法華経』が圧倒的であり、『維摩経』の影響が限定されているのはそのためである。

奈良朝やそれ以前においては、『法華経』信仰はむろん強かったが、『維摩経』もかなり重視されていたようであり、鎌足自身、『維摩経』信仰を持っていたと思われる。また、長男の定恵（貞恵）についても、『維摩経』と関係があった可能性が指摘されている。『扶桑略記』では、孝徳天皇白雉四年（六五三）に、長男の定恵が十一歳の若さで入唐し、長安の慧日道場で学んだとしており、その師の道因（五八七〜六五八）は、『宋高僧伝』によれば、『涅槃経』『摂大乗論』を初めとして広く学んで諸経を講義し、特に『摂大乗論』と『維摩経』については注釈を著したという。これが正しければ、息子を通じても『維摩経』との関係があった可能性が出てくるが、『藤氏家伝』では、玄奘門下の神泰に師事したと記している。いずれにしても、唯識説を得意とする学僧であり、鎌足が元興寺の摂論宗を支援したとする伝承と矛盾しない。中国では玄奘が『維摩経』の新訳である『説無垢称経』を訳出しており、玄奘の弟子である基（六三二〜六八二）が『説無垢称経疏』を著しているため、定恵の師が誰であれ、鎌足が支援していた日本の摂論宗やそれが展開した法相宗が『維摩経』を重視するのは不思議でない。とりわけ、光明皇后が元興寺の摂論宗を移した興福寺では、藤原氏の氏寺であるため『維摩経』を重視しており、維摩会を通じて『維摩経』と関係が深い。

鎌足と維摩を結び付けた要因の一つは、天皇による問疾である。『日本書紀』では天智天皇八年（六六九）十月十日に、天智天皇が内大臣に邸に行幸して「親しく所患を問う」とある。『日本書紀』では白雉四年夏五月条における定恵の留学の記事のすぐ後に、孝徳天皇が頼り切っていた僧旻法師の房に行幸して「其の疾を問う（問其疾）」たことが記されており、異例である天皇の病気見舞いが明らかに『維摩経』の表現を借りて記されている。僧旻は、留学した学僧であるのに対し、天智天皇が見舞った鎌足は、在家の賢者という扱いであるため、命日の法要などにおいて、維摩になぞらえた文章が読み上げられたとしても不思議でない。実際、中世には、鎌足を維摩扱いするだけでなく、維摩の化身とする説も生まれており、鎌足を祭る談山神社では、維摩を意識して描かれた鎌足の画像が多く残されている(17)。

その奈良朝の維摩会については、法会の最終日に音楽供養が行われていたことが『万葉集』巻二（一五九四）から知られる。

佛前に唱いし歌一首

時雨の雨　間無くな降りそ　紅ににほへる山の散らまく惜しも

右は、冬十月、皇后宮の維摩講に、終日、大唐・高麗等の種種の音楽を供養し、此の歌詞を唱ふ。弾琴は、市原王と、忍坂王と、後姪を賜へる大原真人赤麿なり。歌子《うたびと》は、田口朝臣家守・河辺朝臣東人・

置始連長谷等と十数人なり。

すなわち、不比等の旧宅を改めた皇后宮において、維摩会を修した際の歌である。維摩会では、最初の日と最終日に楽人の演奏があったが、天平十一年（七三九）のこの時は、唐の楽や高麗の楽を奏でたほか、琴の伴奏に合わせて十数人で歌ったのである。無常を詠ったものという解釈が一般的だが、「赤く色づいた山の紅葉が散ってしまうのが惜しいので、時雨よ、降らないでくれ」というのだから、無常の面は実は強くない。また、これに似た内容の歌は『万葉集』には他にも見えており、それらは仏教とは関係していない。

確かに、紅葉は無常であって散っていくものではあるけれど、興福寺の大仏に供養としてお見せすべきこの美しい紅葉の景色を急いで終わらせないでくれ、と呼びかけたもの、と見るべきであろう。この場合、大仏を「行幸に来た天皇」に置き換えることも可能である。つまり、そうした歌の図式が先にあったのであって、それを大仏にあてはめたのであり、特に『維摩経』ならではの思想が読み込まれた歌ではない。

なお、植物が無常であることは、我が身の無常さを強調する『維摩経』の十喩では、「是の身は芭蕉の如し。中に堅有ること無し」と言われている。芭蕉の幹は堅い芯は無く、葉が巻き重なっているだけであって、季節が移れば外側は枯れてしまうためだが、日本では『維摩経』の十喩を文学作品で用いる際は、南国の植物である芭蕉については実感が無いため、また漢語を避けるためもあって、和歌では単に「くさ」と称するのみである場合が多く、「芭蕉」の語を読み込んだのは、藤原公重など僅かな歌人しかいない。

また、『維摩経』の十喩では、「是の身は知無きこと草木瓦礫の如し」とあるが、草木成仏説が後に展開する日本では、文学的効果をあげるために擬人法を用いている面はあるにせよ、山や雨や草木に対して「心あるもの」であるかのように呼びかけるのである。平安初期から日本流の草木成仏説が登場してくるのは不思議でない。

奈良時代の『維摩経』受容において異色なのは、山上憶良である。『万葉集』巻五に納められる憶良の「日本挽歌」では、一切は空であって生き物は輪廻するばかりであり、「維摩大士も、方丈に在りて染汚の患いを懐《いだ》くこと有り。釈迦能仁も、双林に坐して泥洹の苦を免れず」と述べている。維摩と釈迦をこのように対比することは、先に見た敦煌の『維摩経講経文』と一致しているため、入唐経験がある憶良は、中国でこうした一般向けの俗講を見たり、そうした種本を入手したりしたのであろう。日本において、釈迦の涅槃を「苦」とみなしたのは、仏教の知識を有しつつ距離を置き、俗世に愛情にしがみついていた憶良だけである。憶良は、釈尊はすべての人々を我が子のように思いやるという経典の決まり文句を逆手にとり、「釈尊も我が子が可愛いと言われた」と述べるなど、強引な議論をしている。

先に見た中国における文人趣味の『維摩経』観も、日本に受け継がれた。たとえば、還俗して奈良時代を代表する文人の一人となった淡海三船は、『維摩経』の講会に列して「聴維摩経」と題する漢詩を作っている。『経国集』に収録されているこの漢詩は、「化を方丈の室に演じ、玄を不二門に談ず」の句で始まり、第三聯は「地は毘耶の域に似、人は妙徳の尊かと疑う」と述べている。『維摩経』が講じられているこの場所は、まさに維摩が住していた毘耶離（ヴァイシャーリー）の地のようであり、ここに集っている人たちは「妙徳」、すなわち、問疾に訪れた文殊のように賢明な人ではないかと思われる、と賞賛するのである。

この三船は、還俗して活躍しつつ経典の注釈を書いた自分の先輩として、新羅の元暁を尊崇しており、その孫の薛仲業が外交使節としてやって来ると、大歓迎して元暁を讃える文を贈っている。元暁を維摩に似た存在と見て生き方の手本としていたものと思われる。

日本文学で『維摩経』の影響を受けた代表は、『竹取物語』だろう。かぐや姫の典拠については諸説があり、神仙思想の影響も受けていることは間違いないが、基本は幸田露伴が指摘した『月上女経』の月上女と見て良い(18)。月上女が生まれると家の中に光が満ちて暗い所がなくなっているほか、露伴が触れていない事柄としては、『月上女経』に「威光、赫奕《かくやく》として彼の楼を明照し」とある点があげられよう。「威光赫奕」は仏教経典の常套表現だが、満月の夜に求愛する男たちを集め、楼に昇って結婚しない意思を告げようとした際、仏の神力によって月上女の右手から金銀で出来た蓮華の茎が伸び、花の中に「威光赫奕」たる如来像が結跏趺坐していたとあるのは見逃しがたい。この「赫奕」こそが、「かぐや姫」の名の元と思われるからである(19)。

また、『竹取物語』が『月上女経』と関係深い『維摩経』の表現を用いていることは、以前指摘した。たとえば、仏の鉢と称するものを持参した石作の皇子が、かぐや姫に光が無いから偽物だと見抜かれると、門のところに鉢を捨てて竹取の翁の邸から出、「白山にあへば光の失するかと鉢を捨てても頼まるるかな」という和歌を詠み、「鉢(恥)を捨てる」という洒落を言っている箇所がそうである。これは、釈尊から維摩の見舞いに行くよう言われた須菩提が、かつて維摩居士の家に托鉢に出かけたところ、議論でやりこめられ呆然として鉢を置き、家から出ようとしたとする『維摩経』弟子品に基づく洒落であり、天台智顗の弟子である灌頂が編集した『維摩経略疏』では「鉢を捨て、去らんと欲す(棄鉢欲去)」「鉢を棄てて去る(棄鉢而去)」という表現も見えている。

さらに、恥を恥としない点についても、同じ弟子品に見えている。阿難が、病気となった釈尊のために牛乳を布施してもらおうと、富裕なバラモンの家に鉢を手にして出向いたところ、維摩に釈尊には病気など無いと叱責され、恥じて去ろうとすると、天の声がして、「釈尊は五濁の世にあって教化する際は、わざとそうした姿を見せるのだ。阿難よ、乳を取れ、慚じてはならない（勿慚）」と言った。すなわち、鉢に関する場面で「恥じない」ことが説かれているのである。

門のところで鉢を棄てるという設定と「鉢（恥）を棄てる」という洒落を採用したのは、おそらく天台宗の僧侶だろう。『竹取物語』の作者については諸説があるが、天台宗で最初に僧正になった遍昭、ないしは遍昭に似た素養と性格の持ち主と考えるのが自然である。ここでも、『維摩経』とその眷属経典である『月上女経』は、遊びの素材とされている。

なお、この『竹取物語』については、田海燕『金玉鳳凰』（少年児童出版社、上海、一九六一年）のうち、中国四川省のチベット族の民話を採集して整理したものと称する「斑竹姑娘」が『竹取物語』ときわめて似ていることが話題となり、『竹取物語』はその原話となった中国の民話の影響を受けたものとする説が出されたため論争となったが、現在では「斑竹姑娘」は『竹取物語』の中国語訳に基づく翻案であったことが明らかになっている[20]。すなわち、日本に留学して早稲田で学び、復旦大学で西洋文学と日本文学を講義した謝六逸（一八九八〜一九四五）が、『竹取物語』の梗概を載せた『日本文学史』を一九二九年に著すと、謝の文学研究仲間であった鄭振鐸は、中国最初の児童文学雑誌を刊行し、『竹取物語』を多少潤色した「竹公主」を掲載し、後には諸国の童話を訳したり潤色したりした本におさめて出版した。「斑竹姑娘」は、『竹取物語』でなく、この「竹公主」に基づいて書かれていたのであり、社会主義国となった中国の状況を反映した物語となっていたのである。このことからも、面白い筋書きの話は、次々に似た話を生み出していくことが知られる。

さて、『維摩経』はこうした楽しい作品の中で用いられる一方、謝霊運がとりあげた十喩も、無常を情緒として尊ぶ日本文学では盛んに取り上げられた。特に和歌にはそうした例が多く、勅撰集でも私歌集でもそのような歌がかなり見られ、『維摩経』に基づくと明記してある場合も多い[21]。

そのうち、十喩すべてを和歌で詠んだのは、藤原公任と赤染衛門である。興味深いことに、藤原道長の時代とも言うべき十世紀末から十一世紀初頭を代表するこの才人と才女は、二人とも法華二十八品の和歌も詠んでいて残っている。公任は長保四年（一〇〇二）に道長を支援した姉の詮子追善のための法華八講において「法華経二十八品和歌」を詠んでおり、『赤染衛門集』に収録されている赤染衛門の二十八品和歌も、この時の作と推定されている。

公任の十喩和歌は、その翌年の長保五年（一〇〇三）に、藤原氏の長者である道長が維摩会に当たって一族を引き連れて興福寺に参詣した際のものと推定されている[22]。道長の要望で詠んだものであろうが、そのためか、観念的であって、すぐれた歌は無い。

十喩のうち、「是の身、芭蕉葉の如し」については、

風吹けばまづ破れぬる草の葉によそふるからに袖ぞ露けき

風が吹くとすぐ破れてしまう（芭蕉の）葉のはかなさに我が身がたとえられるため、涙で袖がうるおってしまうと嘆くのだが、「芭蕉」は歌語ではないため、直接には「芭蕉」の語は読み込んでいない。

これに対して、辛口の紫式部ですらしたたかな才を認めざるを得なかった赤染衛門は、この比喩について、

秋風にくたへる草のはを見てぞ身のかたからぬことは知らるる

と詠んでいる。すなわち、秋風を受けて枯れて腐ってしまった葉を見るからこそ、同様に我が身も堅固でないことが痛感される、というのである。

彼ら以上に『維摩経』を巧みに作品に利用したのは、公任とも面識があり、赤染衛門とはともに中宮に仕える同僚であった紫式部である。式部は、才女ぞろいの女房たちも緊張せざるを得なかった才人の公任が、中宮が皇子を出産した祝いの宴席で酔ってしまい、女房たちのところへやって来て、「このあたりに若紫はいらっしゃいますか」と几帳ごしに声をかけてきたものの、式部は、「光君もいないのですから、どうして若紫の君がいるものですか」と思って黙っていたと、『紫式部日記』に書いている。この典拠はこれまで知られていなかったが、先に触れた『世説新語』における支道林と王坦之のやり取りを踏まえていることは明らかであろう。公任は才人を自認していても万能であった光君には遠く及ばない以上、若紫の君、つまりその作者である式部がどうしてここにいようか、と思って沈黙を守っていた、というのである[23]。

沈黙を守るという点では、『源氏物語』にも似た場面が描かれている。雨の夜の品定めでは、女性通を自認している者たちがあれこれ女性論を語った後、左馬頭がまとめを述べるのだが、その結論は、「女は言いたいことも、時々は黙っている方が良い」というものであり、一番の女性通である光源氏はそうした議論を黙って聞いているだけだった、という構成になっている。つまり、諸菩薩が深遠な「不二」のあり方について様々な主張をし、文殊が「不二」は言葉で表現できないと述べ、見解を尋ねられた維摩は沈黙を守ったとする不二法門品の構成を真似ているものと考えられるのである[24]。

『源氏物語』については、他にも光源氏の実子でない薫に関する記述のうちに『維摩経』の影響の可能性が指摘されている[25]。『源氏物語』は『法華経』や仏伝が利用され、宗としては天台宗・法相宗の教理が見えることが知られているが、『維摩経』についても考えていく必要があろう。

『源氏物語』以後で『維摩経』の影響が見られる代表例は、鴨長明の『方丈記』だろう。題名の「方丈」がそもそも維摩にちなむものであるうえ、冒頭の文章は、水の上に浮かぶ泡の無常さで始まっており、『維摩経』の十喩に基づいている。ただし、長明は、「浄名居士の迹をけがせりといえども、保つ心はわづかに周利槃特が行にだに及ばず」と明言しており、方丈に住む点では維摩を形だけ真似させていただいているが、そこに住する心という点では、仏弟子の中で最も愚かな者にも遠く及ばないことを自覚しているうえ、粗末な家も無常であることを意識している。大地震や災害が続いた時代に生きていた長明にとっては、方丈でさえ、ついの棲み家ではありえなかったのである。

七　現代における『維摩経』と文学の関係

漢訳の大乗経典は現代でも文学に影響を与え続けている。ここでは、岡本かの子（一八八九〜一九三九）と川端康成（一八九九〜一九七二）の二人を挙げておく。

岡本かの子が仏教から大きな影響を受けていたことは有名であり、初期の戯曲や小説には「阿難と呪術師の娘」（一九二八年）、「鬼子母の愛」（同）、「百喩経」（一九三四年）など、題名そのものに仏教用語が見えているものも少なくない。早くから、愛欲と精神的向上、あるいは愛欲と芸術の間にあって悩んでいたかの子は、その解決を仏教に求めたのであり、その際、『維摩経』に頼る面が大きかったようである。小説以外で外村彰が着目したかの子の言葉を引いておく。(26)

病気の時は維摩経に親しき手が出ます。今も枕辺にあります。……一体維摩経は大乗仏教の理想すなはち超越の悟性と現実生活の慾念との融和を説いたものであります。（岡本「少病」『読売新聞』一九三二年七月一日）

芸術的な変化と魅力の多い点では、法華経に及ぶものは、ただ維摩経あるのみと思はれます。……魔に対し、悪に対し、怖れなく大乗的分析を加へ生命化して行く点は両経とも芸術家の態度と同じであります。（『観音経附法華経』大東出版社、一九三四年）

実際、「金魚繚乱」では、少女が桜の花びらを散らすと、そのうちの一枚が主人公の口の中に飛び込み、顎裏に付いてなかなかとれなかった、という記述がある。これはむろん、『維摩経』の天女による散花の箇所に基づいている。ただ、かの子の場合は、知的な遊戯として『維摩経』を利用しているというより、『維摩経』に必死ですがっているように見える。

次に、川端康成の場合も『維摩経』は重要な役割を果している。岩野真雄訳『現代意訳維摩経・解深密経』（仏教経典叢書刊行会、一九二二年）を愛読していた川端は、いくつもの作品で、『維摩経』の内容を用いているほか、思想がないという新感覚派への批判に答えるための根拠として『維摩経』を用いている。すなわち、プロレタリア文学からの非難に対して、「思想なき思想」「感覚なき感覚」を主張したのである。

川端は晩年の『美しい日本の私』でも維摩の「黙如雷」に言及している。ただ、「黙如雷」というのは、『竺遷和尚語録』に「維摩一黙如雷」と見えるものであって、『維摩経』自体にはこの表現は出てこない。川端は晩年になると、「仏魔」を同一視する一休を敬仰するようになるとともに禅への興味を深め、日本の禅宗経由で『維摩経』を眺めるようになったように思われる。片山倫太郎は、川端においては、『維摩経』の受容は生涯にわたって続いたことを指摘すると同時に、「それは近代において読み替えられた仏教であったことも視野に収めるべきなのである」[27]と注意している。

なお、川端は『竹取物語』の現代語訳もしている。その際は、『竹取物語』を近代小説風にとらえ、その立場でかなり自由に意訳していることが指摘されている。『維摩経』『月上女経』の影響をどの程度意識したかは明らかでないが、戦前から戦後にかけて、何度も訂正して刊行していることが示すように、『竹取物語』に共感する点が多く、かぐや姫に永遠の女性性・聖処女を見て讃美する川端の『竹取物語』観は、『源氏物語』を初めとする日本文学全体の解釈と、川端自身の文学活動とに密接に結びついている。[28]

その川端の訳は、豊子愷（一八九八〜一九七五）の中国語訳『竹取物語』の種本ともなっていた。[29]中国における漫画家の始祖であり、絵画・文学・音楽などにも幅広く通じていて英語・ロシア語・日本語の作品を大量に翻訳している豊子愷は、『源氏物語』を最初に中国語訳したことで名高いが、これは詩文に通じていたうえ、仏教の知識が豊かであったためであるという。豊子愷は、初めは芸術による解脱を提唱していたものの、かつての芸術の師であった弘一法師から授戒して嬰行という法名を与えられ、居士として菜食と不飲酒戒を守る生活を送っていた時期もある。飲酒などは後に再開したようだが、仏教への思いは変わることがなく、日本に留学して西洋美術と音楽を学んだ後に出家した弘一法師の影響もあって、芸術活動に仏教を生かそうとしていた。そのような人物が、『竹取物語』を訳すにあたって、川端康成の現代語訳を元にしたうえで、工夫をこらしていたのである。[30]

他には、宮澤賢治も、早い時期の書簡で『維摩経』に言及しており、自分風に受け止めて影響を受けていたようである。[31]

文学色の強い『維摩経』は、このように、めぐりめぐって現代のアジア諸国における文学に影響を与え続けている。

（1）小林圓照「大乗化の手法――維摩経・仏国品のケース」『印度学仏教学研究』第五十二巻第二号、二〇〇四年三月。
（2）西野翠「維摩の家族――維摩グループ諸経典を踏まえて」『印度学仏教学研究』第五十七巻第一号、二〇〇八年十二月。
（3）大鹿実秋「月上女経と維摩経」『印度学仏教学研究』第十八巻第二号、一九七〇年三月。
（4）瀧英寛「『維摩経』の基礎的解読の試み」『大正大学綜合仏教研究所年報』第二十九号、二〇〇七年三月。
（5）西野翠「『維摩経』における菩薩思想について――その内容と思想発展史的位置づけ」『印度学仏教学研究』第五十五巻第二号、二〇〇七年三月。
（6）平岡聡「法華経の成立に関する新たな視点――その筋書・配役・情報源は？」『印度学仏教学研究』第五十九巻第一号、二〇一〇年十二月。

（7）朝山幸彦「「維摩詰経」に見られる中国的変容」『印度学仏教学研究』第三十四巻第二号、一九八六年三月。

（8）大正蔵（高麗蔵）の支謙訳には、維摩の一黙の場面が欠けているが、右の対話から見て、もともとはその場面を含んでいたことが知られる。

（9）藤枝晃「維摩変の系譜」『東方学報』第三十六冊、一九八九年十月。

（10）労悦強、西野翠訳「説得と娯楽を同時に：『維摩経』の注釈における鳩摩羅什の仏教説話」『大正大学綜合仏教研究所年報』第三十三号、二〇一一年三月、三一七頁。

（11）鵜飼光昌「謝霊運と維摩経」、荒牧典俊編著『北朝隋唐中国仏教思想史』法蔵館、二〇〇〇年。

（12）富原カンナ「「方丈」考」『和漢比較文学』第三十五号、二〇〇五年八月。

（13）何剣平『中国古代維摩詰信仰研究』第六章「維摩詰信仰在中土的民衆化過程」、巴蜀書社、中国、二〇〇九年。

（14）山口弘江「中国における「維摩詰」語釈の変遷」『宗教研究』第八十三巻四号、二〇一〇年三月。

（15）北村茂樹「『維摩詰経講経文』と『維摩経』との関係――スタイン三八七二文書を中心に」橋本博士退官記念仏教研究論集刊行会編『仏教研究論集』清文堂出版、一九七五年。

（16）孫昌武『中国文学中的維摩与観音』天津教育出版社、中国、二〇〇五年、二四一頁。

（17）黒田智『中世肖像の文化史』「第ⅸ章 もうひとつの維摩像」ぺりかん社、二〇〇七年。

（18）幸田露伴「月上女（日本の古き物語の一に就きて）」『心の花』第十五巻五号、一九一一年五月。

（19）石井公成「変化の人といふとも、女の身持ち給へり――『竹取物語』の基調となった仏教要素」『駒澤大学仏教文学研究』第九号、二〇〇六年三月。

（20）宋成徳「「竹公主」から「斑竹姑娘」へ」『京都大学国文学論叢』第十二号、二〇〇四年九月。

（21）国枝利久「維摩経十喩と和歌」『仏教大学研究紀要』第六十四号、一九八〇年三月。

（22）杉田まゆ子「公任の釈教歌――維摩経十喩歌　その発生の機縁」『和歌文学研究』第六十九号、一九九四年十一月。

(23) 石井公成「『紫式部日記』と『源氏物語』における『維摩経』利用」『駒澤大学仏教文学研究』第九号、二〇〇六年三月。
(24) 石井、注(23)前掲論文。
(25) 三角洋一「匂宮巻の薫の人物設定と『維摩経』」『むらさき』第四十号、二〇〇三年十二月。
(26) 外村彰『岡本かの子の小説――〈ひたごころ〉の形象』「第三章「金魚繚乱」と「維摩経」」おうふう、二〇〇五年。
(27) 片山倫太郎「川端文学における『仏教的なるもの』への一考察――『維摩経』受容と新感覚派理論への可能性」『国文鶴見』第四十一号、二〇〇七年。
(28) 山田吉郎「川端康成における『竹取物語』受容」『茨城キリスト教大学紀要』第十七号、一九八四年。
(29) 徐迎春「豊子愷訳『竹取物語』について――豊子愷記念館の訳稿と比較して」『語文研究』第一〇八・一〇九号、二〇一〇年六月。
(30) 大野公賢「豊子愷の仏教信仰における弘一法師と馬一浮――『護生画集』を中心に」『東京大学中国語中国文学研究室紀要』第十三号、二〇一〇年十一月。
(31) 工藤哲夫「賢治と維摩経」『京都女子大学宗教・文化研究所研究紀要』第三号、一九九〇年三月。

第九章

中世神道＝「日本のヒンドゥー教？」論

——日本文化史における「インド」

彌永信美

一　はじめに

表題に掲げたのは、たいへん挑発的な「論」である。ただし、クエスチョン・マーク付きの「論」であることに留意していただきたい。筆者は、いかなる意味でも中世神道の専門家ではない。あえてこのような立場から発言することに意味があるとすれば、それは、専門的な研究者には発想しにくい視点から、大きな仮説を提起して、その可能性を追求することによって新しい視野を開くことができるかもしれないという一点に尽きる。次に、表題では「中世神道」という語を用いたが、筆者が考えているのは、中世神道が全体として「日本のヒンドゥー教」と捉えられる、ということではなく、その一部の文献に見られる思想の、そのまた限られた側面が、「日本のヒンドゥー教」と解釈することによって理解しやすくなるのではないか、という提案である。一部の文献、という表現で実際に考えているのは、一般に「両部神道」と呼ばれるような文献といえばいいだろうが、「両部神道」と「伊勢神道」の文献はダブっていることが多いし、専門家の間でも「〇〇神道」という呼称の妥当性は確定していないと思われるので、ここではむしろ大ざっぱに、だいたい南北朝時代くらいまでの各種の文献、と述べておいた方が無難だろう。

「日本のヒンドゥー教」という表現は異様に感じられるだろうし、またその意味するところも一見して明らかではないだろう。筆者自身、この段階で、この表現が何を意味するかを明確に定義することは困難である。筆者としてはむしろ、この語が持つ「奇妙な感じ」を「ヒューリスティック」な導き手として利用し、そこから新たな見方へ至る道が開けてくることを期待している。

二『大和葛城宝山記』冒頭の創造神話

出発点として、筆者自身が最初にもっとも驚いた文献を挙げよう。有名な『大和葛城宝山記』の冒頭の一節である。『大和葛城宝山記』はおそらく一三世紀半ばから後半にかけて、葛城山系の修験道に近い著者によって著わされたと考えられる文書だが、その書き出しに見られる神話は一驚に値する。(1)

神祇

蓋し聞く、天地ノ成意、水気変じて天地と為ルト。十方の風至りテ相対シ、相触れテ能ク大水ヲ持《たも》ツ。水上ニ神聖《かみ》化生して、千ノ頭二千ノ手足有り。常住慈悲神王ト名づけテ、葦綱ト為す。是の人神ノ臍ノ中ニ、千葉金色ノ妙法蓮花ヲ出ス。其ノ光、大いに明らかニシテ、万月ノ倶ニ照らすガ如し。花ノ中に人神有りて結跏趺坐ス。此の人神、復《また》无量の光明有り。名づけテ梵天王と曰ふ。此ノ梵天王ノ心ヨリ、八子を生ズ。八子、天地人民を生ずる也。此ヲ名づけテ天神ト曰ふ。復天帝の祖神と称ス。

この文章は、「十方の風」というところから「天地人民を生ずる」というところまで、ほぼ完全に『大智度論』(2)に見られるインド神話の引き写しである。『大智度論』のコンテクストでは、この神話は、ブッダの舌から流出する光の中に「千葉の金色の宝華」が生まれる、という幻想的なヴィジョンを説明する中で、一種の譬喩として説かれている。全体が目映いような宇宙的仏陀の奇跡を述べる中で、「世俗」の物語として説かれるこの神話は、『マハーバーラタ』などでも広く知られたインドの創造神話の一つである。劫《カルパ》のはじめ、まだ世界が存在しない時に、大海の底で大蛇の上に眠るヴィシュヌの臍から巨大な蓮華が開き、その上に座すブラフマー神から全宇宙が生み出された、という神話は、他のいくつかの仏典でも引用されている。そのうちの一つ、『外道小乗涅槃論』では、同じ神話が「外道」すなわちインドの仏教以外の宗教・哲学が説く誤った教説として批判の対象とされている。事実、仏教では、宇宙が何らかの神によって創造された、という教説（一般に「創造主義」creationism と呼ばれる）は、「外道」の誤った説としてアーガマの時代から密教に至るまで一貫して批判の対象とされている。

『大智度論』と『大和葛城宝山記』のテクストの間には、いくつかの小さな差異があり、それらもまた興味深い。それは、二番目の文章に集中している。

『大智度論』では「水上有二一千頭人一二千手足。名為二韋紐一」とあるところが、『大和葛城宝山記』では「水上神聖化生、有二千頭二千手足一。名二常住慈悲神王一、為二葦綱一」となっている。すなわち、『大智度論』でたんに「人」と書かれていたところが『大和葛城宝山記』では「神聖《かみ》」となっており、「名を韋紐《いちゅう》となす」（「韋紐」はヒンドゥー教の神、ヴィシュヌの一般的な音写）というところが「常住慈悲神王と名づけて葦綱《いこう》となす」と改変されている。さらに、「化生」という語も、加えられている。これらの差異は、「常住慈悲神王」という『大和葛城宝山記』に特有の神名以外は、すべて『日本書紀』の冒頭の神話との比較によって説明できる。『日本書紀』の冒頭では、次のように説かれている。(3)

古《いにしへ》に天地《あめつち》未だ剖《わか》れず、陰陽《めを》分れざりしとき、渾沌《まろか》れたること鶏子《とりのこ》の如くして、溟涬《ほのか》にして牙《きざし》を含《ふふ》めり。

〔中略〕然《しか》して後に、神聖《かみ》、其の中に生《あ》れます。故《かれ》曰はく、開闢《あめつちひら》くる初に、洲壌《くにつち》の浮《うか》れ漂へること、譬へば游魚《あそぶいを》の水上《みづのうへ》に浮けるが猶《ごと》し。時に、天地の中に一物《ひとつのもの》生《な》れり。状《かたち》葦牙《あしかび》の如し。便《すなは》ち神《かみ》と化為《な》る。国常立尊《くにのとこたちのみこと》と号《まう》す。

すなわち、右の引用で傍線を引いた「神聖」、「葦牙」、「化為」が、『大和葛城宝山記』の「神聖」、「葦綱」、「化生」に当たると考えることができる。このように見ると、「葦」という字と「葦紐」の「葦」という字の形の上の類似が、『大和葛城宝山記』の作者が『大智度論』のこの箇所に注目した大きな原因になっていると考えることができるだろう（事実、「葦綱」という神名は、この用例以外ではほぼまったく用いられていないようである）。ところで、この『日本書紀』の冒頭の神話自体が、中国の古い宇宙論の書、『淮南子』や『三五歴書』の影響を深く受けて成立していることが知られている。そのうち、呉の徐整撰『三五歴書』は逸書だが、『芸文類聚』（天部）所引のテクストでは「天地混沌如㆓鶏子㆒」とあり、『太平御覧』（天部）所引では「混沌状如㆓鶏子㆒」とあるなど、『日本書紀』ととくに近い関係にある。さらに、「神聖」という語に関しては、『日本書紀私記』（丁本）に引用された『三五歴書』に「開闢之初。有㆓神聖㆒。一身十三頭。号㆓天皇㆒」とあって、(4)そこに「天皇」という『日本書紀』にとってもっとも重要なキーワードが見られるだけでなく、原初の存在である「神聖」なるものが「一身十三頭」だった、という記述を見つけることができる。こうして考えると、『大和葛城宝山記』の作者が、『三五歴書』のこの一節を何らかの方法で知っていて、「十三頭」に対する『大智度論』の「千頭二千手足」を想起した、という可能性もありえないことではないように思われてくる。

『大和葛城宝山記』による『大智度論』の引用は、この一節に限らない。それ以外にも、次の興味深い個所を挙げることができる。(5)

伝に曰はく、

劫初に神聖在り。常住慈悲神王と名づけ（法語に尸棄大梵天王と曰ひ、神語に天御中主尊と名づく）、大梵天宮ニ居る。衆生等ノ為に、広大なる慈悲誠心ヲ以てス。故ニ百億ノ日月、及ビ百億ノ梵天ヲ作りて、无量の群品を度す。故に諸天子の大宗と為し、三千大千世界の本主たる也。

ここでは、先にヴィシュヌに同定されていた「常住慈悲神王」が「尸棄大梵天王」に当てられ、それが「三千大千世界の本主」であるとされている。これは、『大智度論』で「三千大千世界主梵天王、名㆓式棄㆒」とある文に基づいている。(6) さらに、「百億の日月、百億の梵天」という壮大なイメージも、『大智度論』の「百億日月、乃至百億大梵天」という文によっている。(7) このように、字句のレベルで典拠を探していくと、少なくとも『大和葛城宝山記』に限れば、相当に多くの基本的なイメージやモティーフが仏典に遡るものであるということを知ることができる。

『大和葛城宝山記』は、中世前半のさまざまな神道書の中では、伊勢神宮に対する距離が比較的大きいという点で（葛城修験にとくに近い関係にある、という点で）、やや特殊な部類に属するものと思われる。事実、こうした神典の中で、ヒンドゥー教に由来する仏典をこれほどあからさまに引用したものは、他に見当たらない（ただし、やや時代が下ると、『天地麗気府録』には「論に云く」として、『大智度論』の先の文章がほぼそのまま引用されており、[8] それが度会家行の『類聚神祇本源』や『瑚璉集』および北畠親房の『元元集』に孫引きされている。[9] これは、明らかに『天地麗気府録』の著者が『大和葛城宝山記』を参照した上で、『大智度論』のもとのテクストに当たって引用し直したものと思われる。その引用は、『大和葛城宝山記』に引かれている以前の部分からであることから見て、もとのテクストに当たったことが確実だが、同時に「名為二葦網一」と書かれていることから、『大和葛城宝山記』が参照されていると考えることができる）。しかし、より断片的ではあるが、伊勢神道の中心的テクストの一つである『神皇系図』でも、「天地人民」や「百億日月」などの表現が見られることから、『大和葛城宝山記』が知られていたことが明らかである（「天地人民」という表現は、それほど稀なものではないと思われるかもしれないが、実際には大正蔵の全テクストを対象に検索してみると、全部で一二例しかなく、そのうちの一つを除けばすべて『大智度論』の問題の箇所の引用であることから、偶然にこうした表現が用いられることはまず考えられない）。

三　「日本＝大日の本国」説と安然の摩利支天神話

中世神道の出発点の一つとして決定的に重要な意味をもったテクストに、真言宗・醍醐寺の成尊（一〇一二〜一〇七四）による『真言付法纂要抄』の末尾近くに見える次の文章がある。[10]

抑も贍部州八万四千の聚落の中に於て、唯だ陽谷の内のみ、秘密の教えを盛んにする事、上文に見えたり。又、昔威光菩薩（摩利支天、即大日の化身なり）常に日宮に居し、阿修羅王の難を除けり。今遍照金剛として、鎮《とこしな》へに日域に住し、金輪聖王の福を増す。神には天照尊と号し、刹《くに》には日本国と名づく。自然の理、自然の名を立つ。誠に之を職《もと》とする由《ゆへ》なり。是の故に、南天鉄塔迮《すは》しと雖も、全く法界心殿を包《かね》たり。東乗の陽谷、鄙《ちか》しと雖も、皆是れ大種姓の人なり。明らかに知りぬ。大日如来加持力の致す所なり。豈に凡愚の識る所ならんや。

これは、日本において密教が繁栄することの由来を記した文章を受けて述べられたものだが、そこには、「陽谷」「威光」「大日」「日宮」「遍照」「日域」「天照」「南天」など、太陽や日光、暖かさを想起させるシンボルがさまざまにちりばめられており、それらが「日本国」と「金輪聖王」に直結されることによって、天照大神の国であるところの日本が「大日」の国であり、また高野山奥の院に三昧に入った遍照金剛＝空海がその国王を守護する国である、という神秘説が表明されている。真福寺大須文庫蔵の最古の写本には、「刹名㆓日本国㆒」とあるので、「日本国」が「大日の本国」である、とするモティーフは、ここには明確には現われていないが、その後の写本の多くには「刹名㆓大日本国㆒」と記されており、「日本＝大日の本国」説が、この成尊の文章にもとづいて成立したことが明らかである。これは、日本という特殊な国を「大日如来」という普遍的存在に結びつけて解釈するもので、中世的な神国思想の萌芽をここに認めることができる。

ところで、ここに「威光菩薩」という菩薩が、「摩利支天、即ち大日の化身」に同定され、「常に日宮に居して阿修羅王の難を除いた」、という一節があるが、これは、成尊よりも百年以上以前の天台の学匠、安然（八四一～寛平年間（八八九～八九八））の摩利支天についての文章にもとづいたものであることが明らかである。その文章は、伊藤聡氏が引用する杲宝の注釈書によれば、『真言要密記』と題されたものだったというが、その著作は現在は失われて、直接は読むことができない。しかし幸いなことに、中世の密教書には、ちょうど成尊が参照したであろう箇所が引用されていて、その内容を知ることができる。『阿娑縛抄』が引く「摩利支天要記（安然）」および『白宝口抄』が引く「安然真言要密記」には、ほぼ同じ文章が認められる。[11]

『阿娑縛抄』に引かれた文章は、きわめて興味深いもので、それ自身、多くの典拠に基づいている。成尊が、摩利支天の名をこの文脈で挙げ、それを大日の化身に擬したことは、明らかに安然のこの一節に基づいている。さらに、その摩利支天が「阿修羅の難を除く」と言われているのも、安然が記述した長い神話を下敷きにしたものである。安然の典拠を調べると、おそらく吉蔵の『法華義疏』や大乗基の『妙法蓮華経玄賛』などに基づいて、梵天王が仏教コスモロジーにおいて占める位置や色界の各階層の天（初禅天、第二禅天から第四禅天まで）に相当する世界の広さなどの問題が論じられ、その後、摩利支天にかかわる神話が述べられている（安然の引用の仕方は、多くの場合非常にルーズだが、このテクストにおける引用は特にきわめて不正確で、明確な出典を定めるのは非常に難しい）。その神話は、阿修羅王・毘摩質多羅の娘、舎脂を奪った帝釈天と阿修羅の大軍（日蝕、月蝕を起こすという羅睺阿修羅王を含む）の戦争について述べ、そこで摩利支天が羅睺に襲われそうになる日天月天を隠して帝釈を勝利に導く、という物語である。ところが、この神話の直接の典拠は、（筆者が調べたかぎり）大正蔵の印度撰述部や支那撰述部にはどうしても見当たらない。光音天の子孫として阿修羅王・毘摩質多羅が生まれ、その娘の舎脂が帝釈天に嫁いだ、しかし、帝釈が宮殿の池でほかの「綵女」と楽しんでいるのを見た舎脂が、嫉妬してそのことを父に言いつけ、そこから天とアスラの大戦争になった、帝釈が「般若波羅蜜是大明呪」を唱えると、アスラはずたずたに切り裂かれて敗走した、という物語は、『仏説観仏三昧海経』[12]に（おそらくアーガマの伝統にのっとって）長々と語られており、それが智顗の『妙法蓮華経文句』[13]に引かれていること、また、同じ『法華文句』でそれに続いて、羅睺が日月を食うという話が出ていること[14]、などから見て、これらが重要な典拠になっていることは考えられる。一方、羅睺が天女を見ようとするが、日の光に照されて目が見えなくなり手で日の光を遮ろうとする、という話は、『正法念処経』[15]に長々と語られている。しかし、その他の記述、とくに摩利支天の活躍については、はっきりした典拠は存在しないようである。すなわち、驚くべきことに、この神話は、全体としては安然が、さまざまな要素を組み合わせながら、創作したものではないか、という疑いが濃厚である。つまり、安然は、ここで、一種のインドの宇宙神話を創作している、と考えていいように思われる。いうならば、平安時代の日本人によるインド神話の創作、と考えられるのである。もしそうであるとすれば、このような「神話創作」の精神が、後の中世神道に継承された、と考えることもできるかもしれない。

四　中世初期神道文献における仏教の天部

先に述べたように、『大和葛城宝山記』の冒頭神話ほどあからさまに、仏典に見られるインドの天部についての神話や思弁を盛り込んだ神道文献は他にほとんど見当たらない。しかし、多くの神道文献でインドの天部が大きな役割を果たしているのは事実である。たとえば、最初期の両部神道の文献の一つ『中臣祓訓解』（一〇九一年以前）には、「高天原」を注釈して「色界ノ初禅、梵衆の天なり。三光天。南瞻浮樹ノ下、高庫蔵是れなり」と述べ、あるいは「八百万神達《ヤオロヅノカミタチ》」を注釈して「梵王帝釈、無量ノ天子、四大天王、無量ノ梵王天、八万四千の神なり」と述べる箇所もある。同じ『中臣祓訓解』には「四方之国」を注釈して「大日本州也。大日宮、世界ノ国土なり」と述べる箇所がある。(16) これは、『真言付法纂要抄』の説が「日本＝大日の本国」説として理解されたことを示す、おそらくもっとも古い文献であると考えることができる。しかも、そこでは日本は「世界の国土」にまで普遍化されており、中世神道説のもっとも根本的な思想がここで明確に表現されていると言える。

「梵天帝尺」は、両部神道の重要なテクスト『天照太神口決』でも伊勢の外宮・内宮の両宮に当てられている。(17) また、（仁治年間＝一二四〇～四二年以降、文永年間＝一二六四～七四年以前成立といわれる）『仙宮院秘文』の次の一節では、『法華経』冒頭に列挙される「尸棄大梵・光明大梵」が「天皇号」を付されて外宮・内宮に配される。(18)

> 大八州の中《う》ち、神風《カミカセ》伊勢国、天照座《アマテラシマス》二所乃皇太神は、是れ天地開闢之元神なり。故に一大三千世界の主座也《アルシニテマシマスナリ》。尸棄大梵天皇（此には天御中主神と云ふ。亦名を伊勢国天照坐豊受皇太神宮とまうす是なり。）光明大梵天皇（此には大日霊貴《オホヒルメノムチ》と云ふ。亦名を伊勢国天照坐皇太神宮と号す是なり。）

さらに、同じ『仙宮院秘文』では「伊勢内外の両宮は則ち大千世界本主と知るべし。八百万神たちの最貴なり。故に吾が本師・南天老子〔＝釈迦〕曰はく、娑婆世界主の梵天は尸棄大梵・光明大梵なり、と」といい、あるいは「天照坐皇太神は則ち胎蔵界の地曼荼羅。御形の文図は五行の中の火輪、即ち独股形にましま

すなり。豊受皇太神は則ち金剛界の天曼荼羅。御形の文図は五行中水輪なり。五智の位の故に五月輪あるなり[19]」と述べて、

豊受皇太神＝天御中主＝尸棄大梵天皇＝金剛界＝天曼荼羅＝水輪
天照皇太神＝天照太神＝光明大梵天皇＝胎蔵界＝地曼荼羅＝火輪

という複雑な神学を形成している。ほとんど同じ神学は、やや時代が下る「麗気記」に属する『豊受太神鎮座次第』では次のように表現されている[20]。

夫れ以《おもんみ》れば、尸棄大梵天王ハ水珠所成の玉なり。水珠トイフハ月珠、月珠トイフハ玉、玉トイフハ𑖪𑖽《ばん》字、金剛界根本大毘盧遮那如来ナリ。是《コレ》、天上《アメノウヘノ》大梵天王ハ、虚空無垢ノ大光明遍照如来ナリ。過去威音王仏、是也。三十三天ノ中ニ、皆是、大梵天皇と名づく。是、尸棄大梵天王ト為す。是、天御中主尊と名《もう》ス。亦は豊受皇太神ト名スと云々。光明大梵天王ハ火珠所成の玉なり。火珠ハ日珠、日珠トハ玉、玉は𑖀《あ》字、𑖀《あ》字トハ如意宝珠、宝珠トハ蓮華の理ナリ。理トハ胎蔵界毘盧遮那遍照如来ナリ。𑖀《あ》字本不生不可得の儀、万法皆空、無自性門、是也。過去華開王仏、是也。三十三天の中ニ、皆是、大梵天王ト名づく。是、光明大梵天王と名づく。是、天御中主尊と名づく。亦ハ天照皇大神と名づく。他化自在天の化身、大毘盧遮那如来ナリ。是、摩醯首羅《まけいしゅら》天王と名づく。亦は大自在天王ト名づく。昔、威光菩薩と為り、日宮に住みテ阿修羅王ノ難ヲ破ル。今ハ日域に居《い》テ天照大神と成り、金輪聖王ノ福ヲ増ス。

と表現され、さらに複雑化している。これは、図式化すれば次のように表わすことができるだろう。

豊受皇太神＝尸棄大梵天王＝水珠所成＝月珠＝鑁字＝金剛界＝威音王仏＝天御中主尊
天照皇太神＝光明大梵天皇＝火珠所成＝日珠＝阿字＝如意宝珠＝胎蔵界＝華開王仏＝天御中主尊

この最後の「昔は威光菩薩となり」以降の一節が、前述の『真言付法纂要抄』に基づいていることは明らかである。またその直前に、天照太神を「他化自在天（欲界第六天、すなわち魔王に当たる）、大日如来、摩醯首羅天王（大自在天＝シヴァ神）」と結びつけている箇所は、『渓嵐拾葉集』に見られる次のような一節、すなわち、(21)

之に加うるに我国は神国なり。その元神を尋れは、此れ則ち大自在天なり。今の真言教主〔＝大日如来〕も色究竟天の成道の大自在天是れなり。故に、神明〔＝天照太神〕をもつて大日と習ふなり。

に非常に近いものということができる。

このように、初期中世神道のテクストには、驚くほど多くの仏教の天部への言及が見られる。これらは多くは天照太神や豊受太神、あるいは伊弉諾、天御中主尊などの重要な神格と同一視されている。その理由は、考えてみれば比較的容易に理解できるだろう。すなわち、中世神道テクストの作者たちにとって最大の関心事は、日本のローカルな神々を普遍化し、形而上的な神秘と結びつけることだった。そのために、多くは手近に見つかる文献、とくに仏典が参照された。そのもっとも明快な例が、『真言付法纂要抄』を出発点とした天照太神を大日如来と結びつけ、大日を「神国・日本」、天皇と関連づける言説だっただろう。しかし、中世神道のイデオロギーにとってとくに重要なのは『日本書紀』神代巻の普遍化であり、とりわけ日本の創造神話を世界大に拡大することだった。仏教における大日如来は、太陽と結びつけられるという意味では天照太神と直結しやすい存在だったが、その哲学的内実は宇宙に遍在する内在的絶対であり、人格神的・創造神的な要素はほとんどなかった。そうした中で、仏典に見られるもっとも顕著な創造神は、明らかに梵天（ブラフマー）であり、あるいは大自在天（シヴァ）、毘紐天（ヴィシュヌ）だった。こうして、ヒンドゥー教の三大神格が、中世神道で大きな役割をもって登場するのである（もっともヴィシュヌの場合は、はじめに見た『大和葛城宝山記』で「葦綱」という見分けがつかない形に変形されているが）。

五　平田篤胤『印度蔵志』と初期中世神道

先に、安然の『摩利支天要記』に言及したが、その中に「三千界主、最初の娑婆世界主の大梵天王は、是れ第四禅定の主なり。所謂摩醯首羅大梵、是れ則ち一切衆生の父なり」という一節がある。梵天を「一切衆生の父」とする観念は『長阿含経』(22)をはじめとして、円暉の『倶舎論頌疏論本』(23)や『経律異相』(24)などにも見えるものだが、その梵王を「摩醯首羅大梵」と表現する記述は、きわめて異様なもので、大正蔵の中におそらく他に例がない（少なくとも、一巻から八十五巻までを検索しても、こうした用例は見つからない）。安然がこのような表現に違和感をもたなかったのは、安然にとって天部がきわめて融合的に捉えられており、「一切衆生の父」と言えるような神であるなら、その名前は「大梵天」であっても「摩醯首羅／大自在天」であってもかまわなかったからだろう（こうしたことは、ブラフマーやシヴァなどがいくらかでも具体的な神格としてイメージされるインドでは、ありえないことだったと思われる）。——ところが、奇妙なことに、これと非常に近い「大梵自在天」という表現が、江戸時代の国学者、平田篤胤（一七七六～一八四三年）の『印度蔵志』に散見される。以下で、それがどのような意味をもつか、ということを考え、『印度蔵志』に見られる仏典やインド神話についての言説を軸にして、初期中世神道の世界における天部の思想を「逆照射」することを試みたい。

平田篤胤の仏教関係の著作には、『仏道大意』（別名『出定笑語』）三巻と題する講説の記録（文化八年〔一八一一〕＝篤胤三十六歳成立）、後にそれに附録として付された『神敵二宗論』二巻（日蓮宗および真宗の批判、文化八～十年成立）、『出定笑語原本』と称する『出定笑語』の稿本一巻（享和三〔一八〇三〕年頃から文化八年の間の仏教研究のノート）、『悟道辨』二巻（下巻の別名『尻口物語』。おもに禅宗を攻撃する。文化八～十年成立）、さらに『密法修事部類稿』四巻（密教儀軌からの抜き書き。文政五年〔一八二二〕＝篤胤四十六歳頃成立）、そしてもっとも長く、内容も濃い『印度蔵志』十一巻（未完）、その『印度蔵志』の未完部分の稿本に当たる『印度蔵志稿』四巻などがある。『印度蔵志』はおそらく一八二〇年（篤胤四十五歳）ころから始められて、一八二六年（五十一歳）ころまで集中的に書き続け、結局一八四三年の死に至るまで書き終えられなかったものである。篤胤の仏教関係の著作の中では最後のものであり、おそらくもっとも脂ののった時期に書かれたものと思われる。

篤胤の仏教学は、おもに富永仲基（一七一五〜四六年）の著作『出定後語』（一七四五年）に触発され、『八宗綱要』や『元亨釈書』を基本とした上に、いっさいの伝統的な宗派の教学と無関係に徹底的に漢文の大蔵経を読み込んだ学問で、明治以前の俗人による仏教研究としては、分量的にも内容的にも最高・最大のものと言うことができる。

さて、最初の仏教関係の著作『仏道大意』と『印度蔵志』を比べると、大きな変化が認められる。『仏道大意』では、篤胤は仏教を批判することが主な目的で、それ以外の叙述はほとんどないのに対し、『印度蔵志』になると、仏教文献を用いて自説の正しさを証明しようとする態度が前面に出てくる。その「自説」とは、いうまでもなく、彼自身が再構成した日本の神話が「世界の真理」である、ということである。それが「世界の真理」であるためには、日本の神話と本質的に同じ神話が全世界で真理として認められていた、ということを証明しなければならない。そのために、彼は仏教文献を用いてその中からインドの神話を抽出し、それを日本の神話と比較する。これは一種の比較神話学の萌芽的な試みであるということができる。

仏教独自の主張は、篤胤にとっては無意味なものでしかない。篤胤によれば、仏教とは、釈尊やその後の仏教徒が古代インドの思想をゆがめ、剽窃・改竄して作り上げた創始宗教であり、それ自体としては否定されるべき対象でしかないが、仏典には釈尊などが改竄した前のインドの思想が痕跡として残っており、仏教的要素を排除すればそれを抽出できる、と考える。

『印度蔵志』は、厖大な仏教文献の引用集、という性格がある。「婆羅門の古説」（＝古代インドの思想、神話）を重視するために、阿含経典などの古い典籍が多く引かれるが、同時に玄奘や義浄の西域紀行などに見られる具体的・歴史的な情報も重視されている（阿含が古く大乗経典は新しい、というような歴史的な分類については、富永仲基の『出定後語』に全面的に依拠している）。阿含経典の重視は、彼の言う「仏祖」の本来の教説（「妄誕」）を可能なかぎり明瞭にし、それとの比較の上で「梵志の古説」を明らかにしよう、という意図もあったと思われる。小乗の古い典籍に対して、大乗の経論類は後世の偽作であり、「寓託」であるとして、無視される傾向にある（たとえば『法華経』などはほとんど引用されることもない）。しかし、それと同時に注目したいのは、密教の典籍の重視である。たとえば『印度蔵志』巻第二で、篤胤は次のように書いている。(25)

さて呪禁修法の事は、秘密儀軌と称する籍等《フミラ》に、載《シル》せる法ども、大凡《オホカタ》は、仏祖に出たる由に作成《カキナ》せれど、其みな寓託の説にて、実には悉く梵志、また彼《ノ》外道の修法を竊《モノ》せるにて、一法も仏祖が真法は有ルことなし。〔中略〕

さて彼諸儀軌中なる、呪術修法を見通《ミワタ》すに、是《コレ》ぞ梵志が修法の真面目を、其ノ儘に伝へたりと覚ゆるは、一部も所見なき中に、大梵王、また其ノ異名の神の修法呪文、また符印なども多く散在して、見つべき事も少《スクナ》からず。其が中にも、一字心呪経(26)に出たる、大転輪王の一字呪と称する呪文、もと決めて梵天の伝授にて、大梵王の真呪なるべく所思《オボエ》たり。

この引用でも明らかなとおり、篤胤にとって、密教は「仏教」ではないからこそ、興味の対象であり、重要な意味をもっていた。

篤胤は、また不空訳の『供養十二大威徳天報恩品』[27]について、次のように書いている[28]。

偖この十二天餞儀てふ書は、豊山本の諸儀軌中に収れて、版本なり。巻首に、供養十二大威徳天報恩品。とありて、巻尾に十二天餞軌とあり。唐の不空三蔵が訳なり。其全編を見るに、慥《マサ》に婆羅門の古籍と見ゆるを、謂ゆる普賢菩薩が、仏祖の印可を受て説たる趣に、仏法臭き事ども書交へて、作り改めたる物なり。其は活眼をもて、書見む人は、自づからに知るべけれど、今少か云むに、仏祖は甚く、梵王を卑め貶し、世間を成立せりとふ古伝を説破して、造二此世界一。非二彼所レ及[29]など常に云るに、今引く文の、さる仏説とは反なる、一を以も悟りつべし。なほ此の軌《フミ》は次々にも数所に引出れば、其処々にも云を見るべし。

篤胤はこのように書いて、この儀軌を各所で引いている。篤胤によれば、密教の儀軌など（の少なくとも一部）は、本来「婆羅門の古籍」であるのを、仏陀の認可を得た普賢菩薩が説く、というような形で、表向きに「仏法臭い」表現をとっているだけだという。これは、もちろん富永仲基以来の仏典の歴史的批判を前提とした見方である。密教が、本来の「仏説」とは相当に隔たりがあり、ヒンドゥー教やブラフマニズムと近いものだという認識は、（少なくともある観点からは）歴史的に正しい見方だと言えるだろう。今の引用の最後で、「今引く文」とあるのは、『供養十二大威徳天報恩品』の次の箇所を指している。「梵天は上天之主、衆生之父なり。此の天喜ぶ時、器世間、安穏にして乱動あることなし。何を以ての故に。劫初の時、此の天、器世間を成立す。衆生乱れず、以て正しく世を治む。何を以ての故に。父王喜ぶ故なり。此の天瞋れる時、世間不安にして種々の病あり。草木に至るまで皆悉く悩落す。衆生迷惑するを如酔人と名づく」。(30)梵天を「衆生の父」というのは、『長阿含経』の「我れ即ち是れ一切衆生の父母なり」(31)とほとんど同じである。また、同じ『長阿含経』の巻第十一には、「我れ今是れ大梵王、忽然として有り。我れを作す者無し。我れ能く盡く諸義所趣に達す。千世界に於て最も自在を得、能く作り能く化す。微妙第一なり。人の父母と為す。我れ先ず此に至り、獨一りにして侶無し。我が力に由る故に此の衆生有り。我れ此の衆生を作す」という文章があり、(32)ここでも梵天は衆生の父、と言われている。これを釈尊は、「……梵志、此の世界を造るとは彼が及ぶ所に非らず。唯だ仏、能く知るなり」と否定している。(33)これが、篤胤がいう「仏説」である。

篤胤は、多くの仏典から「創造主義」的なインド神話の言説を見つけ出し（『大和葛城宝山記』で引かれた『大智度論』の一節は引用していないようだが、それとほぼ同様の内容の『外道小乗涅槃論』や『中観論疏』の文章は、一度ならず用いている）(34)、それを日本神話と結びつけている。『印度蔵志』の巻第一から第八にいたる叙述で、おそらくもっとも頻繁に登場する神格は梵天、篤胤の表現では「大梵自在天神」である。『印度蔵志』では、巻第一の開巻直後から、その種の創造神話がほとんど網羅的に列挙され、それらの神々がすべて同一である、というテーゼが主張される。(35)すなわち、篤胤にとっては、ブラフマーもシヴァもヴィシュヌも、すべて同じ神の別名にすぎないのである。篤胤は次のようにその神話を要約している。(36)

此等《コレラ》の事〔＝婆羅門種〕の起源を知《ラ》むと欲するには、まづ彼《ノ》国太古の伝説、大梵王の事より、明し弁へずては知がたし。然るはまつ、其古伝説の大旨を云はゞ、大虚空上に、大梵天とも、梵自在天とも、大自在天とも称ふ、無始無終の天界ありて、其《ノ》界に大梵王とも、那羅延天とも、摩醯首羅天とも称する、大主宰の天神ありて、是また無始無終の神なるが、無より有を出して、此《ノ》世間を成立し、人種は更にも云《ハ》ず、万物をも化生せる故に、世間衆生の祖神なりと語り伝来れり。

その「大梵王」の「本性」は、ようやく巻第八にいたって明らかにされる。[37]

然るは、彼大梵自在天神と称する神を、人は何とか思ふらむ。此は我が天皇《スメラギ》の皇祖《ミオヤ》、産霊《ノ》大神と、伊邪那岐《ノ》大神の御故事《ミフルコト》を、一《ツ》に混じて、伝へ奉れる古説なり。其は、彼《ノ》神の天地万物を造り、人種を蕃息せりとふ伝《ヘ》は、産霊大神の、天地と文判《ワカル》べき、其状貌《カタチ》言難き、一物を鎔造し給ひ、〔此の一物の形を、熟《ヨク》思へば、必ず女陰の形なりと所思ゆ。故その状言ひ難しとは伝へたれ。悉くは古史伝にいへり。然れば此は玄牝とぞ名づくべかりける。〕伊邪那岐、伊邪那美二柱《ノ》神に天の瓊戈を賜ひて事依《コトヨサ》し給ひ、二柱《ノ》神、その御戈もて、彼《ノ》一物《ヒトツノモノ》を画成《カキナ》し、引上給へる其《ノ》末より、垂落る物、自然に凝積りて、於能碁呂島と成しかば、其《ノ》島に天降まして、其《ノ》事より所思《おぼし》立して、始めて夫婦の道を興し給ひ、国の八十国、万《ノ》物を生《ウミ》給ひ、青人草を蕃息し給へるに符合し、〔割注略〕かつ彼《ノ》御戈は、於能碁呂島に衝立て、国中《クニナカ》の御柱《ミハシラ》と為給《ナシタマ》へるが、後に小山と化れる、其真形を観《ミ》れば、所レ謂天根の形に髣髴《サモニ》たるは、小縁の事に非ざれば、彼《ノ》賜へる瓊戈と云《フ》は、其趣の物なりしこと著明し。〔割注略〕前品四姓の処に引たる、中論疏《ノ》に、韋紐天《ノ》手《ニ》執《テ》二輪戟《ヲ》一。有《リ》二大威勢一。故《ニ》云《フ》。万物従《リ》レ其生《レスト》也。[38]とあるも、彼御戈に由有りて聞ゆるを、思合すべし。〔韋紐天とは、即ち大自在天の別名なること、上に委く云へるが如し。[39]万物従レ其生。とある其字は、韋紐天をさす語のごと聞ゆれども、熟視れば、其とは、戟をさして云ふ語なること著し。〕。

ここでは、「大梵自在天神＝産霊《ノ》大神と伊邪那岐《ノ》大神」というふうに、等式があまり明確ではないが、少し後の一節では、[40]「其は大梵自在天神と云は、上に論ふ如く、皇産霊《ノ》大神を申せること灼然たる」と述べていて、篤胤の神学では、

天之御中主神
- 高皇産霊神（～大梵自在天神）
- 神皇産霊神（～大梵自在天神）

という図式が成り立っていたと考えてほぼ間違いないと思われる。これが、さきに見た中世神道の『仙宮院秘文』に見える神学や『豊受太神鎮座次第』のそれにきわめて近いものであることは、言を俟たないだろう（篤胤は、天之御中主神について「此大神の御事は、印度を始め万国に、其の伝有ことなし。其は此の神、造化の本つ神に御坐して、其神徳至大なるが故に、臭《カ》もなく、声《オト》もなく、為こと無して、無より有を出し、寂然として御坐せばなり」と述べていて、[41]現実的な創造活動から「棚上げ」している。それゆえ『豊受太神鎮座次第』の天御中主尊が、篤胤にとっての高皇産霊神／神皇産霊神に当たるといっても間違いないだろう）。

このように見てくると、「中世神道＝「日本のヒンドゥー教」？」という一見異様な等式が、必ずしもまったく無根拠ではないことが見えてくるだろう。論理の流れは、ほぼ次のように考えられると思う。

一　平田篤胤は、仏典の中からインド神話——特にインドの創造神話を抽出して、それを日本神話と比較し、本質的に同じものであると考えた。

二　篤胤はまた、密教経典は、表面的には仏教だが、実際の内容はインド神話の思想と変りがないと考えた。

三　（ここで扱っているような）初期の中世神道の思想は、基本的に密教思想を基盤として日本の神々（特に伊勢の外宮と内宮の神々）を再解釈しようとしたものと理解できる。そこで最大の焦点となっているのは、「世界の始原」の問題である。

四　中世神道説の基盤となった密教思想が、篤胤が言うように「婆羅門の古籍」を「仏法臭く」見せかけただけのものであるなら、「中世神道＝「日本のヒンドゥー教」」という等式は、ある意味で成立するだろう。

また、このように見るなら、篤胤の『印度蔵志』における神学が、（それ自体はたとえ偶然の一致であったとしても）中世神道の神学と非常に近い様相を示すことも、無意味ではないだろうと考えられる。初期の中世神道においても、篤胤においても、最大の問題は世界の窮極的な根源を突き止めることだった。そのために彼らが探求したのは、日本神話におけるもっとも抽象的な神、または神々だった（天御中主神や二柱の産霊神がその位置に置かれたのは、当然の帰結だっただろう）。また、彼らが共に世界創造神話にその根源を求め、中世神道の場合は密教的仏教の本質的な影響の下に、また篤胤の（『印度蔵志』の）場合は、たまたま仏教ないしインドを検討の対象としたために、仏教文献にそうした創造神話を探求した。——こうしたことを考えれば、彼らが共に、天御中主神または産霊神と梵天とを等号で結ぶような神学に到達したことは、いわば当然の帰結だったと思われる。

六　結論

最後に、上に述べてきたことの背景となる大きなヴィジョンを述べておきたい。インドでは、七〜八世紀ころから、「タントラ革命」とでも呼べるような宗教界全体の大きな地殻変動が起きた。それは、仏教、ヒンドゥー教、ジャイナ教をすべて呑み込んだ巨大な変革の波だった。古くは、その変化は、土着のドラヴィダ系の非合理主義がアーリヤ系の精神性を呑み込んだ、というような形で説明され、仏教は、タントラ化の波の中でヒンドゥー教と同化し、それに吸収されてしまった、といった言い方がされてきた。しかしこうした説明は、近年いろいろな形で批判の対象となっている。筆者としては、インド宗教のタントラ化の大きなドライヴになったのは、仏教自体の運動ではなかったか、と考えている。初期大乗仏教の時代から、たとえば「色即是空」のような形で一般的な論理を逆転させ、次々に逆説的論理を発展させてきた過程で、「煩悩即菩提」あるいは「浄楽我常」のようなテーゼが生み出され、一般に受け入れられた価値観念を逆転させてきた。その結果の一つとして、「不浄なるもの」を積極的に「浄」として修業に取り入れるような観念が生まれてきた。それは、シヴァ教的な苦行の考え方と非常に接近したものだった。同時に、グプタ朝の崩壊の後に、小国家が互いにせめぎ合う戦国時代的な封建社会が生まれてきて、それが宗教の呪術化や「軍事化」

の運動の引き金になっていった。[42] インド宗教のタントラ化は、そうした中で、仏教の先鋭的な部分とシヴァ教が互いに刺激しあう過程で生まれてきたものではないか、そしてその最終的な結果として、（仏教の変化自体が生み出した）新しいタイプのヒンドゥー教の中に、仏教は呑み込まれていったのではないか。そういう意味で、仏教は、いわば一種の implosion を起こして消滅した、と言えるように思われる。Implosion とは、explosion ＝「爆発」が外側に起こるものであるのに対して、内側に起こる爆発、というイメージである。——もちろん、筆者はインド宗教やインド仏教の専門家ではないので、ここに述べたのは、まったくの仮説にすぎない。しかし、それとちょうど同じようなことが日本でも起き、そうした過程の副産物の一つとして、中世日本の神道のような運動が生まれてきたのではないか、と考えてみたい。

日本仏教の implosion の最大の要因になったのは、もちろん密教だが、それを決定的な方向に向かわせたのはいわゆる「本覚思想」であり、その本覚思想の根幹を作ったのが安然だったのだろう。安然が構想したような仏教は、ほとんどある種の有神論的／汎神論的な宗教と変りがなかったのではないだろうか。そのように考えれば、たとえば大日如来と天照太神と大自在天が、同じ根源的な神の（次元の異なる）顕現として観念されたこと（たとえば先に引用した『渓嵐拾葉集』）、あるいは「普遍的なもの（本）」と「特殊なもの（垂）」の対立が「即」で止揚され、果てには「特殊なもの」が「普遍的なもの」の上位に置かれるようになることも、当然のこととして理解できるだろう。——そしてそこまでいけば、「神本仏垂」の思想はもう達成されたも同然である。また「日本＝大日の本国」説も、この「普遍的なもの」と「特殊なもの」の「即融」の一例である。安然の天部に関する思弁は、それぞれの神格の「特殊性」を真如の中に溶解させ、その結果として、どんな神格であっても、輝かしい絶対的神性の一つの側面、と観念されるようになる。「輝かしい絶対的神性」自身は、大日如来として表象されるが、それが現実に顕現するときは、つねに何らかの「特殊」な神の様相を取る。その神は、驚くべき、妖しい、「不可思議」なマジカル・パワーとして現われる――それが中世の（仏教的）神道＝神道《じんどう》なのではないだろうか。こうして、本覚思想によって論理の構造が希薄化されると、後に残るのは、仏典や日本神話、あるいは道教的思想などから、神話的なイメージを自在に組み合わせて作り上げていく世界の「詩化」の運動だった。いわゆる「中世神話」はそうした流れから生まれたし、また院政期以降の密教の驚くべき儀礼の発展も、その一環として理解できるのではないだろうか。

ヒンドゥー教と神道（あるいは古代日本神話）は、両者とも、「土着の宗教」というイメージをまとっている。しかし、その「土着性」は、じつは常に新たに発明され、再確認されていくイデオロギーであって、本来的な土着性はどこにも存在しない。「土着の宗教」ということばでもう一つ思い起こされるのは、**paganism**（異教）という用語である。現代のニューエイジ運動の一つに、ネオ・パガニズムと呼ばれる運動があるが、中世神道説に接する時に感じるのは、現代のネオ・パガニズムの説を見る時のような、ある種のいかがわしさと新奇のイメージ、知的な興奮のようなものでもある。「中世神道＝「日本のヒンドゥー教」」という表現で筆者がイメージすることには、そういうことも含むことができると思う。

終りに、いくつかの疑問や今後の課題を述べておきたい。上に見てきたことで、安然と成尊、あるいは成尊と初期中世神道の間に相当にはっきりした関連があることは、ある程度示すことができたと思う。しかし、安然の死が九世紀末、成尊の死が十一世紀後半、最初期の両部神道文献が十二世紀末頃に成立したことを考えれば、この三者の間には相当な年月が経っており、その間に重要な変化が起っているに違いないと思われる。その間を埋め、より精密な変化の過程を明らかにすることは、今後の重要な課題である。

また、一つ、非常に疑問に思われるのは、どの時点で、中世神道の説を考え出していた人々は、それが仏教ではない、ということに気付いただろうか（あるいは気付かなかったのだろうか）、という問題である。「創造主義」が仏教では常に批判の対象となっていた、ということは、仏典になじんでいた者なら必ず知っていただろう。(43) 仏教者でありながら中世神道を形成していった人々が、その矛盾にどこで気付き、それをどのように回避または超越しようとしたか、あるいはもし気付かなかったのなら、なぜそのようなことが可能だったかを探ることは、今後の興味深い課題の一つでありうると思う。

〔付記〕小論は、二〇〇七年四月にコロンビア大学で開催された国際中世神道学会での発表に基づき、学術誌 *Cahiers d'Extrême-Asie* 18 (2006/2007), "Rethinking Medieval Shintō" (edited by Bernard Faure, Michael Como, Iyanaga Nobumi) に掲載した論文 "Medieval Shintō as a Form of 'Japanese Hinduism': An Attempt at Understanding Early Medieval Shintō" (pp. 263-303) を簡略化して日本語にしたものである。

（1）『伊勢神道集』（「真福寺善本叢刊」第二期第八巻、京都、臨川書店、二〇〇五年）の伊藤聡氏による翻刻、六一七頁、『中世神道論』、「日本思想大系」一九、五八頁の訓読文による。
（2）大正蔵二五巻・一一六頁上段五〜一一行。
（3）「日本古典文学大系」六七巻、七六頁。
（4）「国史大系」八巻、一九五頁。この点にかんしては金沢英之氏にご教示いただいた。記して感謝したい。
（5）前掲翻刻、六一九頁、前掲訓読文、六〇〜六一頁。

（6）大正蔵二五巻・五八頁上段二六行。ただし、「尸棄」という音写は『法華経』の冒頭に見られる「娑婆世界主梵天王、尸棄大梵、光明大梵」という文にのっとっている。大正蔵九巻・二頁上段一八〜一九行。また、伊藤聡著『中世天照大神信仰の研究』（京都、法藏館、二〇一一年）一六二〜一六三頁参照。

（7）大正蔵二五巻・一一三頁下段二六行。

（8）「神道大系」『真言神道』上、一二一〜一二二頁。

（9）「神道大系」『伊勢神道』上、四〇七頁、五七二〜五七三頁、日本古典全集、正宗敦夫校訂『元元集』五頁。

（10）『中世先徳著作集』（「真福寺善本叢刊」第二期第三巻、京都、臨川書店、二〇〇六年）の伊藤聡稿「解題」五三八頁。大正蔵七七巻・四二一頁中段二九行〜下段八行。また伊藤聡、前掲書（注6）二八〜三〇頁も参照。

（11）『阿娑縛抄』大正蔵、図像九巻・四六七頁下段三行〜四六八頁上段一九行、『白宝口抄』大正蔵、図像七巻・一七八頁中段一八行〜下段二八行、二八一頁上段二五行〜中段一五行。

（12）大正蔵一五巻・六四六頁下段一四行〜六四七頁中段一一行。

（13）大正蔵三四巻・二五頁中段三〜一一行。

（14）同、二五頁中段一三〜二九行。

（15）大正蔵一七巻・一〇七頁上段一〇行〜一〇八頁上段九行。

（16）日本思想大系『中世神道論』四四頁の訓読文。原文・二六八頁下段、四五頁、原文・二六九頁上段。

（17）「神道大系」『真言神道』下、四九八頁。

（18）『両部神道集』（「真福寺善本叢刊」第一期第六巻、京都、臨川書店、一九九九年）三九七頁。以下の中世神道における梵天王にかかわる言説については、上妻又四郎稿「中世仏教神道における梵天王思想」（『寺子屋語学文化研究所論叢』二、一九八三年、四五〜六〇頁、伊藤聡、前掲書（注6）第一部・付論「鎌倉期両部神道書における梵天王説」一六〇〜一七三頁も参照。

（19）同上、四〇〇頁。

(20)『弘法大師全集』五、七三〜七四頁。神仏習合研究会編『校注解説現代語訳・麗気記』第一巻（京都、法藏館、二〇〇一年）三三八〜三三九頁（書き下し）、四四五頁下段（校本）。
(21) 大正蔵七六巻・五一六頁上段一七〜二〇行。
(22) 大正蔵一巻・一四五頁上段一一〜一四行。
(23) 大正蔵四一巻・八四二頁下段二三行。
(24) 大正蔵五三巻・三頁上段二四行。
(25) 以下、『印度蔵志』からの引用は、平田篤胤全集刊行会編『新修平田篤胤全集』、名著出版、第一一巻、一九七七年、による。六五頁下段〜六六頁上段、六七頁下段〜六八頁上段。――なお、本節の平田篤胤にかんする記述は、彌永信美稿「唯一の神と一つの世界――近代初期日本とフランスにおける比較神話学のはじまり」（中川久定・研究代表者『「一つの世界」の成立とその条件』高等研報告書０７０１、財団法人国際高等研究所、二〇〇七年、一六五頁上段〜二四〇頁上段）に基づいて簡略化したものである。
(26)『大陀羅尼末法中一字心呪経』大正蔵一九巻・三一五頁下段二九行以下、参照。
(27) 大正蔵二一巻、第一二九七番。六二一頁上段。
(28)『印度蔵志』六二一頁上段。
(29)『長阿含経』大正蔵一巻・六九頁中段二〇〜二二行、参照。
(30) 大正蔵二一巻・三八四頁上段二一〜二五行。
(31)『長阿含経』大正蔵一巻・一四五頁上段一三〜一四行。
(32) 大正蔵一巻・六九頁中段六〜九行。
(33) 同、六九頁中段二一〜二二行。
(34)『印度蔵志』一〇頁下段、一五頁下段、四五頁下段、五九頁下段など。
(35) 同、九頁下段〜一六頁上段。

(36) 同、九頁下段。
(37) 同、二七二頁下段～二七三頁下段――〔 〕内は割注。
(38) 『中観論疏』大正蔵四二巻・一四頁下段一五～一六行、参照。『印度蔵志』一二頁下段、に同じ箇所を引用する。
(39) たとえば『印度蔵志』一一頁下段～一二頁下段、参照。
(40) 同、二七九頁下段～二八〇頁下段。
(41) 同、二七七頁下段。
(42) この点については、Ronald Davidson, *Indian Esoteric Buddhism: A Social History of the Tantric Movement*, New York, Columbia University Press, 2003 参照。
(43) 「創造主義」はたとえば『大日経』でも『十住心論』でも、批判されている。大正蔵一八巻・二頁上段二九行、三九巻・五九三頁上段一三～二七行、五九巻・六七六頁上段二六行～中段二七行、六〇巻・一九〇頁下段一二行～一九一頁下段一六行、七七巻・三一二頁中段三行、下段一～一三行、など。

第一〇章

大乗非仏説論から大乗仏教成立論へ

――近代日本の大乗仏教言説

末木文美士

一　大乗非仏説論の護教性

本シリーズ第三巻の巻頭論文「大乗仏教の実践」で、「大乗仏教という問題圏」という問題を提示した（末木〔二〇一二〕）。「大乗仏教」という概念は、日本以外では必ずしも単独で大きく取り上げられることがない。しかも今日の研究では、その定義や外延はますます曖昧化して、どこから大乗仏教が始まるかも確定できなくなっている。大乗はもともと小乗を対立項として持ち、それに対する優越を主張するところにできた概念であるが、今日「小乗」概念は完全に放棄されている。それでもなお、「大乗」のほうは、対立項なしに通用するという奇妙な状況になっている。そうなっても、日本では「大乗仏教」という問題がそれほど疑問視もされず、論じられているのは、なぜであろうか。

日本の仏教は大乗仏教の伝統に拠っているから、ということは必ずしも十分な説明にはならない。チベット仏教もまた、大乗仏教の立場に立つが、ダライ・ラマをはじめ、チベットの仏教者が論じる際は、自らの立場を「仏教」として論じるのが普通であり、「大乗仏教」として限定することはあまりないようだ。中国の場合、自国内に漢伝仏教・蔵伝仏教・南伝仏教の三つの伝統があるため、大乗仏教を優越的に掲げることはありえない。

その中で、大乗仏教ということを正面から掲げてその優越性を主張し、差別化を図ろうとするところに、日本の仏教の特殊性があるとも言えるであろう。それは、歴史的には「大乗戒」を打ち出した最澄にまで遡るところがあるが、他面では近代になって新たに構築されたところも小さくない。近代において大乗仏教が問題として浮上したのは、大乗非仏説論をきっかけとする。そもそも大乗非仏説論が大きなスキャンダルとなったこと自体が、他に見られない日本の仏教界、仏教学界固有の問題であろう。

大乗非仏説論騒動の渦中に立たされたのは、村上専精（一八五一―一九二九）であった（村上の問題については、末木〔二〇〇四a〕参照）。村上は『仏教統一論』第一編「大綱論」（一九〇一）において大乗非仏説論を提示した。村上は、「釈迦は人間なるか又人間にあらざるか」（村上〔一九〇一〕、四四五頁）という問に対して、通常は、「釈迦は元来人間已上の者にして、而も人間の形を現はしたる者」（同）と理解されているのに対して、「第一流の人にして、他に比類なき人」（同、四四七頁）ではあるが、あくまで人間であると主張する。さらに、「余は実際の仏陀は釈迦一人なりとする説を信ずる者なり。其他の諸仏諸菩薩は理想の抽象的形容なるのみ、具体的実物の存在するにはあらざるなり」（同、四五四―四五五頁）として、釈迦仏が理想化される中で仏身論が発展し、多仏信仰が生まれたとする。

この立場から、「余は大乗非仏説なりと断定す、余は大乗非仏説と断定するも開発的仏教として信ずる者なり」（同、四五九頁）と大乗非仏説を主張する。「開発的仏教」とは、「釈迦滅後に於ける発達」（同、四六〇頁）をなした仏教である。その開発の方向に二つある。「其一は釈迦説教の言句を解釈するに就ての発達なり、他の一は釈迦大悟の真理を繹繹するに就ての発達なり」（同）。すなわち、前者は釈迦の説いた言葉に忠実に従いながら、それを解釈していくもので、小乗であり、後者の極端な立場は教外別伝の禅や、真言、浄土など、釈迦の説教の言句外に真理を求めようとするものである。その中間に多くの大乗仏教があることになる（同、四六二頁）。

この村上の理解は、今日の仏教学でもほぼ踏襲されている。大乗は釈迦仏が直接説いたものではないが、仏の深い悟りの世界を明らかにしたものと解することで、大乗が仏教たる意義を見出すのである。すなわち、大乗非仏説論がただちに人間仏陀と原始経典の優越に結び付かず、逆に「開発的仏教」であるところに大乗の優越を見出すことになる。すなわち、大乗非仏説論は大乗否定ではなく、逆に大乗仏教の護教論として展開するのである。この点で、日本の仏教学は他と異なる独特の展開を示すことになる。

ところが、大乗非仏説論は村上の予測を超えて保守的な仏教者の反発を招き、村上は真宗大谷派の僧籍を離脱しなければならない事態に至った。そこで、村上はそのラディカルな立場を修正せざるをえなくなる。かと言って、大乗非仏説論はすでに学問的には受け入れざるをえないのであるから、それを認めつつ、かつ大乗仏説論を主張するという二枚腰が必要になる。『大乗仏説論批判』(一九〇三)は、その課題を果たそうとして書かれた。その解決法は、「歴史」と「教理」の次元を分けるというもので、その「教理」は、『仏教統一論』第一編「大綱論」で示した「開発的仏教」をより積極的に打ち出すところに成り立つ。

大乗仏説論たるや、教理の方面にありては確乎として成立するにも係はらず、歴史の方面にありては成立し難し、歴史の方面にありては成立し難しと雖も、教理の方面にありては明かに成立して動かざるなり。(村上〔一九〇三〕、五頁)

これは一方で実証的な歴史研究の自由な展開を保証するとともに、他方で大乗教理の真理性もまたそのまま認めるという、どちらもが傷つかない一見見事な解決である。しかし、それで本当に解決するのであろうか。

村上は本書の結論で、「大乗仏説論の先決問題」として、五つの解決すべき問題を挙げる。

第一、大乗とは何ぞやの疑問、
第二、所謂仏説論は何等の仏を意味するやの疑問、
第三、大乗経の説処は其れ何れにありしやの疑問、
第四、大乗経結集の事実的に証明すべきものありや如何の疑問、
第五、大乗経伝来の事実的に証明すべきものありや如何の疑問、（同、一七八頁）

第一に対する答は、大乗とは「真如是れなり」（同、一八〇頁）というものである。すなわち、「大乗は不可説界なり、説明已上の処に超然たるものなり」（同）とされる。第二は仏身の問題であるが、大乗は報身または法身の説法であるとする（同、一九六頁）。第三は、教えを説く場所であるが、大乗は現実世界を超えた理想の浄土としての耆闍崛山での説法であるという（同、二〇七頁）。第四に、大乗結集の事実はあったかという疑問を提示し、歴史的事実としての結集はないが、「一切の万像は皆悉く真如の実現」（同、二一五頁）であることが大乗だから、特別の結集は不必要とする。第五には、大乗経伝来が事実的に証明できるかという疑問に対して、それを否定し、「歴史以外に於てその来歴を求め」（同、二二三頁）るべきとする。

このように、大乗を歴史的に仏説であることを証明する手立てはすべて否定されるが、その代わりに大乗は超歴史的、永遠的な真理そのものであるとされる。すなわち、「歴史問題としては大乗非仏説なりと断定せさるを得ず」（同、二四五頁）と結論されるが、「歴史的事実已上にありて、常人已上の仏及ひ菩薩の間に

行はるゝ説話」（同、二三二頁）だというのである。こうして村上は、歴史と教理を分け、教理における大乗の優越を説くことで、大乗非仏説論から大乗を護る護教論を成り立たせようとするのである。

歴史と教理を分け、大乗の優越性を超歴史的な教理に求めるならば、大乗の歴史的成立という問題は、大きな意味を持たない。しかし、いくら大乗が歴史を超えたものと主張したとしても、やはり大乗仏教が歴史的に成立したことは間違いなく、その問題を完全には無視できない。『大乗仏説論批判』では、大乗仏説論を歴史的に証明しようとする前田慧雲の議論を成立しないとして厳しく批判するが、他方で乏しいながらも大乗の歴史的由来に言及している。例えば、第四点に関して、大乗経結集の事実は否定するが、大衆部の雑集蔵及び禁呪蔵の中に大乗的要素があることを指摘し、陀羅尼のようなものから大乗が発展したのではないかと推定している。

所謂禁呪蔵若くは雑集蔵の中には、よし『華厳経』『法華経』の如きもの之なきも、幾百年間口誦以て多人数の間たに展転伝来せし結果、或は『華厳経』の如きものとなり、或は『般若経』の如きものとなり、或は『法華経』の如きものとなり、亦は『大日経』の如きものとなるへき要素の、此中に存在せしにあらさる乎。（同、一三九頁）

と言われる通りである。また、第五点に関して、この陀羅尼的なものが北方に展開したのではないかと推定している（同、二四二頁）。このような議論は、「大綱論」における「開発的仏教」という捉え方の継承と見ることができる。大乗が大衆部から展開したというのは、この後、平川彰による大乗在家起源説が出るまで、かなり広く行われ、常識化することになる。しかし、村上の議論に従うかぎり、それは確かに釈迦仏の教説の「開発」的な発展として見ることはできるが、釈迦仏の説法そのものとは言えず、大乗を釈迦仏に結び付けようとする護教論としては弱いと言わなければならない。村上以後の仏教学が、歴史的な研究に基づきつつ、かつ大乗の護教論であろうとするならば、この点が克服されなければならなかった。

二　護教と時局——宮本正尊の大乗仏教論

(1) 護教論としての大乗論

村上以後、「大乗」ということを正面から課題にしたのが、宮本正尊（一八九三—一九八三）であった。宮本は、『岩波講座東洋思潮』の「東洋思想の諸問題」（一九三五）において、「大乗教と小乗教」という力作の論文を発表したが、その後、戦争のさなかに『大乗と小乗』（一九四四）という七百頁を超す大著を出版して、この問題を大きく進展させた。後者は『根本中と空』（一九四三）、『中道思想及びその発達』（一九四四）に続くもので、これらは『仏教学の根本問題』という総合タイトルで三部作を構成している。「大乗教と小乗教」は増補されて『大乗と小乗』の中に収録されている。

そこでまず「大乗教と小乗教」から見てみよう。本論文はあくまで学術論文として書かれているが、その裏に時局的な問題意識があることは、「大乗的見地に立てる粛軍の決意とか、超大乗的見地に立ちてとか、最近に至り頓にかうした仏教的術語が、再びヂャーナリズムに採り上げられて来た」ことから、「現代的トピックとして解説を要求せられてをる」（宮本〔一九三五〕、五頁）と言われていることから知られる。

ここで、「大乗的見地」等が、どのような場面で言われているのか、今正確には明らかでないが、例えば、昭和一五年（一九三〇）に斎藤隆夫衆議院議員が議会で質問した有名な反軍演説で、議事録から削除された部分に、次のように言われている。

此ノ度ノ戦争ニ当ツテハ、政府ハ飽クマデモ所謂小乗的見地ヲ離レテ、大乗的ノ見地ニ立ツテ、大所高所ヨリ此ノ東亜ノ形勢ヲ達観シテ居ル、サウシテ何事モ道義的基礎ノ上ニ立ツテ国際正義ヲ楯トシ、所謂八紘一宇ノ精神ヲ以テ東洋永遠ノ平和、延イテ世界ノ平和ヲ確立スルガ為ニ戦ツテ居ルノデアル、故ニ眼前ノ利益ナドハ少シモ顧ル所デハナイ、是ガ即チ聖戦デアル、（国立国会図書館ＨＰ「史料に見る日本の近代」第４章ｃ、４―10。傍点、引用者）

「大乗的」は、日本の軍事行為等が自己の利益のための行為でなく、東洋や世界の平和を目指す高い理想に立っているという口実に使われている。

大川周明は早くも『復興亜細亜の諸問題』（一九二二）の序に、「亜細亜は其の本末の高貴に復るべく、先づ二元的生活を脱却して妙法を現世に実現する無二無三の大乗亜細亜たることに努めねばならぬ」（大川〔一九六二〕、五―六頁）と、「大乗亜細亜」でなければならないと主張している。さらにそれは、「日本は『大乗相応の地』である。故に其の政治的理想は遠々として高からざるを得ぬ」（同、六―七頁）と、日本こそが「大乗亜細亜」を指導するのでなければならないという主張に結び付く（末木〔二〇〇四b〕参照）。こうして、「大乗」とか「大乗的」というのは、日本の侵略を合理化する合言葉として用いられるようになる。宮本の大乗仏教論は、このような時代的背景を持っている。

ただし、「大乗教と小乗教」においては、時局への直接的なコミットは避けられ、むしろ大乗非仏説論以後の歴史的研究を護教論としてどのように再構築するかが中心的な課題となっている。大乗非仏説論は、「原始仏教或は根本仏教の名に於ける小乗仏教の帰り咲き」（宮本〔一九三五〕、七頁）であり、「大乗仏教からはこれを逆襲とも新しき挑戦とも見られ」（同）ることになる。宮本はあくまで大乗を小乗に優越するものと考える。それはどのような点においてか。

声聞上座の仏教は、この在家・無明愛・凡夫大衆を破棄せる阿羅漢の小乗仏教であり、大乗は世俗の資生産業をこれ仏道とし、煩悩即菩提・生死即涅槃と見、底下の凡愚を択ばざる「大衆の仏教」であり、出家在家・僧俗・凡聖斉しく廻入する「一仏乗の教」である。（同、一一頁）

この大乗観はかなり独特のものである。村上が教理的な大乗の優越性を、真如そのものであることに求めているのと異なり、ここでは「底下の凡愚」とか、「出家在家・僧俗・凡聖斉しく廻入する」とか言うように、機根の問題から理解されている。チベットの大乗仏教を考えれば、「出家在家・僧俗・凡聖斉しく廻入する」とは決して言えないはずであるが、当時、チベット系の大乗仏教はほとんど問題とされていなかった。ここには、日本の浄土教、とりわけ浄土真宗的な大乗仏教観が色濃く反映している。実際宮本は、そのことを隠さない。

随つて嘗つては「日域大乗相応の地」と云ふ言葉も生じた位に、じつに大乗日本と呼ぶことが応はしいのであるが、その大乗も漸々と「超大乗」への歩みを為してをつたのである。而てこれを証して余りあるは鎌倉期の日本仏教である。大乗は元来小乗を超越したのであるが、鎌倉仏教は已に大乗を超越しつゝあつたものである。本覚・本証・本願・本門の仏教は何れも大乗一乗の連続的な辿りにあるものではあるが、その凡愚底下の仏教・無戒の仏教・国家の仏教は到底尋常一様の教理発達史の取扱ひ丈けで片付けられ得らるゝものではないのである。（同、八頁）

「凡愚底下の仏教・無戒の仏教」というところから、真宗を範型と見ていることは明らかである。さらに、真宗に限らず、日本仏教の特徴を「国家の仏教」と見るのは、戦前の日本の仏教学の常識であった。それを宮本は、「大乗を超越」した「超大乗」と捉えるのである。日本の仏教のこれらの特徴は、多くは本来の仏教からの逸脱として否定的に捉えられることが多いのであるが、宮本はそれを「超大乗」として肯定的に理解する。宮本の大乗観はこの「超大乗」を前提としながら、その方向への展開を正当化する護教論的な意味を持つものであった。ちなみに、「出家在家・僧俗・凡聖斉しく廻入する」という大乗観は、宮本の後継者である平川彰によって大乗在家起源説として洗練されることになる。

だが、「大衆の仏教」「一仏乗の仏教」が優れていると言っても、それだけでは大乗非仏説論を乗り越えることはできない。大乗は仏教の発展形態と言うことはできても、仏陀自身の説とは異なっているではないか、という批判に応えることはできない。大乗こそが仏説であり、小乗は非仏説であると言えるであろうか。もしそれが言えるならば、村上を一歩進め、大乗は教理・歴史の両面にわたって仏説ということができ、大乗の護教論が完成することになる。

宮本は、それを大師たる仏陀の教えと弟子である声聞の理解との相違という観点から解決しようとする。すなわち、「釈尊はその出家の諸弟子や在俗の信者達の凡てを、皆我が子なりと見てをられた」(同、一五頁)はずである。それこそ、大乗の「一仏乗」に通ずるものである。すなわち、「釈尊の大悲摂化の立場からは、何れの弟子も仏子であり、その一子の如き憐愍を加被せられてをるものであり、その極致は『仏心者大慈悲是也』と云はるべく、大乗仏教がこの立場に立つものである」(同、一六頁)。それゆえ、「釈尊の成就せる法は出家在家四衆共に成就し得べき法であり、平等に解脱し涅槃に趣くものとせられねばならぬ」(同、一六頁)。したがって、『法華経』や『涅槃経』に説かれる「三乗同一解脱」や「一切衆生悉有仏性」は、じつは釈尊自身の仏法に他ならないことになる。

ところが、仏弟子たちから見るとき、師である釈尊と自分たちとはとうてい同一視できず、弟子たちは師を讃仰する。「大師仏陀」と「弟子声聞」の相違である。「かく『阿羅漢』が弟子上座の証悟となり、如来の証悟としては阿羅漢果で打切らるゝのでなく、『成仏』の究竟位が更にあるものとせられて、両者の間には漸次隔絶が深められて行つたのである」(同、一五頁)。それが小乗である。

こうして弟子たちは仏陀の広大な教えを狭小化してしまう。そこで、仏陀復帰の運動が起こる。それが大乗に他ならない。「大乗仏教は、小乗弟子仏教が陥れる狭少道の殻を破砕して、本来の面目たる師弟同一味を恢復せんとする。……根本仏教が漸次小乗化し、小乗仏教が新生の大乗に誘発の動機を与へ、大乗は再び根本仏教化することによつて、その新しき立場に伝統の儀装をよそはんとするのである」(同、一二二頁)。すなわち、次のようになるであろう。

根本仏教(大師仏陀、根本一仏乗)→小乗(弟子声聞)→大乗(一仏乗の復活)

もっとも、弟子声聞の仏教である上座仏教が完全に大師仏陀の仏教と異なっているというわけではない。上座声聞は、弟子仏教たる「第一部」に加えて大師成仏道たる「第二部」を付加的に持っているのであり、その点からすれば、大乗は上座部弟子仏教をも継承することになる。『大乗仏教』は、この上座声聞の羅漢仏教とそれに対蹠せる大衆部仏教との、既成教学としての両者を相承しつゝも、在世根本仏教に於ける一仏乗の広大道に還源復帰せんと志せる『菩薩仏教』である」(同、一二七頁)とされるのである。この「正統相承と新局面転開との二面を不二的に表現する」ところに、「中道」が大乗仏教の基礎付けをなす必然性が生ずる(同)。

以上、「大乗教と小乗教」における宮本の論の基本的な構造を概観した。村上においては、歴史と教理が完全に二分化してしまうために、歴史的観点からは大乗が仏説である可能性を求めようがなくなる。それに対して宮本は、弟子声聞の仏教として矮小化された小乗に対して、大乗は大師仏陀の根本一仏乗に復帰することと捉える。それは、上座部の「第二部」として、あるいは大衆部において保持されてきた仏陀の仏教の全面的な開花として見られる。こうして、歴史的にも小乗のほうが仏説から逸脱するのに対して、大乗のほうが仏説に一致すると主張できることになった。大乗は、教理・歴史両面にわたって仏説としての優越性を誇ることになるのである。大乗非仏説論で一時は危機に曝された大乗仏教の復権であり、護教論の一つの完成形態ということができる。しかも、日本仏教はそれをさらに「超大乗」として発展させることで、大乗一般より上に位置することになる。

ここで注意すべきは、このような護教論的大乗仏教研究は日本においてこそ重要な意味を持ち、形成されなければならない必然性があったが、それ以外の地域においては、アジアでも欧米の学界でも、ほとんど議論される必然性を持たず、実際そのような議論は展開しなかったということである。宮本を継承しつつ、新たに発展させた平川彰の大乗在家起源説にしても、長い間海外ではほとんど取り上げられることがなかったのである。

(2) 時局論としての大乗仏教論

「大乗教と小乗教」は、「大乗的」がきな臭い政治や軍事の場面で用いられるような状況を念頭においてはいるが、その面に立ち入ることは少ない。しかし、宮本はその後、時代状況に深くコミットした発言をするようになっていく。それがもっとも顕著なのは、『不動心と仏教』(一九四一初版、一九四二改訂版)である。本書は、「現下戦雲欧亜の大陸を覆ひ、日本をめぐる太平洋の波日に高く、今や国家は新たなる興廃の関頭に立つてをる。……この国難に当つて、元寇鎌倉を思ふや切である」(宮本〔一九四二〕、序一頁)という時代認識に立っている。改訂増補版は、「大東亜戦争」開戦を受けて、「感激の外はない」(同、四頁)中で、「宣戦の大詔を拝し奉りて」等の文章を追加している。まさに同書第一章の標題のとおり、「東亜新秩序と正法国家の建設」を目指したものである。

『大乗と小乗』は、こうした状況を受け、「序」の冒頭に、「大乗と小乗の問題は、大東亜諸民族の生活並に思想に関係するところ甚だ広汎である。古き伝統精神として歴史的に重要なばかりでなく、現実の指導精神、革新的意力として興亜思想戦に大きな建設的役割を持つものである」（宮本〔一九四四〕、序一頁）と、その問題意識が明確に言われている。大乗は単に「伝統精神」として「歴史的」に研究されるだけでなく、「興亜思想戦」における「指導精神」たらんとすることが求められている。

引き続き、「大乗とは、現実のむすびの力、和合の大道である。その為には、雑念を払つて純粋に就き、末梢を去つて本質に徹せねばならない。私に背いて公に向ひ、各拠擠排の弊を除き小節を捨て大義に殉ずる大和の道、『万邦ヲシテ各々其ノ所ヲ得シメ兆民ヲシテ悉ク其ノ堵ニヤスンゼシムル』大東亜指導精神に、日本の大乗的立場が見られる」（同）と言われる。滅私奉公の立場で日本の指導のもと、大東亜がすべてうるわしく統合されるところにこそ、「日本の大乗的立場」があるというのである。まことに雄大で高邁な理想ではある。

さらに、「そこには旺盛なる現状打開の意力と、ひたすらに明浄至純ならんとする心情と、天下趨帰、国家の危急、世の禍福善悪を明察して決断する剛毅果敢なる叡智と、すべてのものを大きく合せ統べて行く慈愛のまこと心とがむすびの力となつて現実を生成無限ならしめてゐる」（同）という。「大乗」の立場は、夢のような理想世界を魔術的に招き寄せることを可能にするかのようである。しかし、それが現実に何をもたらしたか。もしこれが「大乗」というのであれば、それはあまりに空疎というばかりでなく、どう見てもアジアへの侵略と国内の異論の弾圧を合理化する美辞麗句でしかない。

それは単に、宮本の個人的な逸脱ということなのであろうか。それとも「大乗」それ自体に本質的な問題があったのであろうか。宮本の理解する大乗の根本の「一仏乗」とは、異質の他者の消滅により、すべてが同一化することが理想とされる。「大乗」に統合されないような他者はありえない。その「一仏乗」の実現は、仏の世界の実現であり、それには誰も逆らうことができない。だが、他者なき世界、それが本当に理想世界なのであろうか。一見、もっともに見える「一仏乗」としての大乗理解がおかしかったのではないだろうか。

ここで、本文に立ち入り、「大乗」が時局との関係でどのように理解されているかを、もう少し見てみよう。基本的に、「根本仏教」と「上座声聞の仏教」の乖離に対して、「根本仏教」に立ち戻るべく「菩薩の大乗仏教」が起こったという基本的な理解は、「大乗教と小乗教」をそのまま継承している。しかしそれだけでなく、本書では、大乗仏教をさらに超える新しい仏教たらんとするところが顕著にうかがわれる。要請されているのは、「一つは国民の心地に相応する新しき日本仏教であり、他は東亜新秩序に役立つべき仏教である」(同、三八頁)。そこでは、「日本の立場はそのまま大東亜の立場」(同、三九頁)になる。

あたかも明治維新の革新が伝統への復古として成り立つように、伝統と革新が合致していなければならない。仏教もまた、維新の新時代に入っているのである。初転法輪に対して、大乗仏教時代が第二転法輪とするならば、今や「根本仏教回復時代に相当する」第三転法輪である(同、四七頁)。それはまた、「新鎌倉」とも呼ばれる。

現代は「新鎌倉」と呼ばれるべき時代である。明治維新の一大転換期と、その廃仏毀釈の末法的事件に激発される第三の正法復興時代に相当するのである。仏教史的には、かの般若華厳法華涅槃の大乗諸経典の第二転法輪に比照して、これを第三転法輪と称すべく、その大乗方等経典の一乗教に対しては、これを根本仏乗・根本仏教と呼んでよいものである。(同、五三頁)

それゆえ、それは一方で伝統への復帰であるとともに、新しき「大東亜教学」の建設が要求されるのである。ここで一つ問題になるのは、南方上座部圏もまた東亜仏教圏の中に入ってくることで、ここに「南方共栄圏」確立ということが課題になり、南北の交流が行われなければならない。その際問題になるのは、南方上座部を小乗と言ってよいのかということである。この点、宮本は歯切れが悪く、やや分かりにくいが、パーリ仏教を「原始仏教」として扱う近代の研究には不満で、南方上座部を小乗と見る見方を貫いている。しかし、そうは言っても、現実に上座部が活動している以上、それはそれで生かしつつ、共存共栄を図らなければならない。それゆえ、課題は「『大小共許の共同地帯』を見出し、それを深く掘り下げて『相通ふ地下水』に掘り当つべきであると提唱する」(同、三五四頁)とされる。

この南伝上座部の扱いになると、宮本の論調は曖昧さを増す。一方で大乗の優越性、とりわけ日本の優越性は前提とされなければならないが、他方で「小乗」と決め付けながらも、上座部の伝統を認めなければならない。「一仏乗」の平等一味の中に、それで割り切れない異物としての他者が入り込んでくる。異なる伝統との「新しい連接融合点の発見」(同、四二九頁)が求められる時、もはや大乗の、そして日本の優越性は単純には言えなくなる。皮肉なことに、大東亜共栄圏の拡大は、逆にその統合の不可能性を浮かび上がらせることになったのである。

(3) 戦後の大乗仏教成立史へ

戦前・戦中、日本の仏教界は競い合うように戦争協力へと走った。そして戦後、「一億総懺悔」の中に紛れて、今度は平和を叫び始める。宮本もまた、戦後の復興とともに、日本印度学仏教学会の創設(一九五三)や、『大乗仏教の成立史的研究』(一九五四)、『仏教の根本真理』(一九五六)にまとめられた共同研究の指導者としてよみがえった。そのうち特に、『大乗仏教の成立史的研究』は、戦中の『大乗と小乗』の問題意識を戦後に引き継ぎ、戦後の大乗成立論の議論の出発点を作った記念碑的な論集である。平川彰の大乗成立論の基本構想を明らかにした力作論文「大乗仏教の教団史的性格」も本論集に発表された。ちなみに、厳密に言うと、平川の説は決して大乗を単純に在家教団とするものではなく、出家・在家を含めて部派教団と異なる菩薩ガナを形成していたとするものである。平川の論は、大乗仏教の成立史研究を従来の思想内容的な教理論から、社会史的な教団論に切り替えたということで、大きな転換となった。

平川だけでなく、戦後のインド学・仏教学をリードした中村元もまた、本論集の「大乗仏教成立の社会的背景」を担当して、教理内容よりも、歴史・社会の動向に重点を置いている。世俗社会性を重視するのは、中村の仏教研究の大きな特徴である。このように、従来の教理史中心の仏教研究が教団史、社会史へと大きく重点を移したのが、戦後仏教研究の特徴である。これは、経済学部の大塚久雄や法学部の丸山眞男など、戦後社会科学の進展に対応するものであり、さらには戦後急速に力を増したマルクス主義の唯物史観の動向とも響き合っている。

宮本は、こうした戦後の新動向の中心として、その方向転換を指導したが、宮本自身が本書の序で、「その指針は、筆者の『大乗と小乗』に示したものに、新しい視点を加へた企画による」(宮本〔一九五四〕、序五頁)と述べているように、戦中の研究を引き継いでいる。宮本は、その「序」で、「仏教を現代に生かすにも、人文科学のうちに正しく位置づける為にも、着手せねばならぬ基礎工事は、歴史性と真理性の実証である」(同、序一頁)と、「歴史性と真理性」を挙げている。これは大乗非仏説論を受けながら、「歴史性」の研究の重要性を訴えたものである。そのことは、次の箇所にさらに明確に記されている。

これ(大乗仏教――引用者注)を発達史的に研究することは、歴史的見地に立つて大乗経論の後代的成立を帰結し、引いては大乗非仏説論を裏付けることになる恐れがあつた為に、学的には採り上げられなかつた。経典成立問題を洗ひ、思想面に刺戟を加へる近代の歴史研究やテキストクリティクは、むしろ仏教本来の立場に契ふのである。(同、序四頁)

これは、戦後の大乗仏教成立史研究の開花を呼び起こす力強い宣言ということができる。しかし、なぜ「近代の歴史研究やテキストクリティクは、むしろ仏教本来の立場に契ふ」と言えるのであろうか。これに関しては、必ずしも十分な説明はない。しかし、おそらくは、歴史上の仏陀が説いたか否かということよりも、大乗仏教の成立史が明らかにされ、それによって大乗の優れていることが証明されることで、大乗の護教論が成り立つということではないかと思われる。すなわち、たとえ歴史上の仏陀が説いたことではなくても、仏陀の精神を発揮したものであれば、それは「仏教本来の立場に契ふ」と言えることになる。村上の言う「開発的仏教」ということになるが、大乗非仏説論の浸透により、もはや仏説か否かということよりも、その内容が問題となる段階に至っているのである。

それも、教理的な思想というよりも、社会的な機能が重視されるところには、宮本が『大乗と小乗』で示した「出家在家・僧俗・凡聖斉しく廻入する『一仏乗の教』」という大乗の理念が継承されているように思われる。このような大乗観によって、大乗仏教成立史は、僧院の閉ざされた問題ではなく、大きな社会史的な枠の中に出ることができるようになる。

本書の中で、宮本は第一章「大乗仏教の成立史的基礎」を担当している。その趣旨は、「あとがき」に次のように要約される。

原始仏教はアリアン的自由文化と非アリアン的涅槃宗教を包含し、白人アリアン黒人非アリアン平等観を特質とし、中央印度的である。部派仏教は分別差別観に傾き、階級的・アリアンバラモン的・北印度的である。大乗は僧俗一貫、諸民族平等、印度国境を超えた国際的な十方世界観に立ち、アジヤ的性格を持つてゐる。(同、あとがき四頁)

これだけだと分かりにくいが、当時流行したアリアン(アーリア)人によるインド征服説をもとにして、仏教の進展を人種主義によって図式化したものである。宮本によれば、インドを征服したアリアン人は、「自我的な民族開拓主義」を取り、「生成無限なる自由精神の伝持者」(同、二頁)であった。仏陀はそれを一方で受容しながら、他方でそれを超える非アリアン的な普遍主義的平等観を打ち立てる。それは、アリアン的な解脱を超えた涅槃という新しい境地の提示である。「解脱は相対有限なる人間の自由、涅槃は無為絶対の原理であつて、それは平和である」(同、五頁)と言われるように、解脱と涅槃は、自由と平和という戦後の新しい理念に置き換えられているところが注目される。それが部派仏教(ここでは慎重に「小乗」という言葉を避けている)でもとのアリアン的なものに戻ったのが、大乗では普遍的、国際的な面に発展するというのである。

このような仏教発展の図式はすでに見たように、『大乗と小乗』でも、根本仏教が小乗仏教で固定化され、大乗仏教に至って本来の姿に展開するという図式が見られ、その発展上に位置づけられる。人種的偏見に基づいた粗雑な図式のように見えるが、基本的な三段階は、その後もかなり定着する。私が仏教を勉強し始めた頃に常識とされていて、私自身ある時期まで受け入れていた仏教史観は、次のようなものであった。

釈尊の教えを正しく伝えた原始仏教の時代は、釈尊没後百年ほど続くが、やがて部派に細分化され、アビダルマの煩瑣教学に陥って現実を遊離した。それをもう一度釈尊自身の本来の教えに戻そうとして大乗仏教の運動が起こった。そこで初期の大乗経典が生まれ、それを理論化したのが竜樹である。日本の仏教はこのような初期大乗経典と竜樹の思想を受けているので、表面的な形態は変わっても、釈尊本来の精神を受け継いでいる。

これは日本独自の仏教史観であり、上述のように、村上から宮本などを経て、戦後の仏教学において洗練されたものである。一見客観的な歴史的展開を述べているように見えながら、じつはそれによって日本仏教が正当化されるという護教的な枠組みが、今日になってみれば明らかである。

このように、基本的な図式が戦中のものを引き継いでいるために、戦中の時局性への反省は全くなされていない。それどころか、「自由」と「平和」という戦後的理念がうまく織り込まれ、新たな時代への対応がなされている。しかも、アリアン的な「自由」を生かしつつ、非アリアン的な「平和」で超えられるというところには、欧米的なものを生かしつつ、それをアジア的なもので超えるという戦中以来のモチーフが衣替えして生きている。

宮本が戦後の状況を念頭に置き、保守主義的立場を取っていることは、「無階級を観念的に主張する階級が出来るやうでは、婆羅門階級主義と同じ過誤を犯してゐる」（同、四二頁）と、戦後の平等主義の運動を批判し、「平和を護る為の軍備と云はれる国土防衛の理念」（同、九頁）に一定の評価を与えていることからも知られる。

さらに、戦中の「東亜」の理想も生きている。インドの中から国際的なものへと発展した大乗は、中国に渡り、中国的なものと合一することで、さらに大きく展開する。「この印度的基盤と中国的聖賢の文化とをとり入れつつ、仏化を大宇宙自然の調和、人生的世界の和合協同の平和として説く構想には、大乗仏教が広く東亜的展開を遂げるに至った思想の成立史的契機がよく看取される」（同、九頁）というのである。その極致に、「非情成仏論」（同、五五頁）を置いている。

このように、宮本は戦中の立場に一切反省を示すことなく、ものの見事に戦後的価値に乗り換えることに成功した。その基盤の上に教理思想よりも社会的機能を中心とする戦後の大乗仏教成立論が大きく開花し、今日に至っているのである。

三　護教論と時局論は超えられるか

以上、村上専精と宮本正尊の場合を例として、特に後者を詳しく検討し、日本の近代の仏教研究において「大乗」という問題が大きく取り上げられることになった過程を検証し、その根本的な動機を考えてみた。そこには、護教と時局という二つの課題が浮かび上がってきた。大乗非仏説論は、当時の仏教界全体を揺るがし、それゆえ、村上の僧籍離脱という事態にまで至った。大乗仏教を擁護することは、そのまま日本仏教を擁護することにつながり、やがてそこから大乗仏教の成立問題が仏教学の大きな課題とされるようになった。日本でこのように大乗仏教の正統性が大きく問題となったのは、日本の仏教が教団の形態の面でも、思想面でも、他地域の仏教と異なるところが大きく、それを正統的な仏教として位置付けるためには、独自の仏教史観を作ることが必要とされたのである。

護教論は、それ自体必ずしも悪いことではない。自己の立場を深め、それを理論的に主張することは重要であり、キリスト教であれば、それは神学の担う課題である。神学は事実を客観的に研究するものではなく、聖書をいかに主体的に解釈できるかということを課題とする。日本の仏教では、各宗派の宗学は神学に該当するところがあるが、それは細分された宗派内の問題であり、より広い議論の場に引き出すことができない。それに対して、仏教全体の枠で議論できる仏教学は、客観的文献学の装いを取るため、そこでは主体的な問題意識がともすれば隠蔽されることになる。そこに、護教論的な意図が裏から無自覚的に忍び込み、議論の方向を歪める可能性が生ずることになる。

もちろん、そもそも客観学と主体的な探求とが、それほど画然と二分化できるかどうか、疑問である。両者は密接に結び付いており、仏教学の中に主体的な問題意識が反映することは、むしろきわめて重要である。ただ、それが無自覚に行なわれたり、意図が隠蔽されると、有意義な議論が展開せず、硬直した史観や、自己中心的な史観を一方的に押し付けるだけのことになりかねない。常に他なる立場がありうることを念頭に置き、対話を通して、自己の史観が反省され、深められていかなければならないであろう。

もう一つ大きな問題は、戦争期を中心とする時局的な議論の中で、「大乗」がクローズアップされたことである。「大乗」は、一方で「滅私奉公」を合理化し、他方で日本のアジアへの侵略を正当化する魔術的な記号として用いられ、仏教学もそれを支える役割を果たした。日本仏教の戦争加担は、今日、日本のみならず、世界の仏教研究の深刻な問題として取り上げられるようになっている。それには、特にブライアン・ヴィクトリアの『禅と戦争』（原書一九九七、和訳二〇〇一）が果たした役割が大きかった（ヴィクトリア〔二〇〇一〕）。

日本仏教だけでなく、仏教が表向きの不殺生、平和主義の看板の陰で、実際には多く戦争に加担してきたことは、今日さまざまな事例が紹介され、仏教倫理の観点から、問題にされている（Jerryson & Juergensmeyer〔2010〕）。ダミアン・キーオンは、「古典的な文献における平和主義的な理想は、仏教徒が政治的、宗教的動機の混合から、戦争をしたり、軍事的活動を行なうことを妨げなかった」（Keown〔2012〕, p.226）と述べている。もう一方でキーオンは、「初期仏教の平和主義は、『正義の戦争』の哲学によって取って代られたが、この立場を支持する首尾一貫した議論は仏教者によって発展させられなかった」（*ibid.*, p.227）と、問題を提起している。

もっとも戦後の宮本を見ればわかるように、「平和」が謳われることがないわけではない。それどころか、戦後の日本の仏教界は、今日に至るまで「平和」の大合唱と言ってもよい。だが、本当の平和をもたらすためには、平和を毀す不穏な連中を成敗しなければならないという論法に、いったいどれだけ有効な反論がなされたであろうか。「平和」を説く宮本は、「平和を護る為の軍備」に何の矛盾も感じていない。

日本の仏教者に戦争肯定の理屈がないわけではない。宮本に見られたように、東亜の大乗仏教の理念が日本でもっとも高度に実現されていて、それを東亜に還元し、仏教徒の連帯を果たすのは日本の使命だというのは、もっともよく見られた理屈であろう。その際、『涅槃経』に説かれた護法のための戦争や殺人の肯定は、「大乗的見地」からする戦争やテロを支持する論拠となった。

また、不殺生という観点からの歯止めがあまり強くなかったことも、日本で仏教者が積極的に戦争に加担できた一つの理由であろう。戒律厳守が小乗の形式主義として嫌われたことにより、持戒という観点からの不殺生はそれほど強い束縛とならなかった。もっともこれは、近代の僧侶の肉食妻帯許可以来加速された現象という面があろう。さらに、輪廻の観念が必ずしも強くないところから、動物は自分の親の生まれ変わりかもしれないから殺してはならないという理屈も通用しにくく、これも不殺生が縛りとならない一因であろう。

こうして日本仏教においては、倫理的な原則を貫くよりも、それを超えた一味平等や融通無礙的な世界観が高く評価をされ、倫理的原則がなし崩しにされることになる。これに関連して興味深いことは、近年、脱構築を受け入れた仏教研究の立場において、倫理的な観念を脱構築することで、倫理否定にならないかという問題に直面していることである。とりわけ、竜樹の「空」や中国の洪州宗の禅が問題とされる。この観点から仏教の「倫理欠如」を論じたデヴィッド・ロイは、善悪の脱構築と自己（自我）の脱構築という問題を取り上げている（Roy［2007］）。善悪の脱構築ということは、善悪観念を相対化させることで、善によって悪に打ち克つという「正義の戦争」や「テロとの闘い」に対する批判となりうるという点では有効性がある。しかし、それが戦争や暴力を否定する論理まで失うことになるとすれば、問題である。

善悪の脱構築では、自他の対立が消えないところから、結局、自己を善、他者を悪と見ることになる。そこで自己（自我）の脱構築が必要となる。自己（自我）を脱構築して、自他の対立を超えることで、他者に対する慈悲が生まれ、それが倫理の基礎となるという可能性も考えられる。しかし、「無我」は日本でも盛んに主張されたことであり、それが「滅私奉公」に結び付けられた。ロイが指摘するように、「日本の禅は、倫理的なものも含めて概念を脱構築しようとして、自らの立つ直接の状況との不二を強調するとき、多くの実践者は支配的なイデオロギーに対して脆弱となり、支配的な社会システムに吸収されることになる」（Roy［2007］, p.122）のである。このことは、戦争期から戦後への宮本の転身を見れば明らかである。戦争であっても、平和であっても、どちらでもご都合主義的に権力を持つ側に結び付くことが可能なのである。

すなわち、自己（自我）の脱構築は、もう一つ大きな集合体の中に吸収されてしまう危険を持つ。「自我の脱構築は、集合的自我（wego-self）に身を委ねる可能性を持つのであり、それが一種の集合的二元論を制度化し、一つの集合的エゴはもう一つの集合的他者と対立することになる」（*ibid*., p.119）。この「集合的自我」（wego-self）は、we と ego を合成させた新造語であるが、この観念は有効性を持つように思われる。日本の近代仏教は、個としての自己を解体するが、それによって「日本」という「集合的自我」の中に吸収され、それを超えることができなかった。

その際、もう一つ注意すべきは、ロイが、「不二は同一性ではなく、不離（non-separation）である」（*ibid*., p.116）と言うように、無我や不二、空などが単純にのっぺらぼうの一切平等に陥るわけではないということである。他者の異質性はどこまでも付きまとう。「一仏乗」の大乗にすべての仏教を吸収しようとしても、南伝の上座部は異質の他者として吸収しきれない。大乗が一切を平等化するかのような常識とは逆に、もともと大乗の菩薩は他者と関わらざるをえないというところに出発点を持つのではないか、というのが私の仮説である（末木〔二〇〇六〕）。

それに関しては今これ以上立ち入らないが、ともあれ「大乗」という問題は決してなくなるわけではない。ここでは、これまでどのように「大乗」が問題化されてきたかを振り返り、反省することによって、はじめて新たに「大乗」の捉え直しが可能となるのではないかということを、提示したかったのである。

参考文献

大川周明〔一九六二〕『大川周明全集』2、大川周明全集刊行会。

末木文美士〔二〇〇四a〕『明治思想家論』、トランスビュー。

末木文美士〔二〇〇四b〕『近代日本と仏教』、トランスビュー。

末木文美士〔二〇〇六〕『仏教vs.倫理』、ちくま新書。

末木文美士〔二〇一一〕「大乗仏教の実践」、『シリーズ大乗仏教』3、春秋社。

宮本正尊〔一九三五〕「大乗教と小乗教」、『岩波講座東洋思潮』第10巻「東洋思想の諸問題」第2、岩波書店。

宮本正尊〔一九四二〕『不動心と仏教』、有光社、改訂版。

宮本正尊〔一九四四〕『大乗と小乗』（『仏教学の根本問題』第三）、矢雲書店。

宮本正尊編〔一九五四〕『大乗仏教の成立史的研究』、三省堂。

村上専精〔一九〇一〕『仏教統一論』第一編「大綱論」、金港堂書籍。

村上専精〔一九〇三〕『大乗仏説論批判』、光融館。

ブライアン・アンドルー・ヴィクトリア〔二〇〇一〕『禅と戦争』、エィミー・ルィーズ・ツジモト訳、光人社。

Jerryson, Michael K., & Juergensmeyer, Mark〔2010〕*Buddhist Warfare*, Oxford University Press.

Keown, Damien〔2012〕"Buddhist Ethics: A Critique." McMahan, David (ed.) *Buddhism in the Modern World*, Routledge.

Roy, David R.〔2007〕"Lacking Ethics." Wang, Youru (ed.) *Deconstruction and the Ethical in Asian Thought*, Routledge.

落合俊典（おちあい・としのり）
1948年、千葉県生まれ。仏教大学大学院人文科学研究科博士課程満期退学。現在、国際仏教学大学院大学教授。

板倉聖哲（いたくら・まさあき）
1965年、千葉県生まれ。東京大学大学院人文科学研究科博士課程中退。現在、東京大学東洋文化研究所教授。

石井公成（いしい・こうせい）
1950年、東京都生まれ。早稲田大学大学院人文科学研究科後期課程単位取得退学。博士（文学）。現在、駒澤大学仏教学部教授。

彌永信美（いやなが・のぶみ）
1948年、東京都生まれ。パリ高等学術院歴史文献学部門日本学科中退。現在、フランス国立極東学院・東京支部代表

末木文美士（すえき・ふみひこ）
1949年、山梨県生まれ。東京大学大学院博士課程修了。博士（文学）。東京大学文学部教授を経て、現在、国際日本文化研究センター教授。

執筆者紹介

Gregory Schopen（グレゴリー・ショペン）

1947年、アメリカ合衆国生まれ。オーストラリア国立大学博士課程修了（Ph.D）。現在、ブラウン大学教授。

桂　紹隆（かつら・しょうりゅう）

1944年、滋賀県生まれ。トロント大学大学院博士課程修了（Ph.D）。文学博士（京都大学）。広島大学名誉教授。現在、龍谷大学特任教授。

永ノ尾信悟（えいのお・しんご）

1948年、兵庫県生まれ。京都大学大学院文学研究科修士課程修了。マールブルク大学大学院博士課程修了（Ph.D）。東京大学名誉教授。

種村隆元（たねむら・りゅうげん）

1965年、新潟県生まれ。東京大学大学院人文社会系研究科博士課程単位取得満期退学。オックスフォード大学大学院博士課程修了（D.Phil）。現在、大正大学綜合仏教研究所研究員。

田中公明（たなか・きみあき）

1955 年、福岡県 生まれ。東京大学大学院博士課程満期退学。文学博士（2008）。現在、（公財）中村元東方研究所研究員、慶応義塾大学講師(非常勤)、ハンビッツ文化財団学術顧問、チベット文化研究会副会長、利賀ふるさと財団「瞑想の郷」主任学芸員。

保坂俊司（ほさか・しゅんじ）

1956年、群馬県生まれ。早稲田大学大学院文学研究科修士課程修了（修士）。現在、中央大学総合政策学部・大学院教授。

シリーズ大乗仏教 第十巻　**大乗仏教のアジア**

2013年10月30日　第1刷発行

編　者＝桂 紹隆／斎藤 明／下田正弘／末木文美士
発行者＝澤畑吉和
発行所＝株式会社 春秋社
〒101-0021　東京都千代田区外神田2-18-6
電話　(03)3255-9611（営業）(03)3255-9614（編集）
振替　00180-6-24861
http://www.shunjusha.co.jp/
印刷・製本＝萩原印刷株式会社
装　幀＝伊藤滋章

ISBN 978-4-393-10170-4　C0015　Printed in Japan
定価はカバーに表示してあります

シリーズ大乗仏教　全10巻

監修　高崎直道　　編者　桂紹隆・斎藤明・下田正弘・末木文美士

①　**大乗仏教とは何か**　大乗仏教とは何か〔斎藤明〕／経典研究の展開からみた大乗仏教〔下田正弘〕／大乗仏教起源論の展望〔佐々木閑〕／大乗仏説論の一断面〔藤田祥道〕／アフガニスタン写本から見た大乗仏教〔松田和信〕／漢語世界から照らされる仏教〔下田正弘、ジャン・ナティエ　宮崎展昌訳〕／中国における教判の形成と展開〔藤井淳〕／インド仏教思想史における大乗仏教〔桂紹隆〕

②　**大乗仏教の誕生**　大乗仏教の成立〔斎藤明〕／経典を創出する〔下田正弘〕／大乗仏典における法滅と授記の役割〔渡辺章悟〕／変容するブッダ〔平岡聡〕／上座部仏教と大乗仏教〔馬場紀寿〕／アビダルマ仏教と大乗仏教〔本庄良文〕／ヒンドゥー教と大乗仏教〔赤松明彦〕／中世初期における仏教思想の再形成〔吉水清孝〕

③　**大乗仏教の実践**　大乗仏教の実践〔末木文美士〕／戒律と教団〔李慈郎〕／信仰と儀式〔袴谷憲昭〕／大乗仏教の禅定実践〔山部能宜〕／仏塔から仏像へ〔島田明〕／菩薩と菩薩信仰〔勝本華蓮〕／大乗戒〔船山徹〕／中国禅思想の展開〔土屋太祐〕

④　**智慧／世界／ことば——大乗仏典Ⅰ**　初期大乗経典のあらたな理解に向けて〔下田正弘〕／般若経の形成と展開〔渡辺章悟〕／般若経の解釈世界〔鈴木健太〕／華厳経原典への歴史〔堀伸一郎〕／華厳経の世界像〔大竹晋〕／東アジアの華厳世界〔金天鶴〕／法華経の誕生と展開〔岡田行弘〕／法華経の中国的展開〔菅野博史〕／法華経受容の日本的展開〔蓑輪顕量〕

⑤　**仏と浄土——大乗仏典Ⅱ**　浄土思想の理解に向けて〔下田正弘〕／大乗の仏の淵源〔新田智通〕／浄土に生まれる女たち〔ポール・ハリソン　八尾史訳〕／維摩経の仏国土〔高橋尚夫・西野翠〕／阿閦仏とその仏国土〔佐藤直実〕／阿弥陀仏浄土の誕生〔末木文美士〕／浄土と穢土〔石上和敬〕／浄土教の東アジア的展開〔西本照真〕

⑥　**空と中観**　中観思想の成立と展開〔斎藤明〕／ナーガールジュナ作『十二門論』とその周辺〔五島清隆〕／チャンドラキールティの中観思想〔岸根敏幸〕／カマラシーラの中観思想〔計良龍成〕／ジュニャーナガルバの中観思想〔赤羽律〕／アティシャの中観思想〔宮崎泉〕／チベットの中観思想〔吉水千鶴子〕／中観思想の中国的展開〔奥野光賢〕

⑦　**唯識と瑜伽行**　唯識と瑜伽行〔桂紹隆〕／瑜伽行唯識思想とは何か〔佐久間秀範〕／初期瑜伽行派の思想〔高橋晃一〕／中期瑜伽行派の思想〔堀内俊郎〕／瑜伽行の実践〔デレアヌ　フロリン〕／アーラヤ識論〔山部能宜〕／後期瑜伽行派の思想〔久間泰賢〕／中国唯識思想史の展開〔吉村誠〕

⑧　**如来蔵と仏性**　究極から根源へ〔下田正弘〕／『如来蔵経』再考〔ミハエル・ツィンマーマン　日野慧運訳〕／仏性の宣言〔幅田裕美〕／仏性の展開〔鈴木隆泰〕／宝性論の展開〔加納和雄〕／空と如来蔵〔松本史朗〕／涅槃経と東アジア世界〔藤井教公〕／煩悩と認識を画定する〔A・チャールズ・ミュラー　吉村誠訳〕

⑨　**認識論と論理学**　仏教論理学の構造とその意義〔桂紹隆〕／存在論〔稲見正浩〕／認識論〔船山徹〕／論理学〔岩田孝〕／真理論〔小野基〕／言語哲学〔片岡啓〕／全知者証明・輪廻の証明〔護山真也〕／「刹那滅」論証〔谷貞志〕

⑩　**大乗仏教のアジア**　仏教文献学から仏教考古学へ〔グレゴリー・ショペン　桂紹隆訳〕／ヒンドゥー儀礼と仏教儀礼〔永ノ尾信悟〕／密教とシヴァ教〔種村隆元〕／曼荼羅とは何か〔田中公明〕／イスラームと大乗仏教〔保坂俊司〕／疑経をめぐる問題〔落合俊典〕／仏教絵画と宮廷〔板倉聖哲〕／漢訳仏典と文学〔石井公成〕／中世神道＝「日本のヒンドゥー教？」論〔彌永信美〕／大乗非仏説論から大乗仏教成立論へ〔末木文美士〕